JN059058

ジェンダーで読み解く北海道社会

大地から未来を切り拓く女性たち

北海道ジェンダー研究会 編

明石書店

はじめに

　世界経済フォーラムが発表する「ジェンダー・ギャップ指数2022」において、日本は146か国中116位と低迷を続けている。政治分野がとりわけ低順位（139位）であり、その中でも国会議員の女性割合は133位である。昨年よりも順位を下げた経済分野（121位）においては、管理職についている男女の差が130位である。経済分野における女性の貧困は深刻であるし、あらゆる人に均等機会が与えられているように見える教育分野でも、ジェンダー格差はある。

　2020年から2021年にかけ、世界にはウイルス感染症COVID-19が蔓延し、日本においても相次いで緊急事態宣言が出され、不要不急の外出自粛、テレワークの推進、遊興施設の休業、飲食店の営業時間短縮などが要請された。これらの影響はあらゆる人に及ぶであろうが、社会の危機は、周縁化された者たちに最も強く影響を与える。

　非正規で雇用される労働者が職を失う、日常的に家事・育児の多くを担う者の負担が増大する、ステイホームする同居人から暴力をふるわれる、経済的に苦しいひとり親が子どもを預けられず仕事に出られないなど、多くの問題がこの間に発生した。これら問題に曝（さら）される者の多くは女性であり、各分野におけるジェンダー・ギャップが投影されてきている。

　危機において色濃く現れ問題を投げかけるジェンダー・ギャップをめぐり、本書では、北海道という地域に焦点を当て、これまで北海道に居住したことのある女性研究者らが、それぞれの専門的立場から分析していく。北海道は、開拓以来の歴史が短く、隣接県をもたず、179の市町村を抱える広大な地域である。公務員の年収を例にとるならば、北海道に住まう人々は経済的に豊かとはいえないであろう。東洋経済オンラインが2021年9月に発表した「公務員の年収が高い自治体ランキング500」によると、北海道の自治体の最上位は184位であり、300位以内に位置するのは3自治体である。これに対して「公務員の年収が低い自治体ランキング500」をみると、全国8位に北海道の自治体が位置し、上位100位以内に12自治体が入っている。

　この北海道という独特な地域に住まう女性たちが、いかなる生を生きてきた

のか。ジェンダー・ギャップからくる問題に直面するとき、問題の様相になんらかの特徴はあるのか。どのような公共的対応がなされているか。この地域から全国に向かって発信できるものがあるか。これらを、北海道ジェンダー研究会（旧札幌女性問題研究会）が『北海道社会とジェンダー──労働・教育・福祉・DV・セクハラの現実を問う』（2013年、明石書店）の第2弾である本書において、提示していく。

　第Ⅰ部は、荒々しい大地に息づいた女性たちのたくましさを描き出す。第1章「北海道の民俗としてのジェンダー関係における『姉の力』考」は、明治期の北海道入植者が、出身地のジェンダー関係をそのままに再生産するのではなく、その時々であたりまえの妻や母の役割を求められてきたこと、それゆえに等身大の人間が生きることのできる関係性が生起されてきたことを示す。

　第Ⅱ部では、職をもち、子を育てる女性たちの忙しさとしなやかさが語られる。第2章「地域に暮らした女性たち──定山渓温泉と芸者文化」は、芸者文化の隆盛期に芸者を始めた女性の語りから、時代の制約のなかでも多様な働き方があったこと、地域の人々によって育児が支えられたことを示し、その生き方を時代の分析とともに歴史に位置づけようとする。

　第3章「女性教員のキャリアと性別職務分離のメカニズム──北海道の小学校に勤務する女性教員へのインタビューから」は、教員の職場における性別職務分離構造に着目し、職業と家庭の両立支援に加え、入職後の初期キャリアや子育て後のキャリア展開に対するサポート、男女教員が分かたれ孤立させられることのない職場社会の再構築が必要であるとする。

　第4章「ある母と娘の就業経歴にみる女性モデル──職業移動と適応のプロセス」は、母娘二代の事例から、職業試行期と安定期がどのように現れるかを分析し、一つの職場に本人の意思でとどまることができる職業的地位の安定が、多くの女性にアクセス可能となることを求める。

　第Ⅲ部は、子育て家庭を支援する地域・行政の試行錯誤から、今後の課題を提示する。第5章「北海道の都市部における少子化・子育て問題と地域子育て支援の取り組み──札幌市と千歳市の事例にみる現状と課題」は、少子化・低出生・小家族化の目立つ札幌市、そして人口増加率や合計特殊出生率で全道・

全国平均を上回る千歳市の子育て支援事業を比較し、都市部における子育て支援の課題を抽出する。

第6章「母子生活支援施設の役割と課題——北海道の母子生活支援施設における調査より」は、利用も施設数も減少しつつある母子生活支援施設の存在意義と新たな役割を明らかにし、求められる複数の機能にジレンマが生じること、どの機能に重点を置くかが再検討される時期にあることを示す。

第IV部は、北海道にて傷つけられた性や身体を直視し、ふたたび傷を負わせないための方策を示す。第7章「堕胎の刑事規制と優生思想」は、かつて全国一を誇り先駆的であったはずの優生保護法の運用が、時を経て問題視されている今、同じ過ちが繰り返されないために必要なことを確認する。

第8章「当事者参画によるGBV（ジェンダーベイスト・バイオレンス）根絶施策の展開——北海道モデル」は、ジェンダーにもとづく暴力をめぐって、全国に先駆けて実施されている取り組みを北海道モデルとして紹介し、法整備に向けた提案をする。

未開拓の大地に入植して命をつないだ女性たちの記録、一つの文化の隆盛期を支えた女性たちや職業をもち続けた女性たちの語りから、北海道での女性たちの生き様と求められるものが読者に伝わってほしい。子育てする親のニーズと支援の仕組みについては、読者に共に考えてほしい。優生保護の措置や暴力によって蔑ろにされた当事者の意思を、今を生きる人の声として聞いてほしい。あらゆる人々が共に生きる未来を描くために、本書が役立つことができれば、執筆者一同、この上ない喜びである。

2022年9月1日

岡田久美子

第Ⅱ部　北海道に生きる女性のライフヒストリー

第2章　地域に暮らした女性たち
――定山渓温泉と芸者文化　妙木　忍

第3章　女性教員のキャリアと性別職務分離のメカニズム
――北海道の小学校に勤務する女性教員へのインタビューから　高島裕美

第4章　ある母と娘の就業経歴にみる女性モデル
──職業移動と適応のプロセス　加藤喜久子

第Ⅲ部　北海道における女性支援体制

第5章　北海道の都市部における少子化・子育て問題と
　　　地域子育て支援の取り組み
──札幌市と千歳市の事例にみる現状と課題　工藤　遥

第6章　母子生活支援施設の役割と課題
──北海道の母子生活支援施設における調査より　吉中季子

第Ⅳ部　北海道から旧弊を打ち破る

第7章　堕胎の刑事規制と優生思想　岡田久美子

第8章　当事者参画によるGBV（ジェンダーベイスト・バイオレンス）根絶施策の展開

——北海道モデル　近藤恵子

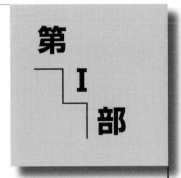

第Ⅰ部

北海道から
男女平等を求めて

<table>
<tr><td>第1章</td><td>北海道の民俗としての
ジェンダー関係における
「姉の力」考</td></tr>
</table>

林美枝子

1　「妹の力」と民俗としてのジェンダー

　日本民俗学では、女性のこの世ならぬ霊的な力を「妹の力」と呼んでいる。柳田國男は、日本民俗学の父といわれているが、祖霊や土地の神、あるいは精霊などと人とを仲介し、細心柔情にして父兄を動かす女性たちの力を民間伝承[1]の中に探り当てた（柳田、1925）。例えば沖縄では同じ一族の女性が血のつながった兄弟や甥などの男性親族に対して、他府県では一族ではない性的に親密な関係にある夫や恋人などの男性に対して、女性たちが発揮する霊的な力のことを「妹の力」と呼んだ。民俗としての具体的な「妹の力」には、時代や地域によって多様な事例が生きられてきたが、そのベクトルは常に女性から特段の関係性にある男性に向けられたものであった。いずれにしても、男性が何らかの困難に立ち向かう時や、あるいは一世一代の勝負という時などに顕現する女性の霊的支援が「妹の力」であり、日本における、きわめて特異な男女における民俗としてのジェンダー関係を示す表現であるといえよう。

　沖縄では戦いや危険な仕事に赴く兄弟（エケリ）に姉妹（ヲナリ）が贈った、自らの経血で染めたテサジ（布、手ぬぐいのようなもの）の民間伝承や、本州では霊力が依り付く長い髪の持ち主を探して嫁求めを行った権力者の民間伝承などが各地で知られているが、第二次世界大戦の時、戦地に赴く兵士の弾除けのために女性たちが縫った千人針も女性が男性に与える霊的呪物のひとつであった。テサジにしても長い髪に宿る霊的力を巡る嫁求めにしても、現代日本ではすでに違和感のある民俗となっているが、千人針はイラクに2003（平成15）年に派遣された自衛隊員に対しても、身を護る呪物としてその妻や母によって縫

われている。また、インターネットでこれを検索すると、通販サイトで売られていて、購入者が何を目的として落札するのかはわからないが、戦時中のものは決して安くはない値段で取引が成立していた[2]。「妹の力」は、現代の日常生活にとっても、死火山ではなく休火山状態の民俗で、父、恋人、夫、息子などに大事がある時には、まさに活火山化して、親密な関係性にある女性たちには依然としてその役割への期待や自覚が蘇るものなのだろう。

　ところが、女性性の生産性への期待や経済的な寄与分がきわめて高まったと思われる明治から昭和の開拓期の北海道近代史においては、「妹の力」的なジェンダー関係の民間伝承や事例の採集が、調査不足ももちろん否めないが、ほとんど見出されていない。日本全体の近代化を経済的に支えた日本一の沿岸漁業の地であった北海道のにしん場においては、組織化された男女の役割分担や一種の演じられているものでしかない擬制的ジェンダーの関係による生産性が誘導され、むしろ現代社会のオフィス文化における性別役割分担や男女のキャリアパスの差異、賃金格差の萌芽的な男女別労働評価が見出されるが、「妹の力」的な習俗を見出すことはできなかった。擬制的ジェンダー関係には、霊性というより等身大の生物としてのセクシュアリティの発揮が期待される女性性の在り方がそこには立ち現れていると考えられ、筆者はこれを「姉の力」と呼んできた（林、2001、2002）。

　本稿では北海道近代史に探った女性性のジェンダー生成と民間伝承や具体的な事例採集から、この表現に至った過去30年あまりの四つの調査結果を縦覧し、「姉の力」が北海道にもたらしたものが何なのかを読み解いていく。ただし、北海道の先住民族であるアイヌ民族に関しては本稿では敢えて言及はしないこととし、「開拓」という先住民族に配慮のない文言の使用は、その時代の和人の北海道への入植行為や政策を表現する際の限定した意味に使用している。また、和人とは、北海道近代史において、今でいう他府県に生育地を持つ北海道への入植者のことで、これから縦覧するのは、入植者が北海道に持ち込み、その風土と環境において北の暮らしに再生した男女関係の民俗としてのジェンダーの中から女性性に関する事例である。

　幕末期や明治の初頭にかけて、和人地や、あるいは蝦夷地の各商い場に暮らしていた和人の定住人口は、すでにアイヌ民族の2倍に達していたが、明治政

府は国境が確定していなかったロシア帝国に対する北の守りを強化するために、北海道の植民政策を加速させた。行政的、施策的な紆余曲折によって、保護的な植民施策は、明治20年代になると民間資本を活用したものへと大きく変化していく。食い扶持を失った士族の授産事業として、1875（明治8）年からは東北三県と道内在住の士族から募集した屯田兵による開拓が行われ始め、明治10年代の終わりには全国の士族を対象とし、農民として直接集団移住させる制度が取り組まれた。しかし、人口の増加は年間5千名ほどでしかなかったため、先述したように明治20年代からは、旧藩主や華族、政治家等が広大な土地の開拓権を入手し、その一部を民間の集団移住者や宗教団体、会社組織に代耕させるようになる。それでも開拓の進まない土地は返還させて、貸与の自由解放地としたことで、北海道の人口は右肩上がりで増加し始め、大正時代には北海道の人口は200万人を超えるようになる。日本における近代化は、3方向への人口の移動を招いたが、ある者たちは東京や大阪へ、そしてある者たちは北海道へと大移動したのである。

　入植者たちは、それぞれの成育歴で身につけた生活文化だけではなく、地縁の要であった鎮守の神や精霊を分霊して入植地に改めて祀ることで、先祖伝来の神観念や死生観、そして地縁の再生を北海道に展開しようと努めた。生活の基盤を整えつつも、まずは神社や仏閣、礼拝所（講義所）、そして墓地、子弟の教育の場を求め、実際にそれらを設置した。人の移動が自由ではなく、嫁求めの範囲もきわめて限られてきた幕藩体制下では、男女に関するジェンダー関係の民俗には地域性が色濃く、その嫁求め圏内での役割の補完性もきわめて高かった。そのため北海道入植後も、同郷の者同士の婚姻や、内地の親族に嫁探しを依頼し、顔も見たことのない者を嫁として北海道に迎えたという話が、開拓村ではよく聞かれた。個人的な関わりはなかったとしても、両者が話す方言や暮らしの作法、そして男女関係におけるジェンダーの民俗は、夫婦、あるいは嫁姑に共有されているものとなるからである。

　しかし、それらの生活文化や神観念、死生観、ジェンダー関係の民俗を、入植地で再生し、あるいは継承することが次第に困難となる。気候、自然環境、政治的施策介入や経済的な状況の転変に晒されながら、そして何より近代化の流れの中で、それらは北海道独自の変容を遂げていかざるを得なくなる。何が

鍛えなおされ、何が弱化し、あるいは消滅し、その一方で何が新たに生み出さ
れ、再生され、今に至るまで継承されてきたのかを問うことは、他県とは異な
り、きわめて北海道的な現代民俗学の課題であろう。

　北海道札幌市にある札幌大学で教鞭を取っていた宮良高弘は他府県からの入
植者の故郷を母村と呼び、北海道各地に展開していた母村文化の名残りを調査
し続け、その成果物を1982年から1999年にかけて次々に発刊した（北海道みん
ぞく文化研究会）。彼もその作成に関わった『北海道民俗地図―北海道民俗文化
財調査報告書―』（北海道教育庁社会教育部文化課、1983）を縦覧すると、この
時点における日本各地の民俗社会の縮図ともいえる北海道の民俗文化の多様性
に圧倒される[3]。母村からもたらされた全国の多様な民俗の事項が、まるでモ
ザイクのように北海道全域に分散しているのである。

　日本民俗学会は1992年の年会を、初めて北海道で開催したが、シンポジウム
は「日本文化を考える―北海道の視点から―」をテーマとし、その基調講演は
宮良が行った。道南の和人地ではなく先住民族が暮らす蝦夷地の北海道は、日
本民族学（現在の日本文化人類学）の研究対象ではあっても、日本民俗学の研
究対象からは外れていた地域である。事典類に掲載された日本民俗地図は旧松
前藩域外、あるいは旧和人地以北は欠けており、柳田も北海道に民俗はないと
指摘していた。ところが北海道命名から百数十年が経過してみると、北海道全
域の入植者の世代深度は3世代を超えるようになる。まさに3世代を経て継承
されているものが民俗文化であり、民間伝承も生じるようになって、日本民俗
学の研究対象として北海道もその事例採集や研究調査の視野に捉えられるよう
になってきた。1992年の全国学会の学術大会は、その成果を問う記念碑的なも
のであったといえよう。

　しかし、宮良以後は、新たな母村研究の成果が世に出ることはあまりなくな
り、現在、母村に関する調査や言及は、各地の自治体史の史料収集や郷土史研
究の一部として取り組まれているだけである[4]。

　現在の北海道には、母村からもたらされた地域色豊かな神祀りや冠婚葬祭だ
けではなく、衣食住や、死生観に加えて、北海道の風土で耕され、芽吹いた民
俗文化と呼べるものが混在して息づいているが、その中から本稿では女性性の
ジェンダーに焦点を当てて北海道の現代民俗学の一端を探る試みを行っていく。

2　北海道における四つの民俗事例の概要

　明治期の入植者は誰であれ北海道への家産の持ち込みは困難で、男性も女性も多くは寝具や農機具、仏具以外は、その身一つで開拓地に入植している。家産や家制度という文脈を失った男性（夫）と、もともと身一つでその家に嫁入りをしてきた女性（妻）の、現実的で等身大のジェンダー関係が、日本で初めて近代初期の北海道で大量に発生したことになる。平均的に筋肉量や肺活量の違い、体力の差に見合う男女の生産性の差異を否定することはできないが、育児や家内労働も含めるなら、入植地において女性たちが担った生産性は男性並み、あるいはそれ以上であったかもしれない。

　まだロシア帝国との国境が画定されていなかった蝦夷地の内国化は、明治新政府による北海道開拓で強化された。北の守りのための植民政策は、貸与された土地の開拓年限を多くは３〜５年とし、成功検査はその土地の60〜80％の開拓が終了していた場合に合格となる。土地はきわめて廉価で払い下げられ、私有地とすることができた。幕藩期と異なり、他府県では新田開発の自由が利かなくなったため、まとまった土地を得るためには北海道の開拓は有望な選択肢の一つであったが、入植をして、土地を得るまでの苦労は、内地における新田開発と比べると、気候の違いや植生の違いがあって並大抵のものではなかった。獣道を分け入る内陸の原生林の開拓では熊や狼に遭遇する危険や、川沿いからの拓殖では水害や、アブや蚊による皮膚疾患やマラリヤと戦いながらのきわめて過酷なものである。

　筆者はこれまでに、北海道における民俗事例を求めて、（1）1884（明治17）年から1885（明治18）年の士族入植の地（調査は1997年と2022年）、（2）1891（明治24）年のキリスト教徒による入植地（調査は1997年から断続的に現在まで）、（3）1894（明治27）年から1896（明治29）年にかけての会社組織の下での小作人公募による入植地（調査は1993年と2022年）と、日本の近代化を経済的に支えたと言われている（4）幕末期から1957（昭和32）年頃までの北海道にしん場（調査は1995年と2009年）における調査を実施してきた（図1-1参照）。北海道における「姉の力」考に至ったこれらの研究をまずは簡単に紹介してみよう。

図 1-1　民俗事例の調査地

（1）　1884（明治17）年から1885（明治18）年の士族入植の岩見沢

　岩見沢は士族入植が行われた道内 3 か所の内の一つである。1883（明治16）
年に「移住士族取扱規則」が交付され、全国的に募集が開始されたが、勧誘の
コピーは「地味極めて肥沃にして鉄道線路中央を貫く、仮停車場あり、運搬亦
便なり」というものであった。地図上、あらかじめすべての土地は整然と区画
され、当時としてはきわめて珍しかった手宮から幌内までの幌内線鉄道が開拓
予定地を横断し、開拓地のほぼ中央に岩見沢の仮停車場と戸長役場が設置され
ていた。全国各地から集まった士族たちは277戸、小樽まで船で移動し、その
後石炭運搬用の貨物列車に乗車して移動、岩見沢で下車、それぞれに 5 千坪割
り当てられた土地に案内された。各貸与地の原生林の真ん中には掘立ての植
民小屋がすでに掛けられていた。士族入植は授産を目的ともしていたため、政
府による手厚い保護政策の対象で、この植民小屋の建設費や往路の船賃や鉄道

運賃、日々の食糧、農耕のための牛馬代、種子の費用等がすべて貸与され、返済は8年目からというものであった。しかし昼なお薄暗い原生林で、一抱えもある木々の根元にはクマザサが人の背丈ほども密生していたため、持ち込んだ機具では全く歯が立たず、刈り込んだクマザサに火をつけて種をまく粗放農法で、焼き畑地に蕎麦や小豆を輪作して、次第に耕作地を広げていった。貸与地は、最初は割り当てられた5千坪であったが、開墾の進捗状況によっては2万坪まで拡大することもできた。開拓の一日のノルマは20坪で、毎日のように仮停車場の前にある戸長役場に詰めていた勧業が、馬に乗って監視に来たという。ノルマが3日果たせないと、給与である米塩味噌の支給が停止された。保護と管理は表裏一体であったことがわかる。

　他府県での村づくりは集住から始まるのが定石であるが、北海道の入植地は、小屋掛けを自分に貸与される土地の真ん中で行わねばならず、結果的に散居制となる。各家の貸与地を行き来できる道は普請されていたわけではなく、熊や明治20年代半ば頃まではエゾ狼もまだ生息していたため、四方の隣人たちとの交流も容易ではなかった。夜になると互いに松明を掲げてその生存を確認し合ったという。皆で集まる場として神社の建立が行われ、今でも岩見沢市内にはこの時の士族入植者たちが建てた神社が子孫たちによって維持管理されているが、その氏子組織はもちろん変化してきた。士族入植は1886（明治19）年に早々と募集が停止され、新たな入植者は途絶えたが、岩見沢にその子孫が確認され

写真 1-1　岩見沢発祥の地記念公園
（筆者撮影　撮影2022年6月）

写真 1-2　山口県からの士族移住記念碑
（筆者撮影　撮影2022年6月）

たのは、調査時点で入植した277戸のうちの57戸であった。入植にあたっての「移住士族申合規約」には、「質素を旨とし殖産の隆盛を図る事」と明記され、「濫りに出寄出稼及旅行をなすべからず」ともあり、さらには他市町村に移転するなら「己の身分を継続すべき代人を立つべし」と決められていた[5]。また人々はまずは共有地を求めて墓地を作ったが、今でも残る初代入植者たちの墓石には「鳥取懸士族」「元嶋根懸士族」といった墓碑名が刻まれ、旧藩への従属意識が色濃く残っていたことがわかる。調査時の聞き取りでは「だから現在も岩見沢の士族入植の子孫には教職員や公務員が多い」と聞かされた。エビデンスは求めようもないが、そうした認識が子孫に共有されているらしいことは、何人かのインフォーマント（情報提供者）からの聞き取りからも確認できた。また岩見沢には県人会があるが、これは本州の都市部で見られる同じ県出身者の団体のことではない。県とは明治の廃藩置県における県のことで、その県から士族入植をしてきた者の子孫の会を意味していた。「岩見沢発祥の地記念公園」の中にはこうした県人会の一つである山口県人会が建立した山口県出身の士族移住者を記念する碑が建立されている（写真1-1と1-2参照）。今でも士族であったことや、旧藩への拘り_{こだわ}がこのような形で生きられていることがわかった。

(2) 1891（明治24）年のキリスト教徒による入植地、今金町神丘（インマヌエル）

　京都の同志社神学校の学生たちが、恩師新島襄の死の翌年、アメリカを開拓したピルグリムファーザーズに倣い、キリスト教徒の理想郷創りを夢見て入植した場所が現在の今金町神丘である。広大な利別原野は当時の政治家犬養毅らが貸与権を獲得し、彼らを説得して最初に代耕の権利を得たのが志方之善や丸山傳太郎などの神学校関係者であった。しかし集団移住ではなかったため、彼らは、別の教派に属するキリスト教徒の入植者たちと合流をしてインマヌエル（神、我とともにいます、の意で旧約聖書イザヤ書第7章第4節の聖句、後にカタカナの村名は変えざるを得なくなり神丘に変更、本稿では今でも地元で使用されているインマヌエルという呼称を使用）の開拓を進めることになる。しかし次第に教義の解釈の違いや、農耕への姿勢の温度差などから、初期の入植者たちに教派分裂が起こり、開拓が滞って、結局、犬養毅は道庁から未開拓地の返還を求め

写真 1-3　今金町開拓発祥の地の碑　　　　写真 1-4　神丘共同墓地

開拓発祥の地の碑は、入植者が初めて開拓に入った土地に建てられている。墓地は利別原野を見渡せるインマヌエルの丘の上にある。キリスト教徒の2教派と仏教徒の墓が混然となっている。（筆者撮影　撮影2015年8月）

られることになる。志方らは開拓功労者として新たに土地の貸付を直接受けることになるが、その他のインマヌエルの未開拓地は自由解放地となり、広く異教徒の入植者にも再貸付されることになった。初期のキリスト教の理想郷建設は断念せざるを得なくなり、志方を含む同志社神学校関連の入植者の何人かは、その後の開拓を残る人々に託し、この地を後にする。しかし、地味豊かな土地での馬鈴薯や麦の生産性は高く、現在もキリス教徒の入植者の子孫たちはこの地で世代を重ねている。

　北海道には明治期のキリスト教徒の入植地を全道に5か所数えることができるが、これらを研究対象としてきた白井暢明が、他の団体に比べ定住性が高く、その後の北海道のコミュニティ形成に果たした役割が大きいと評価したのはこのインマヌエルであった。とくに地域全体の教育、文化や倫理の醸成に大きく影響を及ぼしたと指摘している（白井、2010）。キリスト教徒の理想郷を実現することはできなかったが、現在の神丘の住民におけるキリスト教徒の世帯数は、神丘に居住している全世帯のうち1991年の資料からは20戸（16.4%）を数えることができる[6]。キリスト教徒の入植者たちはその後、行政村が開基、あるいは再編成される中で、教員や郵便局長、議員となって近隣地域の発展に尽くした。

（3）1894（明治27）年から1896（明治29）年の会社組織による赤井川の開村

　赤井川は後志支庁管内にある山村で、現在も村の80%を林野が占めている。多雪地帯であるため組織的な開拓が遅れ、民間会社である余市開墾株式会社が国有地を借り受けて小作人の入地を開始したのは1894（明治27）年のことである（写真1-5参照）。成功検査は５年後、60%の開墾に成功した場合、201万坪の土地が会社のものとなる予定であった。一戸当たりの区画は１万坪で、1896（明治29）年までに135戸が入植をしたが、約半世紀を経た赤井川教育委員会の1957（昭和32）年の史料では、赤井川に最初の入植者の子孫でこの時点まで村内に在住していたのはわずか13戸であった。入植前の出身地は明らかになっているだけで13県にも及んでいるが、香川県と愛媛県からの入植者が最も多い29戸で、調査時に子孫が確認できた13戸の親族図を作成してみたが、そのうち親族関係を形成していた４戸は、いずれも香川県からの入植者の子孫であった。このように赤井川には他府県からの入植者が混在していたが、香川県出身者は仏教の宗派を同じくしていたため、初期の段階で寺を建立し、毎月決められた日時に講（オヨリコウ）を行い、物心両面での相互扶助を試みていた。赤井川での小作人募集の時期は、北海道大量移民時代のまさに開始時期に当たるが、1891（明治24）年の『北海道移住案内』（北海道廳植民課）には、「四隣往来して艱難相救え」とする心得が掲載されていた。しかし母村や母県が混在していた入植地では地縁結合は困難なことであったろう。2022年に後追いの資料収集を

写真 1-5　余市開墾株式会社事務所跡　　　写真 1-6　赤井川村開村百年記念碑
（いずれも赤井川村教育委員会建立。筆者撮影　撮影2022年6月）

実施したが、2006（平成16）年に教育委員会による『赤井川村史』が編集発刊
されていて、「移民はいずれも内地での生活極度に困窮したため来道したもの
が多く、数年後は相当の金品を得て帰国することを夢見て来道した。したがっ
てこの村に永住を決意するものは少なく、土着する心に乏しかった。−中略−
奥地に転住を考える者が多くなる。村はますます戸数は減少し、耕地は荒廃し
ていった」（赤井川教育委員会　2004：66）との記述があり、保護政策による
入植地とは異なる厳しい状況が記されていた。

　1899（明治32）年に赤井川村となった時点で世帯数は312戸1,716人、一戸当
たりの平均家族員数は5.5人で、会社が手にした土地の売却・解放を小作人に
対して始めた1918（大正7）年には、村の世帯数は592戸、人口は3,345人、平
均家族員数は5.6人と変わらなかったが、このころをピークに人口は減少し続
けた。キロロリゾートとして観光開発がなされて、1991（平成3）年にその営
業が開始されるまでは北海道最小人口の行政村のままであった（写真1-6は1999
年6月に建立された開村百年記念碑）。

（4）幕末期から1957（昭和32）年頃までのにしん漁

　にしん漁は1604（慶長9）年に松前藩が成立すると、和人地以北への出漁が
禁じられていたが、次第に産卵のために沿岸に押し寄せる追いにしん漁の解禁
場所が北上し、場所請負制度による商い場の請負人が、自ら定住してにしん漁
を経営するようになっていく。西回り行路による本州への加工品の流通経路が
確立したことで、大規模漁業経営が可能となり、その商い場が幕末期の頃には
蝦夷地の日本海沿岸域には数珠つなぎに点在するようになる。しかし明治政府
が成立すると、封建的で制度的な漁場の独占が廃止され、1876（明治9）年に
は全ての漁場が自営漁業者の手に委ねられるようになった。翌年には海産物の
干し場として浜の私有も認められ、漁業資金の貸し付けも始められたことで、
独立漁業者が次々に登場し、彼らの中から大型の定置網漁法である建て網を複
数統経営する親方衆が登場する。彼らは、自らの居宅兼雇い入れた者たちの宿
泊施設である巨大なにしん番屋を建て（写真1-7参照）、何百人もの漁夫をにし
んの漁期には雇い入れて事業を拡大した。

　幕末期には15万から20万トンであったにしんの漁獲量は、明治20年代から

30年代には70万から100万トンも水揚げされるようになり、加工場の浜からは全国にむけて干しにしん、数の子、魚油や畑作の生産性を支えたにしん粕（魚肥）が出荷された。親方衆は土地の払い下げを受けて、にしん場の食糧とその加工用の薪を自給するため、得られたにしん場の資本を、開墾事業にも投資した。漁場と漁場、あるいは農地と漁場を結ぶ道の開削も、彼ら自身が手掛けたという。当時回遊してきた魚種である北海道・サハリン系にしんの漁期は3月下旬から5月上旬までのわずか2か月間であるが、にしん漁に従事する「雇い」と、浜の仕事やにしんの運搬を担う「手間取り」、隷属的な下働きの「飯食い」などが組織だった作業分担を行うようになり、にしん場には独特の縦関係の役割分担が生じ、生産性を鼓舞する擬制的ジェンダー関係ともいえる民俗が巧まれていく。伝統的な儀礼、既存の価値観などは、にしん漁の間は棚上げとされたが、それは圧倒的な資源量を前に、生産性を追い求めることが優先された結果であった[7]。

　春告魚（はるつげうお）と呼ばれたにしんは回遊魚で、日本海沿岸域の藻に産卵のために訪れ、オスの放精で海が白く濁る光景を群来（くき）るといい、昭和30年代初頭までは北海道の風物詩の一つであった。しかし、次第に資源が枯渇し、雇いの男子は10分の1となり、ほぼ同数いた女性の就労者たち（オロロン）もにしん場を去った。最後の漁獲高は石狩、後志での400トンで、ついに1958（昭和33）年頃に、にしんの漁獲量は杜絶する。

写真 1-7　小樽市祝津のにしん番屋（俗称　鰊御殿（にしんごてん））

2004（平成16）年9月の台風で甚大な被害を受けたが、2005（平成17）年に修復。北海道内には11軒のにしん番屋が保存されているが、未公開のものもある。（筆者撮影　撮影2022年6月）

　北海道庁が、漁業者の強い要望を受け入れて、にしんの「栽培漁業」を開始したのは1996（平成8）年からである。100万から200万匹の石狩湾系にしんの稚魚を、にしん漁の復活を期待する漁業組合が港から放流を繰り返した結果、漁獲量が次第に高まり、近年は海が群来たとのニュースも所々の浜で聞かれるようになってきた。資源保護に努め、にしん漁の復活が放流事業に参加している地域で模索されているが、漁業やその加工の機械化が進んでいる現在は、独自の性役割分担や生産性を鼓舞するための擬制的ジェンダー関係がまた見られることはなくなった。資源の回復は模索できても、民俗文化の再生は容易ではないことがわかる。

3　「姉の力」の考察

（1）イエについて

　一般の民間人の入植がそのほとんどとなる明治20年代、第一世代が成人前後の年齢で入植した場合、親族図を縦覧すると現在までの世代深度は浅い場合は3世代、婚姻や出産年齢が若年の場合が重なるなら6世代をすでに経ている。進学、就職、婚姻などのライフイベントで、人々が他出する機会が増え、入植した土地に今に至るまでその子孫が住み続けている確率は、一般的に岩見沢や赤井川で前述したように北海道ではきわめて低い。より生産性の高い土地へ、より交通の便利な土地への移動が繰り返されてきたからである。北海道の入植地では土地を手放し、その地を去ることに対して、他府県の伝統的な地域に比べて、躊躇する傾向が低い。とくに第一世代にその傾向が高かったのは、耕した土地が先祖伝来のものではなかったからであろう。

　自然災害の被害などで地域ぐるみの団体移住がなされた場合、人々は母村の神社に祀られている神霊を分霊して「みてぐら」等に依りつかせて入植地に持ち込み、新たな社を建ててその土地の神として祀った。入植者たちは氏子となって地縁による地域の再生を意図し、互いの子弟を婚姻させることで血縁によるネットワークの強化を図った。本州のある山村では「地」縁と「血」縁だけではなく、「乳」の縁も加えた三つの「ち」縁がその繋がりをさらに強化していた。日本の民俗には、多産社会であった時代は、生物学的な親子関係だけで

は、末子を育て上げるまで、親が元気でいる保障はなかったため、ある地域の
女性たちは、分娩があるとその家の庭に集まって共にいきむ「総いきみ」を行
った。生まれる子供を地域の子として迎え入れようとしたからである。また授
乳中の母親たちは 7 日以内に新たな乳飲み子のために「乳くれ」と呼ばれる授
乳に出かけた（林、1994）。これは名付け親や仲人親と同じ「親子なり」の習
俗の一つであり、実の親だけではなく乳母たちを子に与えるためだけではなく、
乳兄弟姉妹を与えることもできた。

　しかし、公衆衛生意識の高まりは、「乳」縁の習俗に蓋をし、近代化、都市
化の流れは「地」縁を、少子化は「血」縁を有名無実化してきた。世代深度が
浅い北海道ではこの傾向の影響力は如実にあらわれ、例えば札幌市の男女比は
女性が 5 ％上回っているのであるが、これは北海道における離婚後の母子とそ
の親世代との血縁による三世代同居率が低いこともその一因であると言われて
いる。女性の就業機会に恵まれている札幌に、母子のみが流入してくる傾向が
高いのである。

　北海道への入植の波は、明治期だけではなく第二次世界大戦後も起こったが、
集落や土地へのアイデンティティの形成はあまり効を奏さなかった。母村の家
産を畳んで北海道に移住し、開墾の労苦を経て私有地を得ても、先述したよう
にそれは先祖伝来のものではなく、売買の対象となりやすかったからである。
近代化の流れの中で居住形態も変化し、進学、就職による近隣都市への人口集
中が加速する中で世帯分離も進行する。北海道では他県に比べて、現役世帯の
都合が優先されてきたのである。

　「姉の力」を考察する上で、まず対象となるのが、先述してきたように北海
道における入植第一世代が開拓した土地にそのまま子孫が居住してきた率の低
さである。日本民俗学では日本の婚姻形態は婿入婚形式から嫁入婚形式に、さ
らにはそこに独立婚形式が加わってきたが、これは婚舎が女性の家から男性の
家へ、そして新たに婚舎を求めるものへと変わってきたことを意味する。江戸
時代には蝦夷地への和人の定住を避けるために神威岬以北への女人禁制が定め
られていたが、逆に幕末期の1856（安政 3）年には定住する和人を増加させる
ためにこの禁が解かれている。明治政府も、俗にいう女性たちが良妻賢母とな
って各戸を支え、子を産み育てることで、本州に倣ったイエの創設とイエ制度

の確立が北海道にも期待できると考え、男性の単身者ではなく、女性も含めた夫婦・家族での入植を推し進めるようになった。しかし、イエの創設は田畑や家屋といった家産がその基盤であり、他府県から入植してきた男性たちは、これらを背水の陣で、すべて処分しての渡道がほとんどである。先述した『北海道移住案内』には移住者が注意すべきこととして、入植地の選定、移住の季節、なるべく多人数の団結と並んで、旅費、農具、種子の費用と1年間の食糧を買い入れる蓄えが必要であると明記されていた。渡道にあたって入植者が家産を売買して用意した金額は平均100円ほどであり（永井・大庭編、1999）、北海道のイエの創設においては、これが予算となる。つまり、北海道での家産の形成は、ほぼゼロからで、食糧が開墾済みの耕地で自給できるようになるまでは、その蓄えで食いつながざるを得ず、北海道のイエ制度の確立は、完全に独立婚形式であった。しかも成功検査に合格するための開墾に必要な労働の量に、前述したように男女の差はあまりなかった。むしろ主たる開墾を男性が牛馬や農機具を使用して行っている一方、その他の補完的な手作業による農作業や周辺労働、雑用、シャドウワークともいえる日々の衣食住の確保・管理の多くは女性たちのみが行っていた。しかも、彼女たちの子産み・子育てには、地域の支援も専門家の支援もほとんどなく、例えば北海道が拓殖産婆の制度を開始したのは1927（昭和2）年のことである。調査では戦後の入植による第一世代の当事者である高齢の夫婦に話を聞く機会が多いのだが、夫は必ずといっていいほど妻の頑張りに対する感謝を述べていた。すでに調査時点では明治期の入植当事者の話を直接聞き取ることは不可能であったが、残されている開拓秘話を縦覧すると女性たちの苦労は多岐にわたり、時々の暮らしに沿った地に足の着いた、具体的で現実的なものばかりであった。そして、霊的な「妹の力」に関する語りはほとんどなかった。

　定住者率が少ないため、結局、地縁も、血縁も脆弱となり、北海道においてはイエの創設やイエ概念は未成熟なままとなった。つまりは婚姻した女性に対するイエの嫁といった役割期待も、またそうした本人の自覚も低く、姑から嫁への民俗継承の弱化も帰結した。これに先んずるように、民俗としての男女のジェンダー関係も母村のそれとは異なる状況が入植地には立ち現れた。事例を示しながら考察してみよう。

（2）民俗としてのジェンダー関係

　赤井川の事例では親族図を書くことができた4戸は三、あるいは四世代を遡ると、すべて香川県から入植してきた親子、夫婦、兄弟といった第一世代の子孫で、系図上は6戸を辿ることができた。入植してきた彼らは、月に一回、講に寄り集まった女親同士の話し合いで、互いの娘と息子を婚姻させていく。兄弟で入植してきた1戸は、家族に女性がいなかったため、講のネットワークから外れていて、香川県の親族に嫁探しを依頼して、一面識もない嫁を北海道に迎えたという。これを当時はヨビヨセ婚といった。第一世代には婚姻に関する出身地への拘りが強かったことがわかる。こうして北海道で成立した親族組織（イチマキ、シンセキマキ）は、親族組織から外れていた兄弟での入植者の息子に、そのまた次の息子にそれぞれ娘を嫁がせ、親族を拡大する。その紐帯を強化する最も有効な手段はこうしたイトコ婚であるが、調査当時も4戸の世帯主はそれぞれが2組のイトコ同士であった。

　民俗としてのジェンダー関係は、同じ民俗文化で育った男女の婚姻によって補完され継承されるが、民俗を共有する地域社会や、イエ概念の世代を超えた圧力は、個人による揺れや多少の差異を修正し、その再生を促していく。この4戸の親族組織の歴史は、まさにそうした経緯を明らかに示していたが、その他の多くの入植者には同様の経緯が生起することはなかった。調査時に聞かされた言葉に「女は水と同じで下へ流れる」というものがある。山村である赤井川から小樽や札幌への婚出者が多かったことをこう表現したのであろう。また田畑保は他の府県にある民俗的なムラ社会を村落とするなら、「そのような村落は北海道には存在しない」と指摘している（田畑、1986：iii）。これは、入植地が先述したように散居制であることのみを指しているわけではない。他府県のムラには、神社仏閣や墓地だけではなく、里山の入会地やその他の共有財があって、日々目に見える、しかも経済的な紐帯が村落へのアイデンティティを涵養、補強してきた。しかし北海道の村落にはそうした共有財がない。入植者たちの定着率の低さと、婚姻圏の拡大は、もちろん赤井川だけの問題ではなく、北海道全域の傾向である。民俗的文脈を欠いたことで、生活文化だけではなく、ジェンダー関係も、母村から持ち込まれた民俗的特性を失い、最もあるがままの生物学的要件に近いジェンダー関係へと収斂したのではないだろうか。

4　妻・母たちによる「姉の力」

　士族入植である岩見沢の調査結果と、キリスト教徒の入植地であるインマヌエルの調査結果には、ある共通項目が見られた。それぞれの地域特性として、そこに住む者の尊厳を支えていたのは、士族であるということとキリスト教徒であるということであった。しかし岩見沢の士族入植はわずか3年で廃止となり、インマヌエルも開拓5年目には未開拓地の返還を求められ、翌年には耕作権が非キリスト教徒にも広く解放されることになる。それぞれの入植者たちの子弟にとっては、婚姻相手が必ずしも士族やキリスト教徒ではない確率が必然的に高まっていくことになる。何より話を聞いた妻たちもその姑たちも、いずれも士族ではない家から、あるいはキリスト教徒ではない家から婚入していた。

　インマヌエルの調査では、最初の入植者たちの2代目から4代目の妻たちにこれまで聞き取りを行ったが、インフォーマントたちは大正や昭和の初めにインマヌエルのキリスト教徒の男性と見合い等で結婚することになったが、宗教の異なる家に嫁に来ることには何の違和感もなかったという。むしろ初期に入植したキリスト教徒の家々は、近隣住民にとって地味の良い生産性の高い農地を所有する家々であると言われていたため、入信することが結婚の条件ではあったが、実家よりも良い暮らしができると喜んだという。もちろんキリスト教については全く何もわからなかったため、姑にしつけてもらうと同時に、教会に通い始め、皆2年ほどで受洗している。今では生まれた時からのキリスト教徒である夫よりも、自分の信仰心のほうが篤いと語った妻もいた。彼女たちは所属する教派の教会をボランティアで支え、子供たちをキリスト教徒として育ててきた。また、何軒かの家には、貴重な入植時の契約書やその他の文書、当時の書簡が私蔵されているが、これらの保存もやはりそれぞれの家に嫁した女性たちが行ってきた。史料の閲覧を願い出ると、最終的な承認を夫たちは彼らの妻に求めた。ある家には祈りのための祭壇に、かなり大きめの木製の十字架が掲げられ、その周りには亡くなった人たちの遺影が並べられていた。経緯を聞くと、嫁に来た時には姑が亡くなっていたため、2代目に嫁いだ自分が、実家にあった仏教徒の仏壇を模して工夫したということであった。嫁してきた女

性たちが、家の宗教を支え、守ってきたのである。

　岩見沢では文字の書ける士族たちは、手紙の代筆などの副業を行い農業の合間に現金収入を得たりしていたが、神社、墓とともに彼らがその設置をまずは望んだのは子弟のための学校であった。明治政府の封建制度を廃する近代化策で、士族とは単なる族称であり、明治憲法によって法的にも身分や特権ではなくなったが、人口のおよそ5％を占めていた彼らは、明治期における一種の知識階級であり、伝統的に教育を立身の手段であると考えていた。1947年に戸籍法が改正された後も、士族であったという事実に忠実であろうとしたのは、やはり士族出身ではない妻や母たちである。第一世代の中には、処分せずにいた刀や裃、幕末期まで従事した旧幕藩時代の公的な文書類を北海道に持ち込んだ者もいて、それらを大切に保管し、代々受け継いできたのもやはり嫁してきた女性たちである。物だけではなく、家族内での口承や先祖たちの体験談も守り伝え、調査時の妻の語りを耳にした傍らの夫の1人は、「母にも聞かされていない」、「初めて聞いた」と感想を述べていた。

写真 1-8　平成9年度公文書展「近代　鳥取県人の北海道移住」のパンフレット
右が表紙、左は岩見沢での士族入植についての収集史料の解説が掲載されている。

　岩見沢に入植した277戸は13の組組織に分かれ、総代、あるいは伍長が指名され、彼らが勧業との交渉や行政的な役割にあたっていた。ある独居高齢者の女性は、姑から開けてはいけないと、代々伝えられてきた組長箪笥（たんす）を大切に保管していた。277戸のうち1885（明治18）年に入植した鳥取県の士族たちの子孫に嫁した女性であるが、すでに夫は亡く、箪笥を継承させる子世代もいなかったため、その箪笥を開けてみたいと望んでいた。鳥取県は明治の廃藩置県で、一時期ではあるが、隣の県と合併し藩政期の文書類の多くを失っていたため、北海道や他の士族入植の地にそうした文書が保存されているのではないかと、研究者らが史料収集に訪れていた。調査時にまさにその組長箪笥を、筆者や筆者の学生も立ち合う中で、鳥取県からわざわざ公文書館の学芸員がやってきて開けてみることになった。しかし出てきたものは旧藩レベルに関する貴重な公文書ではなく、従事していた職域での借金の記録や証文であった。失望は否めなかったが、その一方で、箪笥の中には渡道の時の乗船切符が保管されていた。記録によると旧藩域に居住していた彼らは、わざわざ当時東京に住んでいた旧藩主に別れの挨拶に行き、死に盃を交わし、横浜から汽船で渡道してきたらしいと伝えられていた。臨席した鳥取県の関係者たちは渡道における船の切符の実物は初めて見たと喜んでいた。翌年に予定していた鳥取県人の北海道移住に関する公文書展を準備していた時期であったため（写真1-8参照）、彼らにとっては、その切符はきわめて重要なものであったろう。この箪笥を受けつぎ保管してきた女性にとって、こうした箪笥の中身には軽い失望を覚えたかもしれないが、肩の荷をやっとおろすことができたという表情であった。

　事例の女性たちは、繰り返しになるが、霊的な力を求められていたわけではなく、等身大の、その時々であたりまえの妻や母としての役割を求められてきたことがわかる。村落の文脈から離れ、同じ文脈に属してきたわけではない男女が出会ってジェンダー関係を再生産して家族となり、自分たちの土地や財産を得るために、「親なり」の習俗のない土地で、次世代を養育せざるをえなかった。イエ概念が成熟しなかった理由の一つは、イエの文脈となる村落の形成が不全であったことに加えて、こうした等身大の男女のジェンダー関係の積み重ねによる、独自の民俗としてのジェンダー関係が北海道の入植地にもたらされてきたからであろう。結婚式が招待制ではなく会費制であったり、継続的な応酬補

完の関係が薄いために、香典に領収書が用意されていたり、今でも他府県から北海道に移り住んでくる人々が、大いにとまどう人生儀礼における独自の習わしの源流もここにあるのかもしれない。

　近代化の途上で、都市化した全国の地域にも同様の変化は訪れてはいるが、それは変化であって発生したわけではない。北海道では数世代の世代深度を経て、「姉の力」の発揮や評価が、新たな女性観を生起させてきたのである。北海道は、現在DV被害者へのシェルター活動が先取的に取り組まれ、整備されている地域であるが、これは民間の女性たちの活動がもたらしたものである。あるいは、1960（昭和35）年に夕張に端を発した北海道での母親たちのポリオの生ワクチン輸入運動は、地方から全国へと展開し、世界でも珍しい全国的な集団接種の道を開いた。これらは北海道で生起した「姉の力」の民俗が立ち現れたものとはいえないだろうか。

　労働の場で、しかも擬制的なジェンダー関係を通して「姉の力」の集団的な発揮が創造された事例がにしん場である。最後にその事例を考察してみよう。

5　擬制的男女関係のジェンダーについて

　長く北海道の基幹産業であったにしん漁は、明治政府の封建的遺制の廃止の下で成立した民間自営業主による大規模漁業であった。先述してきたように日本の近代化を経済的に支えたといっても過言ではないほどの圧倒的な漁獲高、生産性を誇っていたが、まさにそこで求められた効率を実現した工夫の一つが擬制的な男女のジェンダー関係の組織的な確立である（林、1998）。にしん漁はあまりにも資源が豊富であったため、最後まで機械化がほとんどなされず、明治時代から昭和の資源が杜絶したときまで、目の前の海そのものが漁場であり、前浜そのものが即時加工場であった。記録されたにしん場の風景は、まるで時が止まったように同じ形態や役割の分担で運営され、その様子はいくつかの映像資料として残されているが、時代を問うことが困難なほど同じシーンが記録されている。本や論文も多く書かれているが、教材として、筆者が大学の講義などでも使用しているのが、小樽の祝津に泊村から移築されたにしん番屋[8]の工事を請け負った大林組の広報室が作成した『季刊大林』No.29（1989）である。実

は以下の考察は、この冊子の中に書かれたにしん場での関係者を一覧できるイラストからそのヒントを得、史料やインフォーマントへのインタビューからエビデンスを探ったものである。

　まずは男性であるが、秋田では北海道のにしん場の雇いに出る夫がいる家は、「夫婦は半年一人で寝る」と揶揄されていたが、その雇いに出る夫たちがにしん場の男性性のジェンダーの担い手として記号化されていく。彼らはにしん場で雇われている間は、夫や父親としての役割期待のない、労働力のみに特化された存在である。「戸板一枚下は地獄」と表現されるほど海上での過酷な肉体労働を求められ、春告魚のにしんであるが、その漁期はまだ冬の酷寒の中である。雇いの番付けと、作法や禁止事項の書かれた「定」板が掲げられた番屋で寝泊まりをし、にしんが群来れば、乱獲と後に批判されるほどの勢いでにしんを取り尽くす。船上での単純労働の士気を互いに鼓舞するために歌われるようになったのが、作業手順にそった4部構成の労働歌「ソーラン節」であった。即興の歌詞も多く、浜に居並ぶもっこしょいの若い女性たちに呼びかける卑猥な歌詞もあった。伝統的な女性の赤不浄は、経済的利益が優先して、ここではほぼ不問となっていて、浜で小舟に移されたにしんをタモ網で汲み上げて背中にしょって運ぶ列の中には女性の姿も多く、海上の漁夫たちの働く意欲を喚起する一種の性的呼び水となっていた。

　前浜の奥では中高年の大量の女性たちが座ったままの姿勢で、にしんの腹を裂いて、数の子を取り出すにしんつぶしの作業を一心不乱に行っていた。にしんは腐りやすい魚で、加工は時間との勝負であったから、彼女たちは食事も排泄も人の手を借りて行っていた。女性たちのまわりには、つぶしたにしんを藁でくくる作業を行う若い男性たちが配置されていたが、この男性たちがにしん裂きの中高年女性達の食事や下の世話をしていたという。「めし」「しっこ」と声を掛けられると、彼らは手が魚油や魚卵にまみれた女性たちの口に握り飯を運び、座った姿勢のままの彼女たちを後ろから抱きかかえて排尿させた。ここでは中年の女性たちが、初心な年若い男性への性的な揶揄やからかいがとびかっていたこともあったという。

　擬制的な男女関係によって異性のセクシュアリティで働く意欲を喚起・鼓舞する一方、男女の性別役割がにしん場では明確化していた。女性の労働は単純

労働のもっこしょいから経験が評価されるにしん裂きへとキャリアアップは2段階で、男性の雇いには下っ端の台所を担うナンベから、にしんくくり、そして船頭を頂点とする漁夫の年功序列的なキャリアパスが用意され、「顎合わせ」という入社式のようなものや、九一金と呼ばれたボーナスまで制度化されていた。その労働の対価も番付に沿って決まっていて、大正期の泊り村の田中番屋では、平漁夫を1とすると、男性の場合その賃金格差は大船頭2なら下船頭は1.5、炊事係りのナンベなら0.5～0.6の比率であったという。また男女で同じ労働に従事した場合の賃金差はもっこしょいをする者たちから把握することができる。彼らは手間取りで、今でいうパートやアルバイト労働者であるが、にしんの沖上げが終わると、ひと量りで150尾の入る大きなもっこに、満杯のにしんを汲んで現物支給の賃金が支払われた。1889（明治22）年の浜益のにしん場では、男性は7もっこ、女性は4もっことされ、男性に対して女性の賃金は57％ということになる。夜まで作業が続くと、さらに追加で1もっこが支給された（林、1998）。

　職場での入社式、年功序列の賃金体系や社則、残業代、ボーナス、あるいは男女の性別役割や賃金格差など、戦後の日本型雇用の源流がここにはまさに見て取れる。日本の近代化をその生産性で支えたにしん場は、等身大の男女が共に働く場での組織的な生産性の在り方を先取りしていたと言えるかもしれないが、しかしここでは同時に「姉の力」を市場価値で判断した時の、その評価の低さも生起していることがわかる。

6　おわりに

　北海道における女性性の民俗としてのジェンダーの特徴を「姉の力」という表現で表し、そこへ至った民俗調査の記録を振り返ってみた。それぞれの調査結果は、論文や出版された書籍の一章や一節となっているが、ここで改めて横断的に考察を行ってみると、文化はやはりひとまとまりの繋がりであることがよくわかる。世代深度の浅さから、日本民俗学においては北海道には民俗文化はないとの評価がかつてはなされていたが、その世代深度において、文化が生まれ定着するための三世代を、すでに北海道も満たしている。柳田が現代の北

海道を目のあたりにしたなら、新たな民俗的課題を数多く見出し得たのではないだろうか。「妹の力」を民間伝承として生きてはいない場所における、女性性の在り方におおいに興味をひかれたのではないかと思う。

　現代民俗学の現場としての北海道は、むしろ変わるべき民俗基盤の共有がなかったがゆえに、他府県での近代化による民俗の変容を、ここで生起したものとして経験することができた県である。都市の民俗学よりも広大な大地で、しかも母村の民俗への拘りを持ち寄りながら、等身大の人間が生きることのできる関係性や生活文化を新たに民俗として昇華させてきた場が北海道であると改めて確認することができる。

　また、筆者は2022年から北海道庁が刊行を開始する『北海道現代史』の中のジェンダー分野の史料収集や執筆に従事しているが、北海道近現代史における女性団体の活発な活動の記録や史料に触れるたびに、「姉の力」の結集について考察せざるを得ない。「妹の力」は男性性に向けられたものであり、女性の集団化に寄与するものではない。沖縄調査で男性（エケリ）は姉妹であるヲナリに守られるものであることが理解できたが、では女性は誰によって霊的に守られるのかという疑問を抱いたことがある。あるインフォーマントの答えは、ムスビと呼ばれる既婚女性は、夫であるエケリを通して、夫のヲナリに間接的に守られるというものであった。つまりは、ムスビとならなければ、女性による霊的な守りの力は女性である自分には及ばないことになり、なぜ沖縄の女性は未婚であることを親族から忌避されるのかの答えの一つが理解できた。常に男性を介してしか繋がることができない女性性の従属的なジェンダー観が垣間見える。

　しかし「姉の力」は大きく異なる。確かに家族や愛する者たちを等身大の力だけで守るものではあるが、同時にあるがままの女性たちを直接的に結集させる力ともなる。女性の人権を求める活動において、男性団体の女性部としてではなく、独立した活動体としての自立性や、充実した活動実態を目の当たりにする史料と出会うたびに、北の大地での「姉の力」の足跡やその充実を確信する。

［注］

1　切れ切れの、説明しがたい民間における言い慣わしのこと。柳田はこれに文化的な意義を認め、全国で採集し、類例化して、その根源を明らかにしたいと考えた。

2　例えば https://page.auctions.yahoo.co.jp/jp/auction/x1001270727 など（閲覧は 2022/3/1）。歴史遺品とされている。また千人針を訪ねた 18 年間を一冊の本にまとめた著書で森南海子は、これを「縫ってはならぬひと針」と表現した。出征という酷い別れにおける「国家というものの驕りと甘えを黙って耐えた兵士たち、そしてその家族の悲しみ」を、各地に残る千人針を通して語っている（森、1995:2-3）。千人針には女性の髪の毛や陰毛が縫い込められていたもの、苦戦を超えてという願いを込めて十銭玉が縫い留められているもの等様々であるが、森は千人針の収集にあたって、北海道はそうした全国各地の風習が集まっているとの助言を受けたという。

3　1983 年に北海道教育庁が国の補助を受けて作成した。2 か年にわたり、道内 150 地区で古老から聞きとり調査を行った。現在はこの民俗地図の作成からさらに 1 世代が経過しているため、ここに記録されている民俗事項の継承が今も成されているかどうかはもちろんわからない。

4　宮良高弘が 2018 年に没すると、遺族の依頼を受けて、筆者はその貴重な北海道各地の調査資料の一部に関して、現在北海道が発刊を準備している『北海道現代史』の史料となるのではないかと北海道公文書館での保管を依頼した。その他の膨大な一次資料は現在どうなっているのかは不明である。

5　「移住士族申合規約」『岩見沢開拓の先駆者』中嶋家文書：66-68　屯田兵村への入植にあたってはより厳しい規約があり、規約を遵守し免役等の請願は行うことなく、万が一のことが起こったら、本人に代わって子弟（いないときは養子）が残役期間の兵役や開墾に服することになっていた。兵役も給与地も世襲制であった。

6　今金町神丘地区開基百年協賛会が編集発行した『黎明　神丘地区開基百年記念誌』(1991)に、編集時点で在住している各戸の系図や移住後の経緯、宗教が記録されているが、掲載されている 122 戸のうちの、宗教の項目が「キリスト教」となっている家の数を数えたものである。

7　にしん漁期に死人が出ても葬儀は延期して仮埋葬となり、生育儀礼の 5 月の節句は漁期が終わった 6 月 5 日に延期されたという。また女性の生理や分娩による血のケガレである赤不浄も、様々に伝わってはいるが、「黙っていればわからなかった」と答えてくれた高齢の女性もいて、戦時中の男手のない時など、女性も漁労に従事した地域があったという（林、1998）。しかしそのような事態を迎えたとしても、労働に対する男女格差に変化はもたらされず、戦後から資源が枯渇するまでのにしん場は依然として擬制的ジェンダー関係が漁労と加工場の生産性を共に支え合っていた。

8　1897（明治 30）年、泊村に建てられたにしん番屋で、1953（昭和 28）年に北海道炭坑
　　汽船株式会社が現在地祝津に移築復元し、小樽市に寄贈した。1960 年に「北海道有形文化
　　財にしん漁場建築」として北海道において、民家としては初めて文化財に指定された（写
　　真 1-7 参照）。

［参考文献］

赤井川教育委員会編（1957）『郷土のあゆみ』
赤井川教育委員会編（2004）『赤井川村史』
今金町神丘地区開基百年協賛会編（1991）『黎明　神丘地区開基百年記念誌』
大林組広報室（1989）『季刊大林』No.29
白井暢明（2010）『北海道開拓者精神とキリスト教』北海道大学出版会
田端保（1986）『北海道の農村社会』日本経済評論社
鳥取県公文書館（1998）「近代　鳥取県人の北海道移住」鳥取県
林美枝子（1994）「比較民俗研究のための民俗としてのジェンダーの考察—山村にみる性差
　　研究の事例から—」『日本民族学』日本民俗学会 No.200：349-369
林美枝子（1998）「鰊漁をめぐる民俗としてのジェンダー—北海道日本海沿岸域の事例から—」
　　『アジア世界—その構造と原義を求めて—』（上）八千代出版 :27-36
林美枝子（2001）『民俗としての性別文化考』札幌国際大学総合研究センター
　　TECHNICAL REPORT No.2002
林美枝子（2002）「性別文化における女性役割の両義性—北海道における女性性のジェンダー
　　について—」『北海道の女性たち—女性プラザ 10 周年記念誌—』北海道女性プラザ :57-67
北海道教育庁社会教育部文化課編（1983）『北海道民俗地図—北海道民俗文化調査報告書—』
北海道廳植民課（1891）『北海道移住案内』国会図書館収蔵
北海道みんぞく文化研究会（1982 ～ 1999）『北海道を探る』
森南海子（1995）『千人針』情報センター出版局
柳田國男（1925）「妹の力」『婦人公論』10 月号
柳田國男（1942）『妹の力』創元社

第Ⅱ部

北海道に生きる女性の
ライフヒストリー

<table>
<tr><td>第2章</td><td>地域に暮らした女性たち
――定山渓温泉と芸者文化</td></tr>
</table>

妙木　忍

1　団体旅行の成立と芸者文化の隆盛

　本章では、定山渓温泉における芸者文化に着目し、地域に暮らした女性たちのライフヒストリーを分析する。芸者文化は、団体旅行（とくに宴会をともなう旅行）の隆盛と関係がある。定山渓温泉は観楓会、忘年会、新年会、会社の旅行などの目的地ともなり、宴席があった。

　芸者文化の盛衰を考えるためには、日本の社会史的変遷と、定山渓という個別地域の歴史的変遷を両方みておく必要がある。後述するように定山渓温泉の芸者文化の隆盛は1960年代（とくに後半）から1970年代初頭と考えられるが、その時代はどのような時代だったのか。

　本節ではまず、社会史的背景を概観する。第2節では、定山渓の芸者文化の隆盛を考察する。第3節では、置屋「清元」と飲食店の入った「一平会館」の歴史を検討する。それを踏まえて第4節では、芸者さんのライフヒストリーを記す。第5節では、働き方や育児を支える仕組みの観点から、コミュニティと芸者さんの関係性について検討する。第6節をまとめとする。

（1）戦後日本の社会史的背景

　日本の社会史的背景をみてみると、1950年代半ばから1970年代初頭にかけての高度成長期には、産業構造の転換、都市への人口流入、サラリーマンの急増、日本的雇用慣行（長期雇用、年功昇進・賃金体系など）の普及・定着がみられた（経済企画庁編、1997：11）。高度成長期の間、女性の労働力率は低下した（経済企画庁編、1997：11）[1]。サラリーマンの増加にともない専業主婦が増加した（経

済企画庁編、1997：12）。1970年代半ばまで、女性の主婦化は進行する。

　社会学者の落合恵美子（[1994]1997：79、87-88、101）は、高度成長期に女性の側からみても子ども（出生率）の側からみても安定した構造がみられるとして、「女性の主婦化」「再生産平等主義」「人口学的移行期世代が担い手」という三つの特徴を挙げ、「家族の戦後体制」と名付けた。主婦になる女性の数が増え、みなが適齢期に結婚して子どもが２、３人いて、それは1925年〜1950年生まれの、人口が多かった世代の人たちが担い手だった、という分析である。

　女性の主婦化が進んだ時代、旅に出ることができたのは誰だったか。例えば、1973年の日本人の生活時間調査では、主婦の家事時間は1965年や1970年の調査時よりも「むしろ増加」していること、成人男子は労働時間が短くなることによって余暇活動時間が「大幅に増加している」が、成人女子では日曜も家事時間が「長くなる」ため余暇活動時間が「男子よりも短い」ことが指摘されている（日本放送協会放送世論調査所、1974：25、49）。年間旅行回数についても、「１泊２日以上の旅行を、年３回以上した人」は「年代別・職業別どちらでも女子より男子の方が、全般的に率が高い」結果が出ている（日本放送協会放送世論調査所、1974：93）。1970年に刊行された『昭和45年度 国民生活白書』では「レジャー消費の増大」（経済企画庁編、1970：1）が指摘されているが、高度成長期に余暇を楽しむことができたのは、女性よりも男性であったと考えられる。

（2）定山渓温泉の時代区分

　定山渓温泉の発達と変容を考察した先行研究（妙木、2011：42-46）では、定山渓温泉の観光化過程を「黎明期」（1752〜1917）、「始動期」（1918〜1954）、「発展期」（1955〜1995）、「転換期」（1996〜2000年代）の４期に時代区分している。

　それによれば、「黎明期」（1752〜1917）は温泉の発見と湯治場としての出発の時期（開湯は1866年）[2]、「始動期」（1918〜1954）は定山渓鉄道の開通（1918年）と観光地としての幕開けの時期[3]、「発展期」（1955〜1995）は観光地としての確立と発展の時期、「転換期」（1996〜2000年代）は健康保養地宣言（1996年）[4]と自然体験型観光の時期と位置づけている（妙木、2011：42-46）。「発展期」はさらに、前期（1955〜1979）と後期（1980〜1995）に分けられ、前期はホテルの大型化と芸者文化の隆盛、後期は宴会型観光からの転換傾向の時期としている

（妙木、2011：43-46）。

　しかしながら、「発展期」前期（1955〜1979）は、より細分化してみていく必要がある。売春防止法（1956年公布、1957年施行）の施行前と施行後では状況が異なる。本章では1960年代以降を扱うのだが、この時期は施行後の時期にあたる。1970年代についても、細やかな変化を検討する必要がある。このような視点を踏まえて次節では、地域に残る資料に基づいて定山渓の芸者文化を考察する。

2　定山渓温泉における芸者文化

　本節では、定山渓における芸者文化の盛衰について検討をおこなう。地域に残る資料や証言に基づいて、芸者文化を歴史に位置づける作業をおこないたい。

（1）芸者数の推移

　1909年に「定山渓に初めて電燈が灯る。芸妓と半玉十三名を札幌から呼んで、鹿の湯の舞台で踊らせ祝った」という（定山渓連合町内会、2005：109）[5]。『鹿の湯グループ50年史』（鹿の湯50年史会、1977：28-29）は、開業式において鹿の湯の特設舞台で芸妓が踊りをみせた旨を記し、このときが定山渓温泉における宴席での芸妓の始まりであろうという見解を示している。

　芸者数の推移をみてみよう。1938年5月には「藝妓二四人、酌婦六五人、女給一四人」という記録がある（小林、1939:51）。桐原酉次（1977）は『北海道新聞』1977年4月19日付夕刊において、「赴任した年」(1952年)の暮の宴に言及しつつ、「芸者さんは当時、百三十人ぐらいいて芸者さんとお酌さんの二つの階級があり、花代にも少し差があった」と述べる[6]。定山渓に関する資料や記事を書きとめていた桐原（1991：252）は、1952年3月1日現在の資料には9軒、1956年6月になると（新規、旅館への変更、廃業を含めて）10軒になったことを述べて、その具体的な名称を記している[7]。

　さらにその後の時代、定山渓には「芸妓連名簿」が3枚残っている（定山渓観光協会資料）。1963（昭和38）年3月、1966（昭和41）年6月、1966（昭和41）年10月のものであり、これらはいずれも定山渓温泉料理店置屋組合が作成したものである[8]。1963年3月は置屋14軒で「総員一一五名」、1966年6月は置

屋12軒で「総員一二〇名」、1966年10月は置屋12軒で「総計一二三名」とある。
置屋とは、芸妓が住み込みで生活をする場所である（住み込みではない場合もある）。1968年11月には約187名（置屋10軒）という証言も残っている[9]。

　最盛期については、「定山渓観光協会によると、最盛期には200名の芸者がいた」（『朝日新聞』2006年2月28日付朝刊）という[10]。212名（玉置シヅ、1991：252）との数字もある。

　1970年代後半には芸者数の減少を指摘する証言もある。桐原（1977）は「世相の移り変わりで宴会より会食の団体客が多くなったり、個人でお座敷に呼ぶような客もなくなり、芸者さんの出番も少なくなって、一時百五十人ぐらいいたのが、ここ数年の間に三分の一ぐらいに減ってしまい」と記している。

　その後、1979年6月には芸者の数は約20名（置屋は6軒）となった[11]。『北海道新聞』1985年11月15日付朝刊（加藤、1985）には、芸者の数は13名、置屋は5軒との記述がある[12]。

　1989年4月1日付の定山渓観光協会会員名簿（定山渓観光協会資料）には、「料理店置屋2件」とあり、「三筋」と「清元」が載っている。1990年4月1日付の会員名簿には、「料理店置屋」の項目自体がなくなる。つまり置屋は、1989年4月以降、1990年4月までの間になくなったのであろう。定山渓観光協会による見解として「90年にゼロになった」（『朝日新聞』2006年2月28日付朝刊）と記載されていたのは、定山渓観光協会会員名簿から「料理店置屋」の記載がなくなった年を指していると考えられる。最後まで残った置屋は「清元」である[13]。

　置屋について考える際は、かつての「料理店」と（それよりも後の時代に出てきた）「料理店置屋」という語が重要となる。そのため、語の変化と意味の変化に留意しておく必要がある。地域の資料（定山渓観光協会会員名簿、定山渓観光協会資料）には、1966年や1970年の名簿に「料理店置屋組合」という表現がみられる（表2-1参照）。1963年3月の「芸妓連名簿」にも「定山渓温泉料理店置屋組合」という表現があるため、それ以前に「料理店置屋」という語はあったのであろう。本章では、1960年代後半以降に焦点を当てるため「置屋」という語を使用するが、時代と資料の状況にも注意を払う。

　表2-1は、定山渓に残る資料や証言などから芸者の数、置屋の数、置屋の名称を記したものである。

表2-1　芸者の数と置屋の数の変遷（筆者作成、出典は表の中に記載）

時期	芸者の人数	軒数	名称（※時代により「料理店」と「料理店置屋」の用語があり、意味が異なるので注意が必要）	執筆者・証言者	資料名	備考（項目名を含む）
1929年10月25日	記載なし	12軒	櫻亭、月見軒、昇月、常盤、よかろ、三桝、つよ本、岩手家、花月、まるまん、紅葉亭、清水待合	無署名（広告）	『北海タイムス』1929年10月25日付朝刊「祝東札幌定山渓間電車開通」記事の下「定山渓温泉場一同」の欄。	「料理店」の項目。そのほかには「温泉旅館」「おみやげ店」「其他」の記載もある。
1931年（推定）	記載なし	10軒	章月、月見亭、さくら亭、つよ本、福住、一瓢亭、常盤亭、三桝、丸萬、岩手屋	記載なし	資料名不明、定山渓観光協会資料（「昭和6年（1931年）」という手書きメモあり）。	「料理店」に「カフエーコウヨウ」が含まれているが、除いて計算。
1938年5月	「藝妓二四人、酌婦六五人、女給一四人」	記載なし（手がかり記載あり）	記載なし	小林廣（執筆）	小林（1939：51）『定山と定山渓』尚古堂書店。	小林（1939：51）に「料理飲食店 一四戸」という記載あり。飲食店を含むので料理店だけの数は不明。「昭和十三年五月調」との記載あり。
1950年10月	記載なし	7軒	音羽、白樺、銀嶺荘、粋ひろ、一力、櫻亭、美よしの	「定山渓鉄道観光課」の文字が発行元はある（が発行元は不明。	「定山渓入湯記念 鹿の湯クラブ」「25.10」との丸い印あり。定山渓観光協会資料（写真集歴史画像332番）。発行元について、株式会社じょうてつに問い合わせた（2022年5月6日）。	「定山渓料理店組合」の項目（「新定山渓小唄」の表紙の右で、裏表紙）。定山渓連合町内会（2005：77）の右下（の左）に写真あり。
1952年3月1日	記載なし	9軒	「音羽、み（ママ）よしの、白樺、銀嶺荘、桜亭、末広、一力、ときわ、まるまんの九軒があると書いてあり」という記載あり。	桐原西次（座談会での発言内容）	桐原（1991：252）（札幌市教育委員会文化資料室編『さっぽろ文庫59　定山渓温泉』内）。	「料理店置屋組合の、昭和二十七年三月一日現在というのには」という記載で始まる文。注7も参照。
1954年6月	記載なし	「十軒余」	記載なし	定山渓小学校	札幌郡豊平町 町立定山渓小学校（1954：62）（『郷土定山渓』内）。	「料理店の発展も目ざましい」「大正の中ころまでは僅か一～二軒しかなかった料理店も、現在では十軒余を数えている」との記載あり。
1956年6月	記載なし	10軒	「祇園、清元、きんちょう（？）、米若、三筋が増え、銀嶺荘、ときわが旅館になり、一力、まるまんが廃業して、一〇軒になったとあります」という記載あり。	桐原西次（座談会での発言内容）	桐原（1991：252）（札幌市教育委員会文化資料室編『さっぽろ文庫59　定山渓温泉』内）。	（上記1952年3月1日の記載の続きの）昭和「三十一年の六月になると」と記載。1956年6月までに生じた変化と解釈可能。

年月日		軒数	料理店名	作成	出典	備考
1961 年 7 月 11 日	記載なし	15 軒	米若、美よしの、清元、三筋、酔（ママ）ひろ、祇園、音羽、可楽、富本、桜亭、木蓮、白樺、露木、銀嶺、一力	定山渓観光協会（作成）	「昭和 36 年度 定期総会」（1961 年 7 月 11 日）資料内「会員名簿」、定山渓観光協会資料。	「料理店」の項目（ページ番号なし）。1961 年 5 月 1 日に豊平町は札幌市に合併。1961 年 7 月 11 日に地域から定山渓観光協会会長を選出。
1962 年 6 月 1 日	記載なし	15 軒	美よしの、清元、三筋、酔ひろ、祇園、音羽、可楽、桜亭、木蓮、白樺、露木、銀嶺、一力、和光園	定山渓観光協会（作成）	「第 16 回定山渓観光協会定期総会議案」資料内「定山渓観光協会会員名簿」（「37.6.1 現在」との記載あり）、定山渓観光協会資料。	「料理店」の項目。p.10 が該当。
1963 年 3 月	「総員一一五名」（115 名）	14 軒	祇園、加賀家、露木、音羽、和光園、木蓮、桜亭、美よしの、富本、三筋、粋ひろ、清元、一力、白樺（名簿記載順）	定山渓温泉料理店置屋組合（作成）	「芸妓連名簿」（昭和 38 年 3 月）、定山渓観光協会資料。	定山渓温泉料理店置屋組合が作成した名簿では、「祇園」の「祇」は「祇」という漢字が用いられている（1966 年 6 月、1966 年 10 月の名簿も同様）。
1964 年 4 月 1 日	記載なし	13 軒	美よしの、清元、三筋、可楽、富本、桜亭、木蓮、白樺、露木、一力、和光園	定山渓観光協会（作成）	「第 17 回定期総会議案」資料内「定山渓観光協会会員名簿」（「39.4.1 現在」との記載あり）、定山渓観光協会資料。	「料理店」の項目。p.34 が該当。
1965 年 4 月 1 日	記載なし	13 軒	美よしの、清元、三筋、可楽、富本、桜亭、木蓮、白樺、露木、一力、和光園	定山渓観光協会（作成）	「第 18 回定期総会議案」資料内「定山渓観光協会会員名簿」（「40.4.1 現在」との記載あり）、定山渓観光協会資料。	「料理店」の項目。pp.26-27 が該当。
1966 年 4 月 1 日	記載なし	13 軒	美よしの、清元、三筋、富本、桜亭、木蓮、白樺、露木、一力、和光園	定山渓観光協会（作成）	「定山渓観光協会規約 定山渓観光協会部会設置規程 定山渓観光協会会員名簿」資料内「定山渓観光協会会員名簿」（「41.4.1. 現在」との記載あり）、定山渓観光協会資料。	「料理店置屋組合」の項目。pp.10-11 が該当。
1966 年 5 月	記載なし	12 軒	美よしの、清元、三筋、祇園、可楽、富本、桜亭、木蓮、白樺、西村、一力、和光園	定山渓観光協会（作成）	「協会規約、部会設置規程 協会会員並に役員名簿」資料内「定山渓観光協会会員名簿」、定山渓観光協会資料（古川清一郎氏寄贈資料）。	「料理店置屋組合」の項目。pp.9-10 が該当。「協会役員」名簿（pp.13-14）の p.13 に「昭和 41 年 5 月 13 日現在」と記載あり。この日に合わせて用意された会員名簿と解釈できる（土舘佳子さんに確認、2022 年 2 月 23 日）。
1966 年 6 月	「総計一二〇名」（120 名）	12 軒	和光園、西村、木蓮、桜亭、美よしの、富本、三筋、清元、一力、白樺、祇園、加賀家（名簿記載順）	定山渓温泉料理店置屋組合（作成）	「芸妓連名簿」（昭和 41 年 6 月）、定山渓観光協会資料。	

年月	名	軒	名簿記載	作成	資料	備考
1966年10月	「総計一二三名」(123名)	12軒	美よしの、富本、三筋、清元、一力、白樺、祇園、加賀家、和光園、西村、木蓮、桜亭（名簿記載順）	定山渓料理店置屋組合（作成）	「芸妓連名簿」（昭和41年10月）、定山渓観光協会資料。	正式には「定山渓温泉料理店組合」だと考えられるが、「温泉」の文字がない。
1967年（推定4月1日）	記載なし	12軒	美よしの、清元、三筋、富本、桜亭、木蓮、白樺、西村、一力、和光園	定山渓観光協会（作成）	「第20回定期総会」資料「定山渓観光協会会員名簿に日付の記載はないが、基本的には毎年4月1日付で名簿は作成される。2022年1月25日土舘佳子さんに確認）、定山渓観光協会資料。	「料理店」の項目。pp.26-27が該当。第20回定期総会は1967年5月15日に開催。
1968年11月	187名	10軒	美よしの、富本、三筋、清元、一力、祇園、西村、木蓮、桜亭、花の家	美晴さん（証言）	証言（2022年1月5日確認）。	美晴さんが定山渓に来たときの状況。
1970年5月23日（と推定可能）	記載なし	11軒	美よしの、清元、三筋、祇園、富本、桜亭、晴の家、西村、一力、花の家、夢幻	定山渓観光協会（作成）	「協会規約、部会細則役員並に会員名簿」資料内「定山渓観光協会会員名簿」、定山渓観光協会資料（古川清一郎氏寄贈資料）。部会役員名簿と会員名簿は同じ時期に作成される（土舘佳子さんに2022年1月12日確認）。	「料理店置屋組合」の項目。「定山渓観光協会部会役員(45.5.23)」の後にある。pp.11-12が該当。
1971年5月（推定）	記載なし	11軒	美よしの、清元、三筋、祇園、富本、桜亭、晴の家、西村、一力、花の家、夢幻	定山渓観光協会（作成）	「定山渓地区職種別電話番号」（2021年11月17日コピー、加賀議次さん提供）。	「料理店置屋関係」の項目。1971年5月と推定される理由は注34を参照。
1972年1月	84名	記載なし	記載なし	『WEEKLYプレイボーイ』記事執筆者記載なし	『WEEKLYプレイボーイ』1972年1月25日号。定山渓観光協会資料（「置屋関係資料」ファイル内、「1972年1月」との手書きのメモあり）。	敏子さん、千草さん、霧奴さん、蔦奴さん、美奈子さん（「美よしの」の芸者）の写真あり。
1974年（推定）	記載なし	10軒	美よしの、清元、三筋、富本、桜亭、晴の家、西村、一力、花の家、夢幻	定山渓観光協会（作成）	「定山渓地区職種別電話番号」（2021年11月16日にコピー、土舘佳子さん提供）。	「料理店置屋」の項目。「S50年頃」というメモが添えられている。1974年と推定できる理由は注36を参照。
1975年4月1日	記載なし	10軒	美よしの、清元、三筋、富本、桜亭、晴の家、西村、一力、花の家、夢幻	定山渓観光協会（作成）	「協会規約、部会細則、役員並に会員名簿」（「50.4.1（刷）」との手書メモあり）、定山渓観光協会資料。	「料理店置屋組合」の項目。p.13が該当。
1977年4月19日	「百五十人ぐらい」の「三分の一ぐらい」	記載なし	記載なし	桐原英次（執筆）	『北海道新聞』1977年4月19日付夕刊（市民版）「定山渓と私⑫」「三味線抱いて"殉職"。	「一時百五十人ぐらいいたのが、ここ数年の間に三分の一ぐらいに減って」との記載あり。
1979年（4月）	記載なし	6軒	み（ママ）よしの、三筋、清元、富本、桜亭、晴（ママ）家	定山渓観光協会（作成）	「定山渓観光協会々費一覧表」、定山渓観光協会資料。	会費は総会決議事項のため、会費の資料は4月に作成される（土舘佳子さんに2022年1月25日に確認）。

年月	人数	軒数	店名	作成・証言	資料	備考
1979年6月	約20名	6軒	美よしの、三筋、清元、富本、晴の家（1名）、花の家	土舘佳子さん（証言）	証言（2021年12月13日確認）（桜亭は建物のみ、西村と一力はなし）。	土舘佳子さんが定山渓観光協会に勤務し始めた1979年6月の状況。
1980年5月1日	記載なし	6軒	み（ママ）よしの、三筋、清元、富本、晴の家、花の家	定山渓観光協会（作成）	「会員名簿」「55年5月1日」、定山渓観光協会資料。	No.8が該当。
1980年8月1日	記載なし	6軒	み（ママ）よしの、三筋、清元、富本、晴の家、花の家	定山渓観光協会（作成）	「定山渓観光協会会員名簿」（厚紙）、定山渓観光協会資料。	「料理店・置屋」の項目。
1981年（4月）	記載なし	6軒	み（ママ）よしの、三筋、清元、富本、晴の家、花の家	定山渓観光協会（作成）	「昭和56年度会費」、定山渓観光協会資料。	「料理店,置屋」内「料理店置屋組合」の項目。
1982年（4月）	記載なし	6軒	み（ママ）よしの、三筋、清元、富本、晴の家、花の家	定山渓観光協会（作成）	この年度は「昭和56年度会費」と同じ資料を活用して6軒がそのまま記載されている（2022年1月26日に土舘佳子さんに確認）。定山渓観光協会資料。	「料理店,置屋」内「料理店置屋組合」の項目。
1983年（4月）	記載なし	6軒	み（ママ）よしの、三筋、清元、富本、晴の家、花の家	定山渓観光協会（作成）	「昭和58年度会費一覧」、定山渓観光協会資料。	「料理店・置屋」内「定山渓温泉料理店置屋組合」の項目。
1984年（4月）	記載なし	6軒	み（ママ）よしの、三筋、清元、富本、晴の家、花の家	定山渓観光協会（作成）	「昭和59年度会費一覧」、定山渓観光協会資料。	「料理店・置屋」の項目。
1985年4月1日	記載なし	6軒	み（ママ）よしの、三筋、清元、富本、晴の家、花の家	定山渓観光協会（作成）	「定山渓観光協会々員名簿」、定山渓観光協会資料。	「料理店・置屋」の項目。No.4が該当。
1985年4月1日（加えて、経過）	記載なし	6軒（のち5軒）	み（ママ）よしの、三筋、清元、富本、晴の家、花の家	定山渓観光協会（作成）	「定山渓観光協会会員名簿　昭和60年度」、定山渓観光協会資料。	「料理店・置屋」の項目。p.4が該当。「昭和60年度会費（案）」資料内の「料理店置屋」の「件数」は「5」と記載。
1985年11月15日	13名	5軒	記載なし	加藤利器（記者）（執筆）	『北海道新聞』1985年11月15日付朝刊（市内版）「定山渓4」「芸者全盛期しのぶ」「今は13人に 芸の場減る」。	「三筋」についての記事であるため「三筋」はあることがわかる。
1986年4月1日	記載なし	5軒	美よしの、晴の家、三筋、富本、清元	定山渓観光協会（作成）	「会員名簿 昭和61年4月1日 定山渓観光協会」、定山渓観光協会資料。	「料理店置屋5件」との記載あり。p.4が該当。
1987年4月1日（加えて、経過）	記載なし	5軒（のち3軒）	美よしの、晴の家、三筋、富本、清元	定山渓観光協会（作成）	「会員名簿 昭和62年4月1日 定山渓観光協会」、定山渓観光協会資料。	「料理店置屋5件」との記載あり。p.4が該当。「昭和62年度会費」資料内の「料理店置屋」は「5」との記載があり、斜め線で消して「3」と記載あり。

1988年4月1日（加えて、経過）	記載なし	3軒（のち2軒）	晴の家、三筋、清元	定山渓観光協会（作成）	「会員名簿　昭和63年4月1日　定山渓観光協会資料」、定山渓観光協会資料。	「料理店置屋3件」との記載あり。p.4が該当。「昭和63年度会費」資料内の「料理店置屋」は「3」との記載があり、斜め線で消して「2」と記載あり。
1989年4月1日	記載なし	2軒	三筋、清元	定山渓観光協会（作成）	「会員名簿　平成元年4月1日　定山渓観光協会」、定山渓観光協会資料（古川清一郎氏寄贈資料）。	「料理店置屋2件」との記載あり。p.4が該当。
1990年4月1日	記載なし	記載なし（0軒）		定山渓観光協会（作成）	第44回定期総会（平成2年4月25日開催）に出席しなかった会員宛の書類（平成2年4月27日付）内の会員名簿、定山渓観光協会資料。	もとは「会員名簿　平成2年4月1日　定山渓観光協会」。（2010年以前に表紙を受け取り、保管している。）

（補足1）　定山渓温泉料理店置屋組合の名簿では「祇園」の「祇」は新字体の「祇」、定山渓観光協会の名簿では「祇」が用いられている。ただし、前者は3枚とも旁（つくり）に「氏」、後者の1965年、1966年、1967年、1970年の名簿では「祇」が記されている。蓋然性が高いのは「祇」「祇」であるが、当時の看板等の写真は残っていない。

（補足2）　表2-1を作成した後に、1986年10月1日付、1987年10月1日付、1988年12月1日付の「会員名簿」が残されていることがわかった（いずれも当該年度の4月1日付名簿と「料理店置屋」の軒数と名称は同一であった）（2022年9月6日確認）。

（2）芸者文化の最盛期

　芸者文化の最盛期は、いつだったのだろうか。

　定山渓に残っている「芸妓連名簿」3枚は、芸者の数と置屋の数がわかる資料である。それによれば、置屋の数が減っても芸者の数が増える現象も確認でき、置屋の数と芸者の数は比例するとは限らないことがわかる。そのため、置屋の数よりも芸者の数をみる必要がある。

　置屋は、新しくできるところもあれば廃業するところもある。そのため、軒数の変化（14軒から12軒）は、単に数だけではなく、（どこが減ってどこが増えたのかという）中身をみてみる必要がある。芸者の数も、新しく定山渓に来る人もいれば定山渓を去る人もいる。そのため、数だけでは人の移動を判断することはできない。人の動きが流動的であったことには留意が必要である。その意味において、「芸妓連名簿」3枚は、一人一人の在籍状況だけではなく、芸を習っているかどうか（もし習っている場合はどの芸を習っているか）と、習っている場合は稽古の状況（稽古中かそうではないか）を読み取ることができる貴重な資料である（【コラム1「芸妓連名簿」を読む】参照）。この名簿からは、辞める

人がいる一方、仕事を続ける人の存在も読み取れる（【コラム2　勤続した場合の表彰制度】参照）。

　以上のことに留意した上で、定山渓における芸者文化の最盛期がいつだったのかを考えてみると、芸者の数が多かった時代でもある1960年代後半から、1970年代初頭頃までだったと考えられる。

　人口や観光の動向もみておこう。定山渓の人口は1965年に8,427人と高い値を示している（国勢調査の結果によると、1960年7,133人、1965年8,427人、1970年7,155人、1975年5,081人、1980年4,200人、1985年4,017人、1990年3,204人、1995年2,648人）[14]。1965年には、漫画家・おおば比呂司のアイデアで第1回「定山渓かっぱ祭り」が開催されている。かっぱ祭りには、地元住民も観光客も芸者も参加した（かっぱ祭り専用の浴衣もあった）。

　定山渓温泉の年表（定山渓連合町内会、2005：88）によれば「昭和四十三年、札幌は空前の観光ブームとなった」との記載がある。1967年度には885,786人だった宿泊者数は、1968年度には998,258人となり、1969年度から1974年度までは100万人を超えている（札幌市経済局商工部観光課、1972：60；札幌市経済局商工観光部観光課、1976：18）。

　定山渓の宿泊者数のみで判断することはできないが、地域の人口も増え、新たな祭りも創出され、宿泊客数も多く、高度成長期のまっただなかで、宴席も多かったであろうことが読み取れる。お座敷が多かったということは、芸者の活躍の場が多かったことを意味する。

　ところで、1972年の札幌オリンピックを契機に、宿泊施設の状況に変化があったことにも留意したい。札幌市内の宿泊施設は「飛躍的に増加」し（札幌市経済局商工部観光課、1972：51）、1972年から1973年にかけてはホテルとビジネスホテルの増加が著しく、洋室数も増えている（札幌市経済局商工観光部観光課、1973：53）。

　『さっぽろ文庫59 定山渓温泉』には、「札幌オリンピックまでは、札幌市内にホテルがなかった」「観光客は札幌市内の旅館に泊まらないで、みんな定山渓にやって来る。定山渓がいっぱいになると札幌市内に泊まるというのが、常識みたいになっていました」と回顧する記述も残っている（金川、1991：230-231）。札幌オリンピックの前と後では、状況が変化したのである。

（3）旅の主体の変化

　1970年代後半になると、旅の主体の変化を指摘する資料が出てくる。昭和54年度版『観光白書』は、日本観光協会の調査に言及しつつ、「旅行動向の構造的変化」の一つとして、「近年、旅行の大衆化が進展した結果、旅行の主体は中高年団体旅行から若者や女性へと移り、この層に温泉志向が希薄」と指摘している（札幌市経済局観光部観光課、1980：50）。

　高度成長期に旅の大衆化が進み始め、その時期の旅の主体は男性であった。宴席をともなう団体旅行が隆盛した時代にこそ、芸者文化は隆盛した。芸者文化の隆盛は時代を反映している。1960年代後半から1970年代初頭という特殊な時代に、旅の担い手が誰であったのかという視点は欠かせない。その後、旅の主体の変化のほか、モータリゼーションの進展による団体バス旅行の減少、カラオケの普及なども、芸者文化の盛衰に影響を与えたように思われる。

　定山渓に初めての土産店を砂川善太郎が開いたのが1919年、砂川が定山渓で初めての宣伝用冊子『北海道三景 定山渓仙境』を刊行したのが1924年（その前年1923年に定山渓は小樽新聞社の公募で「北海道三景」に選ばれている）、「大阪旅行会」が石碑「仙境定山渓」を建立したのが1924年6月であることなどから、1920年代前半には本州からの観光団が定山渓を訪れていたことはわかっているが、旅の大衆化が進展したのは高度成長期であり、男性が中心だったのである[15]。

3　置屋「清元」と「一平会館」

　定山渓には表2-1で示したような置屋があったが、ここではその中の一つ、「清元」に着目する。1960年代後半に定山渓に来て芸者さんをしていた方に、50年以上前の話を聞かせていただいたのだが、その方は「清元」に所属していた。芸者さんのライフヒストリーが、置屋「清元」と、「清元」の近くにあった「一平会館」（飲食店が集まった建物）に関わりがあり、またこれらの歴史は地域の歴史としても重要と考えられるため、本節で検討する。数多くの置屋があったなか、「清元」の場合、その歴史を知っている方が定山渓や札幌市内に残っていたことは、本稿にとって貴重なこととなった。証言と資料から歴史をみていきたい。

（1）置屋「清元」（1955年か1956年～1989年4月以降1990年3月以前）

「清元」は玉置茂さん（1919～1998）と玉置ヨシヱさん（1923～2012）が経営していた[16]。「昭和二十七年三月一日」にはなかった「清元」が、「三十一年六月になると」「増え」ているという状況を桐原（1991：252）が記していることから、1956年6月以前に「清元」はできていたと考えられる。

では、「清元」はいつできたのだろうか。玉置茂さんの長男である玉置隆さん（1949年10月生）によれば、小学校入学（1956年4月）より前の幼稚園のときにも「清元」はあり、5歳頃にもあったことを覚えているという[17]。そのため、1955年か1956年に「清元」はできたと考えられる。

なお、玉置茂さんは、「福住旅館」の「料理さん」をしていたことがわかっており、独立して「清元」を創業した[18]。その約5年後、玉置茂さんは飲食店も創業することになる（後述）。

「清元」の写真はなかなか残っていない。しかし、定山渓温泉街で火災が発生した1973年6月11日付の『北海道新聞』夕刊には、「清元」について「木造二階建て約三百平方メートル」という記載を見つけることができる[19]。火災に遭った後、しばらくの期間を経て「清元」は再建され、定山渓で最後まで置屋を続けたのである[20]。

以下では、「清元」と同じ並びにあり、「清元」のそばにあった「一平会館」について検討しよう。

（2）「一平会館」（1969年10月（推定）～2019年4月[21]）

「清元」の歴史と切り離せないのは、玉置茂さんが経営していた飲食店の歴史である。「定山渓飲食店組合 組合員名簿」（平成9年6月現在）（以下では「H9組合員名簿」と略す）によると、玉置茂さんの「創業」欄には「昭31.」と記されている[22]。この年は1956年である。「店名」の欄には「鳥元」と記載されている。「鳥元」は「とりげん」と地元の人から呼ばれていたが、正式には「とりもと」であるという[23]。「昭31.」は「鳥元」の創業年かというと、そうではないことがわかった。この理由を、少しずつ時代をさかのぼって、検討していく。

「H9組合員名簿」の「鳥元」の左には、手書きで「一平ずし」（ママ）という文字があり、「一平ずし」は「鳥元」よりも（時期的に）前にあったことがうかがえ

る。「鳥元」よりも前に、玉置茂さんはすしとジンギスカンを両方提供するお店を経営していた（すし職人を雇用していた）[24]。玉置茂さんの弟（玉置実さん）の子である玉置恒夫さん（1955年生）によれば、小さい頃にすしとジンギスカンのお店ですしをふるまわれた経験と、中学生・高校生の頃に「鳥元」で焼き鳥の串を刺す手伝いをした経験があるという[25]。つまり、「鳥元」ができたのは、すしとジンギスカンの店よりは後であることがわかる。

　では、玉置茂さんは、いつから飲食店を始めたのであろうか。玉置隆さんによると、小学校のお弁当に細巻きを持って行っていたことを覚えているとのことで、それは5年生か6年生の頃だったと記憶しており、そのことも手がかりとなり、1960年か1961年頃に玉置茂さんは飲食店を始めたと考えられる。

　確かに、定山渓観光協会の会員名簿においても、玉置茂さんが経営していた飲食店として、1961年「味の一平」（玉置茂）、1962年「味の一平」（玉置茂）、1965年「味の一平」（玉置茂）、1966年「一平」（玉置茂）、1967年「一平」（玉置茂）という記載が確認できる。名称の変遷の理由や経緯についてはわからないが、玉置隆さんによると、同じ場所で飲食店を経営していたことは確かであるという（ただし、それは「昭31.」の創業ではない、ということも確かであるという。これについては後述する）[26]。

　すしとジンギスカンのお店を、「一平寿し」と記憶している人も複数いる[27]。ここではいったん、すしとジンギスカンのお店を「一平寿し」として考えてみることにする。「一平会館」は、すしとジンギスカンのお店「一平寿し」を壊した後に、同じ場所に建設された[28]。1968年11月に定山渓に来て「清元」に所属した美晴（みはる）さんによると、その時点ではすしとジンギスカンのお店があった。「清元」の「お父さん」のお店なので、忙しい時には従業員として手伝っていたという。つまり、1968年11月には「一平寿し」はあったのである。

　それでは、いつ「一平会館」はできたのだろうか。「一平会館」には、「鳥元」（焼き鳥など）、「リオ」（スナック、地下）、「ベア」（スナック）、「一力」のそば屋（のちに短期間のみ）があった[29]。玉置茂さんは「鳥元」と「リオ」を経営し、玉置ヨシヱさんはお店で仕事をしていた[30]。

　手がかりになるのは、「一平会館」で「ベア」を経営していた大川保さんの創業年である。「H9組合員名簿」によれば、大川保さん（「スナック セセッ

カ」経営）の創業年は「昭44.10.」と記載されている。大川さんが別の場所で経営していた「巴里」は、「食堂近野」（創業時は「焼もの近野」）の創業年「昭和46.8.」と同じ月で同じ建物である[31]ことから、「昭和44.10.」は（「巴里」ではなく）「ベア」の創業年と考えてよいことがわかった[32]。

　以上によると、1969年10月までには「一平会館」は建設されていたことがわかる。このように、1968年11月にはすしとジンギスカンの店があり、1969年10月には「一平会館」内に「ベア」が創業されていると考えれば、その間に「一平会館」は建設されたのだろう[33]。

　このように考えていくと、定山渓観光協会会員名簿（古川清一郎氏寄贈資料、定山渓観光協会資料）の1970年のものに「鳥元」「リオ」「ベア」が載っていることは、整合性がとれる。ところが不思議なことに、その名簿には「一平寿し」も載っているのである。1971年（推定）の「定山渓地区職種別電話番号」[34]にも、「一平寿し」「鳥元」「リオ」「ベア」がある。複数の資料に「一平寿し」の記載が残っているのはなぜだろうか。その理由は、次の通りである。

　1960年から定山渓に住む加賀議次さん（1946年生、「可楽」経営）によれば、「一平会館」が建設される前と同じすし職人さんが、「一平会館」ができた時に今度は独立してすし屋を始めたため、「一平会館」内には「一平寿し」があったという。のちに、「一平寿し」はなくなり、改装して、「鳥元」（最初はおむすびのお店だった）は約3倍の広さになったという[35]。

　なるほど、その場合、1974年（推定）の「定山渓地区職種別電話番号」[36]と1975年の観光協会会員名簿（定山渓観光協会資料）の二つの資料から「一平寿し」の記述が消えたことは、整合性がとれている。「一平寿し」はなくなり、その分まで、「鳥元」が広くなったのである。

　「H9組合員名簿」には、玉置茂さんの氏名欄にヨシエさんの名前も「ヨシエ」さん（ママ）と記されていて、創業欄に「廃H17.3.31.」という記載が手書きで追加されていることから、「鳥元」は2005年3月まであったのであろう［リオの場所は、1973年5月に「スナック大」として経営者も変わり、2018年9月まで営業を続けた（これについては後述する）］。

　以上を踏まえて最後に、玉置茂さんの創業年「昭31.」の解釈をしておきたい。玉置隆さんによると、それは飲食店の創業年ではないという[37]。可能性がある

と考えられるのは、「清元」の創業年である。玉置隆さんによれば、「清元」は
置屋であるだけではなく、お酒やおつまみなどを出すこともあったこと、かつ、
昔は定山渓では料理店置屋と飲食店が一緒のカテゴリーであった[38]ことを踏ま
えると、玉置茂さんが自らの創業の年として「清元」の創業年を位置づけた可
能性はある。その場合、「昭31.」とは「清元」の創業年を指しうる。前述の通
り「清元」は1955年か1956年の創業と考えられ、時期は符合している。

4　芸者さんのライフヒストリー

　本節では、芸者文化の隆盛期である1960年代後半に定山渓に到着して、置屋
「清元」に所属して仕事を始めた美晴さんのライフヒストリーを記す。美晴さ
んによれば、玉置茂さんは「お父さん」、玉置ヨシエさんは「お母さん」と呼
ばれていた。どこの置屋でもこのように呼んでいたという。以下でも、この表
現を用いることにする（前節でも1か所この表現を用いた）。

（1）美晴さんのライフヒストリー
　美晴さん（1942年生）は岩手県の出身で、盛岡と札幌の飲食店で勤務した後、
1968年11月15日に定山渓に来た。知人の紹介で「清元」に所属した。名前は「千
秋」「はるみ」「れいか」も検討したが、同じ名前あるいは発音が近い名前の人
が別の置屋にいたため、「みはる」とし、「美晴」という漢字を充てた。「清元」
では名前にだいたい「み」がついているということもあって、「こよみ」も検
討したが、「みはる」にした（ただし、全員「み」がついていたわけではないという）。
　最初はお酌さんをしていたが、ある日、北海盆踊りを踊ったときに、別の置
屋のお姉さんから「踊りの筋がいいから踊りをやったらいいんじゃない？」と
言われた。また、「清元」の三味線のお姉さんからも、踊りを習うことを勧め
られた。踊りは、小さい頃に美晴さんの叔母さん（父の妹）が踊っているのを
見たことがあり、一緒に踊っていた。「習い事は嫌いではなかった」ので、踊
りを習うことにした。踊りを習う者はみな最初に、「山はほんのり　さくらにそ
めて」から始まる「新定山渓小唄」を習った。踊りを覚えるためには唄を覚え
る必要があったし、唄も身についた。

　1か月のうち1週間から10日間、毎日見番でお稽古があった[39]。稽古場は、見番の2階だった（写真2-1）。大きいお姉さん（年上のお姉さん）が「今日お稽古だよ。」「午前は三味線で午後は踊りだよ。」と言っていたことも覚えている。定山渓には日本舞踊の若柳流の家元の先生が教えに来ていた。その先生は小柄な方で、一人で三味線も踊りもすべて教えていた。小唄は別の先生が教えに来ていたかもしれない。

　定山渓に来て半年ほど経って章月グランドホテルの専属になった（写真2-2）。その後、試験を受けて立方（たちかた）として認められて、お座敷で立方を務めることになった。章月グランドホテルで出会った「花の家（はなのや）」の女将さんが踊りの個人稽古をしてくれることになり、美晴さんはお師匠さんの了承を得て、曜日を決めてそこにも習いに行っていた（女将さんは試験の前の時期にも試験の後の時期にも稽古をしてくれた）。ほかにも、1973年前後から池坊の先生に華道を自宅で習っていた。

　ところで、お座敷は2時間でひと座敷だった（2時間で2本という計算だった）。定山渓に来たときは、手元にもらえる給料は1時間380円だった。つまり、100時間（100本）働いたら38,000円の収入になった。もらえるお金は「四分六」で、

写真 2-1　定山渓温泉料理店置屋組合の見番
2021年11月18日、筆者撮影。2階が稽古場になっていた。美晴さんによれば、お稽古のときは「こんにちは。お稽古に来ました。」と挨拶してから2階へ上がったという。三味線のお姉さん（鳴物のお姉さん）がた、つまり「大きいお姉さん」（先輩のお姉さん）のお稽古が先にあり、踊りのお稽古は、その後12時か13時頃からあったという。美晴さんに2022年3月31日確認。

写真 2-2　章月グランドホテルのパンフレット（「昭和 43 年 12 月本館新装オープン」
という記載がある。）

左：2022 年 1 月 26 日、筆者撮影（定山渓観光協会資料）。美晴さんが定山渓に来た 1968 年 11 月の翌月、
本館が新装オープンしている。

右：2021 年 12 月 16 日、筆者撮影（定山渓観光協会資料）。同じパンフレット内の大宴会場。大きな
宴会のときは「金泉の間」となり、小さな宴会のときは真ん中で区切って「金泉の間」「銀泉の間」となっ
た（その場合、舞台付きの方が「金泉の間」で、「銀泉の間」にはステージが作られることも、作られ
ないこともあった）。美晴さんはこの宴会場でも仕事をしていた。美晴さんに 2022 年 9 月 15 日確認。

写真 2-3　美晴さんの写真

2021 年 11 月 20 日、美晴さん提供。「ワンロール」を結っているため 1976 年頃と推定される。
出産後、髪を伸ばすのに約 3 年かかったということから。美晴さんに 2022 年 1 月 5 日確認。

自身の収入になるのは４割のほうだった（住み込みの費用などが引かれた）。このように、花代（線香代、玉代）の中から、４割の部分が自身の収入になった。

　定山渓に来て１年後か２年後、花代は芸者は990円でお酌さんは880円だったことを伝票で見たことを覚えている。２年から３年経つと、花代は１時間3,000円となった。お給料が上がったときは嬉しかったという。一番最後は、花代は１時間5,000円になった（そのときは住み込みではなかったので、４割の2,000円よりも多い、3,000円が自身の収入となった）。

　ホテル鹿の湯でもお座敷に出た。「ザ・フォンズ」というバンドは、お座敷でも演奏をおこない、芸者さんとともに宴席を盛り上げた（【コラム３　ホテル従業員さんと芸者さんの協働】参照）。美晴さんはお座敷で踊るだけでなく、生バンドに合わせて歌謡曲を歌うこともあった。

　美晴さんは千姫や源氏物語の柄の着物が好きだという。源氏物語の柄の着物を着ている写真があり、尋ねてみると、札幌市内中心部で開催された展示会に招かれて出かけたときに購入した着物であるという。置屋にも、着物を売る業者さんや仕立て屋さんが出入りしていた。着物を白生地から染める場合もあり、着物を仕立てることは楽しみだった。

　「ベア」でバーテンダーとして働いていた男性と1972年に結婚し、1973年３月に出産した[40]。妊娠７か月までお座敷に出た。夫は章月グランドホテルのバーでも半年間勤務した。美晴さんは出産のため、「清元」を辞めた。

　出産のため、札幌市内の病院に入院しているときに、「清元」の「お父さん」が病院まで会いに来て、「お父さん」から「リオ」の場所でお店（スナック）をやらないかと言われた。育児を手伝うので「清元」に戻って来てスナックをやりながらお座敷にも出てほしい、という話だった。

　その要請を受けるかたちで、出産から約２か月後の1973年５月25日、「スナック大」を夫とともにオープンした。お座敷とスナックの両立が始まり、「清元」があった1989年頃まで両立の生活は続く（写真2-3）。育児中は、睡眠時間３時間で仕事をした[41]。美晴さんは、「清元」に再び所属して芸者をした。美晴さんは、定山渓で最後まで残った置屋である「清元」で、最後まで仕事をした芸者さんの一人である。

　お座敷のお客さんは、男性が多かった。妙木（2011：49）に美晴さんの証言

写真2-4　置屋がなくなった後もお座敷へ

定山渓観光協会資料「写真集未使用画像066」の左部分（2021年11月16日に受け取り）。1993年10月2日開催の、有馬温泉と定山渓温泉の姉妹温泉提携20周年記念祝賀会の写真であるという（土舘佳子さんに2021年12月1日に確認）。美晴さんが左はしに写っている。土舘佳子さんによると、定山渓観光協会主催の宴会には地元の芸者さんを優先して依頼し、芸者さんの人数が足りないときには、会場のホテルに札幌のコンパニオンを依頼したという。地元の芸者さんに依頼した理由は、「地元のことを知っている人（地域のことを説明できる人）がいい」ということで、それは来る人との交流を前提に考えていたからであるという（以上、土舘佳子さんに2021年12月4日、12月13日に確認）。以上のことから、地元の芸者さんは地域の中で必要とされていたことがわかる。

があり、「お座敷（宴会）には女性客（会社の従業員、事務員、夫の代理など）もいたが、9割は男性客であったという。また、1984年頃までお座敷は毎日あったが、1985年か1986年頃からは週に3回（金土日）に減ったという」と記されている。

　置屋がなくなった後にも、美晴さんはお座敷に出ていた（写真2-4）。定山渓観光協会から依頼があったためである。お酌をして回っていたという。美晴さんは、芸者時代にたくさん会話をしていた（話が弾み、会話が上手な芸者は「座持ちがよい」と言われ、よく指名があった）というが、置屋がなくなった後の宴席においても美晴さんは会話を楽しんだ（交流の場で会話の技術は大きな意味を持っていたと考えられる）。

　美晴さんによると、コンパニオンが来ていたことも記憶しているというので、芸者さんとコンパニオンが同じ宴席でお酌をしていたという時代があったことがうかがえる。

　2001年に夫が亡くなった後、和服を着て「スナック大」を続けた。「一平会館」

が解体される予定になり、その前年である2018年の9月末日までお店を続けた。

定山渓に来た当初は長くいるつもりではなかった（2、3年で地元に帰ろうと思っていた）という美晴さんだが、1968年から2018年までの50年間、芸者、芸者とスナックの両立、スナック経営を続けた。美晴さんを取材した、「万感半世紀」「温泉酒場の華 お別れね」と書かれた記事が『北海道新聞』2018年8月7日付夕刊（日栄、2018）に掲載されている[42]。

（2）置屋での生活を通した交流

美晴さんは、同じ置屋のお酌さん（Aさん）と着物の展示会に出かけたことも覚えている（源氏物語の柄の着物を購入したのはこの展示会のときだった）。Aさんに誘われて道内（道央地方）に3泊で小旅行に出かけたこともある。小旅行は秋だったとのことであり、旅先から定山渓にいる人に電話をした思い出から、1970年11月であろう。

「清元」の置屋のメンバーで行く旅行もあった。仕事をしたお礼として置屋が旅行に連れて行ってくれるもので、「お父さん」は旅行に行かないで留守番をするが、「お母さん」は一緒に旅行に行った。青函連絡船に乗り、大鰐温泉と十和田湖に行った時の写真が残っている。出産するよりは前ということで、1972年以前であろう。「清元」の旅行に美晴さんは2回参加した。

定山渓温泉料理店置屋組合の旅行もあった。ほかの置屋のお姐さんもみなで一緒に行く旅だった。「見番のおじちゃん」（定山渓温泉料理店置屋組合の事務をしていた小原治郎さん）も旅行に参加した。釧路方面への旅行（2泊か3泊）で、温根湯温泉や旭川にも泊まり、帰りは電車で札幌へ帰って来た。

定山渓温泉料理店置屋組合の旅行に参加した回数は、はっきりとは覚えていない。だが、定山渓温泉料理店置屋組合の旅行のときに「芸者の宴会のフィナーレで」いろいろな置屋の、名取り級のベテランのお姐さんたちが、それぞれが修めた流派で「奴さん」を踊るのを見たことを覚えている。

「スナック大」を始めてからは、定山渓飲食店組合の旅行にも参加した（洞爺湖や登別など）。

美晴さんの子の1歳の誕生日会の写真が残っていて、Aさんも写っている。子の成長を理由として、大人が10名集っている。子の成長が、大人たちの交流

の機会にもなったのであろう。Aさんは「スナック大」でお客として座り、美晴さんの子をおんぶして面倒をみてくれたこともある。置屋で暮らさなくなった後にも、置屋で生まれた交流が続いたのである。

5　コミュニティにおける芸者さん

　置屋には、住み込みのお酌さん・芸者さんだけではなく、通いの人もいた。結婚している人も、していない人もいた。子どもがいる人も、いない人もいた。美晴さんによると、姉妹で置屋に所属する人も、親子で置屋に所属する人もいた。
　「清元」では、芸を習うか習わないか（習う場合、何を習うか）は強制ではなく、自由であり、美晴さんによれば「本人本位」だった。出産のために「清元」を辞めた美晴さんを、子どもをみるから「清元」に戻って来てほしいと「お父さん」が入院先の病院にまで来て話し、出産・育児による仕事の中断ではない道（「清元」への復帰と新たな店のオープンによる、芸者とスナックの両立という新たな働き方）を1973年に美晴さんに提案した。
　置屋に来る様々なライフコースの女性を受け入れ、職業上の芸を身につけるかつけないか（身につけるのならどの芸を身につけるか）の選択は本人の意思を尊重した。このように、置屋に所属する女性本人の裁量が尊重された側面がうかがえる。
　また、「お父さん」が子どもをみるからといって、出産・育児をしても仕事ができるよう「お父さん」の側から芸者さん（美晴さん）に提案した実例があり、芸者さんの仕事と育児の両立という論点に置屋の「お父さん」が向き合い、方法を編み出そうとした形跡がみてとれる。
　多様な働き方が存在していた点、働き方の選択の自由があった点、仕事と育児の論点に「お父さん」が向き合った形跡がある点を踏まえて、本節では、女性が仕事をするときに、仕事とライフイベントがどのように支えられたのかという点を検討してみたい。

（1）育児を支えた女性たち
　美晴さんの育児を支えた人は、多岐にわたる。「清元」の芸者さん（Bさん）

は美晴さんが定山渓に来たときにはすでに結婚していた。のちに芸者を辞めたBさんは、美晴さんの子をBさんの自宅で「みてあげるから。」と言って1年弱、毎日みてくれた。ミルクやおむつを持たせて、夜から昼まで預かってもらった。お金とお米と甘いものを届けて、毎月、お礼をした。

その後、1歳の少し前頃から「お父さん」の弟である玉置実さん（定山渓ホテルの料理長）の社宅で、実さんの妻の玉置トミヨさん（1927年生）がみてくれた。実さんも一緒にみてくれた。毎日仕事に行く前（お座敷に出る前に着物を着るなどの準備もあるため17時か17時半まで）に預け、23時になったら（遅くとも24時までには）迎えに行った。美晴さんは家に子を送り、寝かせて、また仕事に出かけた。お礼の代金を月で支払った。玉置トミヨさんによると、夜に子どもを預かったことについて「お金が入るんだもの。」と語り、そのお金は「自分の自由になるお金」になったため、嬉しかったという[43]。

その後、美晴さんの髪を結ってくれていた美容師さんの1人（Cさん）が、休みの日に「今日置いていきなー。」と言って預かってくれた。「京城屋」（飲食店）では美晴さんの子と同じ年の子を、一緒にみてくれた。アパートの大家さんが自宅に来てくれてみてくれたこともある。同じアパートの人（「美よしの」でお酌さんをしていたDさん）は、「お風呂に行くから連れて行っていいかい？」と言って、子どもをお風呂に連れて行ってくれた。Dさんは2人の子育てをした経験もあり、ベビーバスを譲ってくれるなど、親切にしてくれた。誰というわけではなく、みなが子どもをみてくれた。2歳からは定山渓保育所（1952年開所）にも通った[44]。大きくなってからは、同じ年ごろの子どもたちがいる家庭でみてくれたこともあった。

このように、「清元」の元芸者Bさん、「美よしの」の元お酌さんDさん、「お父さん」の弟夫妻、美容室の美容師Cさん、飲食店の方、アパートの大家さん、同じ年ごろの子どもがいる家庭など、置屋で仕事をしたことがある女性も、別の職業に就いている女性も含めて、多くの女性たちが支えてくれた。

このような支えがあり、美晴さんは仕事をすることができた。美晴さんの夫は、美晴さんとともにスナックを経営しながら、子の送り迎え（美晴さんと交代で）のほか、ミルクやおむつ替えはもちろん、お風呂も担当した。美晴さんは夫と育児を分担した上で、二人が仕事をしている時間については、多くの人たちが

支えてくれたのである。

（2）育児を支えた男性たち

　子育てを支えたのは女性だけではなかった。子どもをみるからと言って復職を勧めた「お父さん」はどうだったのだろうか。「お父さん」は、美晴さんが仕事の間、置屋で子どもをみてくれたことがある（美晴さんは仕事に行っているので、実際に「お父さん」がどのように子の世話をしているかという場面を見たことはないというが、おむつを替えるときに「動き回る」と言われたことがあるので、おむつを替えてくれていたのだろう、ということである）。置屋にはお姉さん方もいて、誰かしらがいるので、交代で子をみてくれたのだろう、と美晴さんは言う。このように置屋は、芸者さんの子の、育児の場にもなったのである。

　「お父さん」の弟の玉置実さんは、妻の玉置トミヨさんとともに子どもを預かって、美晴さんの子をひざにちょこんと乗せて、かわいがっていたという（玉置実さんの子である玉置恒夫さんが、当時その様子を見かけている）[45]。玉置トミヨさんは、夜遅い時間から「鳥元」を手伝っていたので、その間は玉置実さんが保育をしてくれていたのであろうか[46]。

　育児には時間も労力もかかる。夫の育児分担、多くの女性たちの支えのほかに、周囲の男性たちも育児を支えたことがわかる。だが、多くの時間は女性たちが担ったように思われる。女性が仕事をするために女性たちが支えるという構造の論点と、一方で、男性たちも育児を支えたことも含めて、地域で育児を支える仕組みが当時あったことに着目しておきたい。

6　暮らしを歴史に位置づけるという営み

　本章では、地域に暮らした女性たちに焦点を当てて、定山渓温泉の芸者文化を歴史的に検討してきた。日本の社会史的背景と、定山渓温泉という個別地域の発達過程の時代区分を概観し、芸者文化の隆盛を資料からも検討した。「清元」に所属した美晴さんのライフヒストリーは、置屋で暮らした女性の（そして周囲の）確かにそこにあった暮らしであり歴史をかたちづくる。

　育児を支える人々に着目し、働き方や育児の論点も美晴さんの例から検討し

た。当時の暮らしと社会のあり方を理解することは、それを歴史に位置づける作業であるだけでなく、女性の人生の選択について未来への展望につながる知見を示す可能性もある。

　地域の資料は、残っているものと残っていないものがあり、証言をつなぎ合わせ、資料と照合し、資料がないものはいくつもの角度から推定をおこない、「一平会館」の歴史も、ようやく書いてみたものである。「一平会館」の歴史が、今回の分析に重要かつ必要だったからである。

　この研究は、地域に暮らした女性の生き方を、時代の分析とともに歴史に位置づける作業であった。私は、歴史に位置づけるという作業を尊敬の気持ちを込めておこなっている。美晴さんのほかにも、置屋に所属した女性たちには一人一人の人生があり、その人たちへの思いを込めた作業でもあった。

　私はこの研究の中で、時代の制約のなかでも、多様な働き方があり、芸を習うか習わないかという選択にも自由があったことに注目している。芸を習うことが「こうするべき」という規範となっていたわけではなく、強制（by force）ではなく選択（by choice）であった例がみられたのである[47]。芸を習わない選択をする人もいた（そのような選択をすることも可能であった）し、「習い事が嫌いではなかった」美晴さんは誰かに強制されたわけではなく踊りを習い、お座敷で踊る機会がなくなった後も2021年まで踊りを習っていた（習っていない時期もあった）。芸を習わない選択をすることも、芸を習う選択をすることも、どちらを選ぶことも、「選択」だったといえよう。

　休日や余暇についても私は関心を寄せた。美晴さんによると、お座敷がなくて「お茶を挽く」ことはあっても、決まった休みはなかった。観光地であり、頻繁にお座敷がかかり、忙しいことも多かったのだろう。それに加えて、お座敷の予定がない日でも「いつ線香（お座敷）がかかるかわからない」ため、いつでもお座敷に出られるように準備して［お太鼓（筆者注：帯のこと）を締めればよい状態にして］待機していたという。門限や決まりもあった。美晴さんはAさんと仕事が終わった後すすきのへ飲みに行き、戻ってきたとき、「お父さん」に（門限を破ったことについて）注意されたこともあった。観光地ゆえにお座敷を軸として仕事が予定されていたので、余暇を十分に楽しむゆとりはなかったのかもしれない。

　美晴さんの育児の例からは、育児を支える仕組みが地域にあったことと、どのような人々が、どのように支えたのかということに着目した。支えの多くが女性によるものであったことや、女性がケアを担うという構造については留意する必要があるが、女性も男性も含めて育児を地域の人々が支えたということについては、現代につながる支え合いのヒントがあるだろう。

　住み込みでなくても置屋に所属できたし、複数の収入を持つ人もあっただろう。芸を習うよう強制されることはなく、芸を習わないことも含めて本人の意向が尊重されたようにみえる。芸者とお酌さんで花代には差があったが、どちらでも自分の好きなほうを選択できるのだとすれば、自由や本人の裁量があったのだと解釈することもできる。

　本章では、地域に暮らした女性たちに焦点を当てることにより、歴史の一部を照らし出してみたものである。定山渓は、他の出身地から来る人々を受け入れてきた土地でもある。他の土地から定山渓にやってきて、定山渓に暮らし、定山渓の宴席を盛り上げ、歴史をかたちづくった女性たちがいる。その生活を歴史の文脈において考えてみることと、それを歴史のなかに位置づける作業は、北海道社会とジェンダーを考える上でも意義があるように思う。

[注]

1　女子労働力率は、戦後下がり続け、1975年に46.1％を記録している（総理府編、1996：70、出所は「国勢調査」）。

2　定山渓連合町内会（2005：108）によれば、定山が小樽張碓村から温泉場に至ったのが1866年である。その年が開湯の年とされている。

3　定山渓鉄道は1969年に廃止された。『北海道新聞』1969年10月17日付夕刊「定鉄さよなら」「栄光の跡」「創業いらい半世紀」（無署名）は、「定鉄沿線と並行して走る国道二三〇号線の舗装改良」が「斜陽化の原因」と述べ、「札幌―定山渓間の完全舗装（三十八年）は決定的な打撃となった」と記している。1969年には定山渓新道（定山渓から中山峠まで）が近代的道路に生まれ変わり、国道230号線が全線開通した（定山渓連合町内会、2005：114）。

4　「平成8年度通常総会」資料（定山渓観光協会、1996：20）の「平成8年度活動方針（案）」によると、「開湯130年を迎え、本年、『健康保養地定山渓温泉』をたからかに宣言し」と記載されている。開湯130年記念冊子「おゆ[O-YU]」には、「健康保養地宣言」と記され

ている。この宣言を契機として、この方針に基づいた事業やビジョンが展開された（土舘佳子さんに 2022 年 8 月 22 日確認）。のちに編まれた定山渓連合町内会（2005：115）の年表には、1996 年のところに「温泉健康保養地宣言」という文字が確認される。

5　『鹿の湯グループ 50 年史』にも、札幌への送電が 1909 年に開始されたことと、「開業式には札幌から芸妓と半玉 13 名が馬車でやってきた」との記述がある（鹿の湯 50 年史会、1977：28）。

6　桐原（1991：251）は「昭和二十七年から三年半」定山渓駅の駅長を務めた旨を記している。桐原（1977）の「赴任した年」とは、1952 年を指すのだろう。土舘佳子さんにも聞いてみたところ（2022 年 9 月 8 日）、そのように考えているという。なお、花代については、『定山渓　定山渓温泉開湯 150 周年記念誌』（定山渓観光協会、2016：51）においても「芸者とお酌さんの二つの階級があり、花代にも差があった」という記述がある。

7　桐原（1991：252）は、「料理店置屋組合の、昭和二十七年三月一日現在というのには」と記載している（表 2-1 でも引用する）が、後述するように、1952 年当時はまだ「料理店置屋」という表現はなく、「料理店」という呼び方がされていたと考えられる。そのため「料理店置屋組合」という記載は、桐原（1991）の執筆段階（1991 年）における表現であろう。このように考えていくと、桐原（1991：252）における軒数は、「料理店」の軒数であると解釈できると思われる。

8　1966（昭和 41）年 10 月の名簿のみ「定山渓料理店置屋組合」と記載されているが、正式には、「定山渓温泉料理店置屋組合」である。見番だった建物が現在も残っており、そこに看板がついている。その看板の文字を直接確認した（2021 年 12 月 18 日）。

9　妙木（2011：49, 55）にも記載している数字で、美晴さんから 2006 年 12 月 19 日に教えていただいた数字である。

10　『朝日新聞』2006 年 2 月 28 日付朝刊「定山渓 北街道 ⑤ 定山渓ビフォーアフター 芸者」「最盛期 200 人 90 年代にはゼロに」（無署名）参照。

11　元定山渓観光協会職員の土舘佳子さんの情報による（2021 年 12 月 13 日）。土舘さんは定山渓観光協会に 1979 年 6 月に就職し、その段階での状況に基づく（2012 年 3 月 31 日まで勤務された）。

12　『北海道新聞』1985 年 11 月 15 日付朝刊「まちかど探見」「定山渓 4」「芸者全盛期しのぶ」「今は 13 人に 芸の場減る」（加藤、1985）は、置屋が減少していくなかで、かつ、資料が少ないなかで、当時の状況を知ることのできる貴重な記録となっている。

13　土舘佳子さんからの情報による（2021 年 12 月 13 日確認）。加賀議次さんも「三筋」のほうが早くやめたと言う（2022 年 1 月 27 日確認）。「定山渓温泉飲食店組合役員名簿（平成 3 年 5 月現在）」に続く組合の名簿（2022 年 1 月 27 日、宮西三雄さん提供）（以下、「H3 組合名簿」と略す）によれば、「スナックよしい」の開店が 1990 年 1 月であることおよび、

その前は置屋の「三筋」（スナックを併設）であった（加賀議次さんに確認、2022年1月27日）ことから、置屋の「三筋」は1989年12月までにはなくなっていたと推定される。なお、併設されていたスナックの名称は、「スナックみすじ」（定山渓西4丁目）であり、お店の表記と住所は定山渓観光協会の「会員名簿（平成元年4月1日）」を参照した。定山渓温泉西4丁目という場所について記しておきたい。玉置隆さんによると、玉置隆さんの父である玉置茂さんの父と母が置屋「三筋」をもともと下町（住所で言えば西）で経営しており、その後、玉置武さんに継いだ（玉置隆さんに2022年2月28日確認）。美晴さんも、置屋の「三筋」は、この場所（下町、湯の町）で変わっていないという（2022年2月28日確認）。『北海道新聞』1985年11月15日付朝刊（加藤、1985）には、置屋の「三筋」を経営する玉置シヅさんが紹介されていて、「三筋も十年前に置屋の半分をスナックに改造、姿見が三台」になったことが記されている。つまり、置屋「三筋」と「スナックみすじ」は、玉置シヅさんによって同じ場所で同時に両方経営されていた。1989年の定山渓観光協会会員名簿には、置屋の「三筋」（玉置シヅ）と「スナックみすじ」（玉置シヅ）の記載があるが、1990年の定山渓観光協会名簿（定山渓観光協会資料、「平成2年4月27日付」文書［第44回定期総会（1990年4月25日開催）に出席しなかった会員宛の書類］内にある会員名簿）には置屋の「三筋」も「スナックみすじ」も記載がなくなり、そのかわり、「スナック吉井」（この名簿では漢字で記載されている）が現れる。一方、同じ1990年の名簿に「居酒屋みすじ」（定山渓東3丁目）（玉置シヅ）があることから、玉置シヅさんが、西4丁目の「スナックみすじ」をやめて、東3丁目で「居酒屋みすじ」を始めたことがわかる。「H3組合名簿」において、「スナックよしい」と「居酒屋みすじ」の「開店初年」はそれぞれ、「平2.1」と「平2」と同じ年で記載されていることは、上記の経過を裏付ける。なお、「スナックみすじ」は、玉置シヅさんが吉井さんに店を貸して「スナックよしい」になったという（美晴さんに2022年1月25日、2022年3月1日確認）。最後に、「スナックよしい」は、ひらがなが正しい。理由は、定山渓観光協会の会員名簿は飲食店組合から名簿を受け取って作成していたこと（土舘佳子さんに2022年3月6日確認）、定山渓観光協会の「平成3年4月」「平成4年5月20日」の会員名簿ではひらがなで記載されていること、定山渓飲食店組合の名簿（「平成4年5月現在」「平成5年5月現在」）（2022年1月27日、宮西三雄さん提供）では一貫してひらがなで表記されていること、土舘佳子さんは定山渓飲食店組合からの指摘で（漢字から）ひらがなに訂正したと記憶していること（土舘佳子さんに2022年3月6日確認）による。

14　1960〜1990年のデータは札幌市企画調整局企画部統計課（1994：158-159）より、1995年のデータは札幌市企画調整局企画部企画調査課（1999：132）より引用した。「統計区内の主な地区・町名」は、6024が「定山渓温泉東、定山渓温泉西」、6025が「定山渓」、6026が「小金湯」であり（札幌市企画調整局企画部統計課、1994：159）、これら三つの統

計区の合計で算出している。ただし、1970 年のデータは再集計がおこなわれており、1970年の数字は、再集計結果が反映されている札幌市市民まちづくり局企画部統計課（2007：211）の数字を採用した。

15　1919 年に定山渓に初めての土産店ができたこと、1923 年に定山渓が北海道三景に選ばれたこと、1924 年に砂川善太郎が「定山渓仙境」を発行したことは、定山渓連合町内会（2005：110）を参照した。1924 年 6 月に「仙境定山渓」の石碑が建立されていることについては、札幌市南区のホームページ内「碑（いしぶみ）を訪ねて」を参照（2022 年 1 月 9 日閲覧）。

16　名前、生没年は玉置隆さんに教えていただいた（2022 年 2 月 13 日）。加えて、『北海道新聞』1973 年 6 月 11 日付夕刊（後述）にも玉置茂さんの年齢が「五四」と記載されていたことと、玉置茂さんは未年生まれであることを美晴さんが覚えていた（2021 年 12 月 15 日確認）ことも参考になった。

17　玉置隆さんに確認（2022 年 2 月 13 日）。

18　『郷土定山渓』（札幌郡豊平町　町立定山渓小学校、1954：56-57）によれば、「福住旅館」の説明として、「大正の始め、料理店として建設された」こと、「昭和十八年」の秋に「改築を行い『富久井館』と名付け、旅館として新しく発足した」こと、「昭和二十二年『福住旅館』と改め、さらに昭和二十四年大改築を行い、現在に至っている」ことなどが記載されている。

19　『北海道新聞』1973 年 6 月 11 日付夕刊「定山渓温泉街で火事」（無署名）を参照。

20　玉置隆さんによると、再建までの期間は、1 年から 2 年ほどであったのではないかという（2022 年 2 月 13 日確認）。「清元」を再建したのは土舘建設であるが、再建の時期はわからない［土舘佳子さんが父の土舘六郎さんに書面で質問を届け（2022 年 1 月 16 日）、書面で回答を受け取り（2022 年 1 月 21 日）、その回答内容を伝達（2022 年 1 月 24 日）してくれた］。

21　玉置隆さんによると、解体の時期は 2019 年 4 月である（2022 年 2 月 13 日確認）。

22　「定山渓飲食店組合　組合員名簿」（平成 9 年 6 月現在）は、宮西三雄さんが見せてくれたものである（2021 年 12 月 13 日資料提供）。

23　「清元」（きよもと）と合わせて「鳥元」（とりもと）であったという（美晴さんに 2021年 11 月 20 日、12 月 15 日に確認）。

24　玉置恒夫さん（2021 年 12 月 14 日）、美晴さん（2021 年 12 月 30 日）に確認。

25　玉置恒夫さんに確認（2021 年 12 月 14 日、2021 年 12 月 15 日）。

26　玉置隆さんに確認（2022 年 2 月 13 日）。

27　玉置恒夫さん（2021 年 12 月 14 日）、美晴さん（2021 年 12 月 30 日）、加賀議次さん（2022年 1 月 27 日）に確認。後述する 1970 年や 1971 年（推定）の資料に「一平寿し」という記述がみられることから、ここでもこの表記を採用してよいと考えられる。

28　「一平寿し」の名前を採って「一平会館」と名付けたのではないかと玉置恒夫さんは言う（2021年12月14日確認）。すしとジンギスカンのお店の建物を壊して、「一平会館」が建設されたことを、美晴さんも覚えている（2021年12月30日確認）。

29　「一平会館」の中にそば屋があったことについては、玉置恒夫さん（2021年12月17日）、美晴さん（2021年12月30日）から教えていただいていた。「一力そば」という呼び方も聞いた（玉置恒夫さんに2021年12月17日確認）。「一力」「そば」を手がかりに資料を探していたところ、「定山渓飲食店組合店名簿」（年度記載なし、宮西三雄さんより2022年1月27日に資料提供）に「そばの一力」という記載が見つかった。ただし、その名簿では、「そばの一力」の住所が「西4」と記載されている（「一平会館」は西3丁目である）。住所の数字は異なるが、2022年1月27日に加賀議次さんと十舘佳子さんと筆者の3名で資料を見ながら、「そばの一力」は「一平会館」の中にあったそば屋の名称であろうと推定した。なお、同名簿には手書きで「昭48年頃」（「昭」は印刷済みで「48年頃」が手書き）と書かれていた。「一平会館」が建設された後であり、時代の整合性はとれる。ほかの資料にこの店名は出てこないので、創業年を特定することは難しい。営業も短期間であった（玉置恒夫さんに2021年12月17日確認）。

30　美晴さんに確認（2022年1月16日）。

31　近野辰一さん、近野美智子さんに確認（2021年12月18日）したところ、「巴里」は1971年8月2日の「焼もの近野」の創業から少し後であるとわかった。また、「巴里」を経営していた大川保さんによると、1971年のお盆をめがけて開店しようとしていたとのことである（大川保さんの回答を大川英介さんが2022年1月24日に伝達してくれた）。そのため、8月14日か15日に開店したのではないかと大川英介さんは言う（2022年1月24日確認）。

32　大川保さんの回答を、大川英介さんが2022年1月24日に伝達してくれた。

33　「一平会館」を建設した土舘建設の娘である土舘佳子さんによると、当時は12月から3月までは建設作業をしていなかったという（理由は、職人さんたちはそれぞれの出身地に帰るため）（土舘佳子さんに2021年12月19日確認）。以上のことから、1969年4月以降、1969年10月までの約半年の間に「一平会館」は建設されたのではないかと推定される。「ベア」は「一平会館」ができてまもなくの一店舗目の一つとして始めた［「ベア」を経営していた大川保さんの回答（2022年1月25日）を大川英介さんが2022年1月26日に伝達してくれた］。このことから、「ベア」の創業年月（1969年10月）は「一平会館」の新築と同じ頃と考えてよいだろう。

34　加賀議次さん提供（2021年11月17日）。この定山渓地区職種別電話番号は1971年と推定される。理由は次の通りである。1971年5月創業（「H9組合員名簿」参照）の「朝日食堂」が掲載されているのに対し、1971年8月創業（「H9組合員名簿」参照）の「焼もの近野」

が掲載されていないため、1971 年 5 月以降（しかし 8 月以前）に作成されたものであろう。

35　加賀議次さんに確認（2022 年 1 月 24 日）。

36　土舘佳子さん提供（2021 年 11 月 16 日）。この資料には「S50 年頃」と手書きで記載されている。この資料は 1974 年と推定される。理由は次の通りである。1973 年 5 月 25 日創業の「スナック大」が掲載されているのに対し、1974 年 8 月 25 日創業（「H9 組合員名簿」参照）の「軽食＆喫茶フランセ」が掲載されていないため、1974 年春に作成されたものと考えられる。土舘佳子さんによると、年度の初め（4 月）か 5 月に情報を直すと考えられるので、作成年は 1974 年と推定してよいという（土舘佳子さんに確認、2022 年 2 月 20 日）。

37　玉置隆さんに確認（2022 年 2 月 14 日）。

38　玉置隆さんに確認（2022 年 2 月 14 日）。定山渓で 1974 年 8 月 25 日より「軽食＆喫茶フランセ」を経営している宮西三雄さんによれば、定山渓飲食店組合ができる前は、置屋も含まれており、それを「料飲店組合」と呼んでいる人がいたという（2022 年 2 月 15 日確認）。いつから定山渓温泉料理店置屋組合はできたのだろうか。第 2 節と表 2-1 で取り上げた「芸妓連名簿」（最も古いものは 1963 年 3 月）には「定山渓温泉料理店置屋組合」と書かれている。1963 年には「料理店置屋」の組合ができていたということであろうか。そこの事務をしていた小原治郎さん（注 39 参照）の就職が 1962 年 1 月 17 日であり、1962 年にもこの組合はあった可能性もある。ただ、はっきりとはわからない。定山渓観光協会会員名簿をみてみると、1966 年には「料理店置屋組合」「飲食店組合」という項目、1967 年には「料理店」「飲食店」という項目、1970 年には「料理店置屋組合」「飲食店関係」という項目が確認できる。「置屋」の概念は、派遣をする置屋が登場してから成立したものであり、後から新しく生まれた概念である。その概念が定山渓観光協会会員名簿に文字として現れるまでには、少し時間がかかったように思われる。一方、定山渓飲食店組合はいつできたのだろうか。「定山渓温泉飲食店組合規約」（この資料には「温泉」という 2 文字が入っている）は 1977 年 4 月 1 日より施行されているが、もっと前から定山渓飲食店組合はあった。例えば、1973 年 6 月 11 日の「火事見舞」の書類（宮西三雄さんより 2021 年 12 月 13 日に見せていただいた）には「定山渓飲食店組合」と記載されていて印鑑も押されているため、1973 年 6 月には定山渓飲食店組合はあったことがわかる。宮西三雄さんによると、定山渓飲食店組合の「平成 20 年度定期総会」（2008 年 4 月 27 日）後の雑談のなかで、「昭和 45 年より」（「料飲店組合」から）定山渓飲食店組合に分かれた旨のメモが（総会資料表紙に）残っているという（宮西三雄さんに 2022 年 2 月 15 日確認）。話を戻すと、かつては料理店と飲食店をまとめて呼ぶ人もいたようである。土舘佳子さんは、「古い方々、例えば『三筋』を経営されていた玉置武氏は飲食店のことを料飲店と言われたことがありました。飲食店、料亭などを合わせて呼んでいたのかもしれません」と述べる（土舘佳子さんに 2022 年 2 月 21 日確認）。言葉で話すことはあっても、文字には残りにくかったのかもしれない。

39　見番は、「検番」ではなく「見番」という漢字であった。美晴さんによると、看板があったという（2021年10月24日確認）。加賀議次さん（2021年12月15日）、玉置トミヨさん（2021年12月15日）も「見」という漢字であったと言う。土舘佳子さんも、定山渓温泉料理店置屋組合の事務をしていた小原治郎さんから「見番」の漢字が「見」という漢字であったことを定山渓観光協会に就職（1979年6月1日）してからすぐに教えてもらったという（2022年2月16日確認）。見番に住み込みで仕事をしていた小原治郎さんは、1962年1月17日から勤務を始め、15年勤続表彰を1977年に受けている［定山渓観光協会資料の「永年勤続表彰者名簿」（平成元年4月26日の第43回定期総会資料の後に過去に誰が表彰されたのかという関連資料として綴られている）による］。土舘佳子さんの記憶によれば、小原治郎さんは1980年4月まで勤務したという（2021年12月16日確認）。小原治郎さんが転居するときに手伝ったという加賀議次さんも、その頃だったかもしれないと言う（2021年12月16日確認）。

40　美晴さんの夫となる人が「ベア」に来たのはオープン（1969年10月）に合わせたわけではなく、「オープンからすぐではないけれど、しばらくも経っていない」時期だったとのことで、オープンから1年以内であったという［大川保さんの回答（2022年1月25日）を大川英介さんが2022年1月26日に伝達してくれた］。

41　「スナック大」はお盆とお正月だけが休みだった。美晴さんに確認（2022年2月22日）。

42　そのほか、美晴さんを取り上げた記事に、『北海道新聞』2002年10月29日付朝刊「まちかど探見」「定山渓⑤」「温泉街の夜　店減っても歌は響き」（鈴木、2002）がある。

43　玉置トミヨさんに確認（2021年12月15日確認）。

44　定山渓保育所の開所した年（1952年）は、定山渓保育所が2002年に刊行した『創立50周年記念誌　思いで　そして　未来へ』（社会福祉法人光華園発行、2002）を参照した。

45　玉置恒夫さんに確認（2021年12月14日）。

46　美晴さんによると、玉置実さんの子どもたちも美晴さんの子どもをかわいがってくれたという。美晴さんによると、玉置トミヨさんは「鳥元」を手伝っていた。「鳥元」は、「清元」の「お母さん」（玉置ヨシエさん）のお店であり、玉置トミヨさんは玉置ヨシエさんと一緒に仕事をしていた。美晴さんは、お座敷の線香が何本だったか（何時間だったか）を「お母さん」に報告するためにお座敷の後で「鳥元」に寄ったので、「お母さん」と玉置トミヨさんが一緒に仕事をしていたのを知っている。美晴さんの子どもを預かってくれるより前の時期にも、預かってくれるようになった後の時期にも、玉置トミヨさんは「鳥元」を手伝っていた。それは、夜遅い時間（21時以降など）からであったと記憶しているという（以上、美晴さんに2022年3月6日確認）。美晴さんによると、玉置トミヨさんは子どもを寝かしつけてから「鳥元」に出勤していたのではないかという（美晴さんに2022年8月21日確認）。

47　桐原（1977）は「赴任した年」（1952 年）の状況を振り返り、「お酌さんは座の取り持ち
　　役、芸者さんは唄（うた）と踊りが出来なかったらなれないし、三味線が弾けると押しも
　　押されもせぬ大ねえさん（引用者注：「大ねえさん」というのは、「年上のお姐さん」「先
　　輩のお姐さん」という意味である）。だからお酌さんは行儀作法はもちろん、唄や踊りそ
　　の他芸事に厳しいけいこを重ね、一日も早く一人前の芸者になれるように励んだものだっ
　　た」と記述している。1952 年当時を指してこのような言説がある一方、その後、時代は変
　　化してきていた（変化しつつあった）ということであろう。

［参考文献］

落合恵美子（［1994］1997）『21 世紀家族へ 家族の戦後体制の見かた・超えかた』（新版）有
　斐閣

金川幸三（1991）「第 4 章 わが街を語る」内「1 温泉まちと共に」（金川幸三―愛する定山渓
　温泉〈聞き手 渡部徹〉）、札幌市教育委員会文化資料室編『さっぽろ文庫 59　定山渓温泉』
　北海道新聞社：224-232

加藤利器（1985）『北海道新聞』1985 年 11 月 15 日付朝刊「まちかど探見」「定山渓 4」「芸
　者全盛期しのぶ」「今は 13 人に　芸の場減る」

桐原酉次(1977)『北海道新聞』1977 年 4 月 19 日付夕刊「定山渓温泉と私⑫」「三味線抱いて〝殉職〟」

桐原酉次（1991）「第 4 章 わが街を語る」座談会「2 古きよき時代」、札幌市教育委員会文
　化資料室編『さっぽろ文庫 59　定山渓温泉』北海道新聞社：248-266

経済企画庁編（1970）『昭和 45 年度 国民生活白書―豊かな人間環境の創造―』

経済企画庁編（1997）『平成 9 年版 国民生活白書　働く女性―新しい社会システムを求めて―』

小林廣（1939）『定山と定山渓』尚古堂書店

札幌郡豊平町 町立定山渓小学校（1954）『郷土定山渓』

札幌市企画調整局企画部企画調査課（編集・発行）（1999）『札幌市の地域構造―平成 11 年
　地域統計報告書―』

札幌市企画調整局企画部統計課（編集・発行）（1994）『札幌市の地域構造―平成 6 年度地域
　統計報告書―』

札幌市経済局観光部観光課（1980）『昭和 54 年度版 観光白書』

札幌市経済局商工部観光課（1972）『札幌市の観光概況　昭和 47 年度』

札幌市経済局商工観光部観光課（1973）『札幌市の観光概況　昭和 48 年度』

札幌市経済局商工観光部観光課（1976）『昭和 50 年度版　札幌市の観光概況』

札幌市南区市民部総務企画課（2011）「碑（いしぶみ）を訪ねて」「仙境定山渓（碑）」
　https://www.city.sapporo.jp/minami/ishibumi/index.html（更新日：2011 年 2 月 25 日）（2022
　年 1 月 9 日閲覧）

札幌市市民まちづくり局企画部統計課（編集・発行）（2007）『札幌市の人口―平成 17 年国勢調査結果報告書―』

鹿の湯 50 年史会（発行）（1977）『定山渓温泉の歴史とともに 鹿の湯グループ 50 年史』

社会福祉法人光華園（発行）（2002）『創立 50 周年記念誌 思いで そして 未来へ 定山渓保育所』

定山渓観光協会（発行）（2016）『定山渓　定山渓温泉開湯 150 周年記念誌』

定山渓連合町内会（発行）（2005）『定山渓温泉の開祖　美泉定山生誕 200 年記念　定山渓温泉のあゆみ』

鈴木順子（2002）『北海道新聞』2002 年 10 月 29 日付朝刊「まちかど探見」「定山渓⑤」「温泉街の夜　店減っても歌は響き」

総理府編（1996）『女性の現状と施策（平成 7 年度版）』

玉置シヅ（1991）「第 4 章 わが街を語る」座談会「2 古きよき時代」、札幌市教育委員会文化資料室編『さっぽろ文庫 59　定山渓温泉』北海道新聞社：248-266

日本放送協会放送世論調査所（1974）『図説 日本人の生活時間 1973』日本放送出版協会

日栄隆使（2018）『北海道新聞』2018 年 8 月 7 日付夕刊「ひと語り　もの語り」「元芸者・関根さん　万感半世紀『いい時代あった』」「温泉酒場の華　お別れね」

妙木忍（2011）「戦後における温泉観光地の発達とその変容―北海道・定山渓温泉を事例として―」『旅の文化研究所 研究報告』No.20、旅の文化研究所：41-59

［地域の資料］

定山渓飲食店組合（1991）「定山渓飲食店組合役員名簿（平成 3 年 5 月現在）」に続く組合名簿（宮西三雄さん提供、2022 年 1 月 27 日コピー）

定山渓飲食店組合（1992）「定山渓飲食店組合名簿（平成 4 年 5 月現在 順不同）」（宮西三雄さん提供、2022 年 1 月 27 日コピー）

定山渓飲食店組合（1993）「定山渓飲食店組合名簿（平成 5 年 5 月現在 順不同）」（宮西三雄さん提供、2022 年 1 月 27 日コピー）

定山渓飲食店組合（1997）「定山渓飲食店組合 組合員名簿（平成 9 年 6 月現在 順不同）」（宮西三雄さん提供、2021 年 12 月 13 日コピー）

定山渓飲食店組合（年度記載なし）「定山渓飲食店組合 店名簿^{（ママ）}」（宮西三雄さん提供、2022 年 1 月 27 日コピー）

定山渓飲食店組合（2008）「平成 20 年度定期総会 定山渓飲食店組合」表紙（宮西三雄さん提供、2022 年 2 月 28 日コピー受け取り）

定山渓観光協会（1996）「平成 8 年度通常総会（平成 8 年 5 月 20 日）」

定山渓観光協会（1996）「おゆ〔O-YU〕」（開湯 130 年記念冊子）

定山渓観光協会会員名簿（1961 年、1962 年、1964 年、1965 年、1966 年、1967 年、1970 年、

1975 年、1980 年、1985 年、1986 年、1987 年、1988 年、1989 年、1990 年、1991 年、1992 年）
（定山渓観光協会資料）※ 1980 年と 1985 年は、「定期総会」資料のファイルと「会費・名簿」
のファイルに両方資料が残っていた。※ 1966 年、1970 年、1989 年は古川清一郎氏寄贈資料（定
山渓観光協会資料）より。※ 1966 年の名簿は 2 種類あり、4 月 1 日付のものは「定期総会」
資料のファイル、5 月 1 日付のものは古川清一郎氏寄贈資料（いずれも定山渓観光協会資料）。
定山渓観光協会会費〔一覧（表）〕（1979 年、1981 年、1983 年、1984 年、1985 年、1988 年）（定
山渓観光協会資料）
「定山渓地区職種別電話番号」（推定 1971 年）（加賀議次さん提供、2021 年 11 月 17 日コピー）
（定山渓観光協会作成）
「定山渓地区職種別電話番号」（推定 1974 年）（土舘佳子さん提供、2021 年 11 月 16 日コピー）
（定山渓観光協会作成）
定山渓温泉飲食店組合規約（1977）（土舘佳子さん提供、2021 年 12 月 12 日コピー）
定山渓温泉料理店置屋組合「芸妓連名簿」（1963 年 3 月）（定山渓観光協会資料）
定山渓温泉料理店置屋組合「芸妓連名簿」（1966 年 6 月）（定山渓観光協会資料）
定山渓料理店置屋組合（原文ママ）「芸妓連名簿」（1966 年 10 月）（定山渓観光協会資料）

[定山渓での調査日程]

(1) 定山渓調査：2021 年 10 月 17 日、10 月 20 日。2021 年 11 月 15 日～ 11 月 19 日。2021
年 12 月 12 日～ 12 月 19 日。2022 年 1 月 23 日～ 1 月 27 日。
(2) 美晴さんへのインタビュー：2021 年 10 月 24 日～ 10 月 25 日、11 月 17 日、11 月 20 日
にインタビューをさせていただきました（その期間以降、2022 年 1 月 27 日まで電話によ
るご教示を継続的にいただきました。2022 年 2 月、3 月、8 月にもご教示をいただきました）。

[謝辞]
　今回の調査にあたり、以下の皆様に大変お世話になりました。ありがとうございました。
インタビュー協力：美晴さん（関根ユリさん）／地域の歴史について：井口敏さん／「一
平会館」について：加賀議次さん、玉置恒夫さん／育児の手伝いについて：玉置トミヨさ
ん／「清元」と「一平会館」について：玉置隆さん／飲食店の歴史について：宮西三雄さ
ん／「ベア」について：大川保さん、大川英介さん／「食堂近野」の歴史と「ザ・フォン
ズ」について：近野辰一さん、近野美智子さん／「ザ・フォンズ」について：馬場秀夫さ
ん、伊藤芳雄さん、三和秀世さん、大野豊さん／「美よしの」と美容部門の仕事について：
小林厚子さん／資料協力：定山渓観光協会、土舘佳子さん、宮西三雄さん／このほかにも
お世話になった方々がいます。
　2021 年 10 月より、井口敏さんに大変貴重な歴史資料を見せていただきました。『鹿の湯

グループ50年史』の閲覧は金川浩幸さんにお世話になりました。2005年以降、定山渓の歴史を調べるときにはいつも、土舘佳子さんに多大なご協力を受けています。今回、玉置隆さんにもたくさんのご助言をいただきました。皆さまに深く感謝を申し上げます。私の知識や経験が足りず、ご負担をかけてしまったと思いますが、美晴さんはいつも助けてくださり、私は理解を深めていくことができました。心からのお礼と、長い期間お仕事を続けてこられたこと対して尊敬を申し上げます。

コラム1　「芸妓連名簿」を読む

　「芸妓連名簿」（定山渓温泉料理店置屋組合作成）は、芸者さんたちの状況を知る上で貴重な資料である。「昭和38年3月」「昭和41年6月」「昭和41年10月」と書かれた3枚のコピーが定山渓観光協会に残されている[注1]。置屋の名称、芸者さんとお酌さんの名前、名前の上に記号が記されている（記号がない人もいる）。記号の意味を記す「凡例」の表もある。

　美晴さんが1968年11月に定山渓に来た後にも、記号のついた名簿は、置屋「清元」の「仲居のおばちゃん」の部屋（お姉さんたちも食事をするところ）の黒板にはられていたという。この名簿がどのくらいの頻度で作成されていたのかは、わかっていない。

　3枚の名簿によると、1963年3月には置屋14軒「総員一一五名」、1966年6月には置屋12軒「総計一二〇名」、1966年10月には置屋12軒「総計一二三名」である。

　1963年3月には置屋は「祇園」「加賀家」「露木」「音羽」「和光園」「木蓮」「桜亭」「美よしの」「富本」「三筋」「粋ひろ」「清元」「一力」「白樺」の14軒だが、1966年6月には12軒となる。「露木」と「音羽」と「粋ひろ」がなくなり、「西村」ができて、3軒減り、1軒増え、その結果として2軒減ったのである。数だけでは見えづらい変化がある。1966年10月は同じ12軒が記されている。

　3枚の名簿からは、置屋の軒数と人数は比例するわけではない（置屋の軒数が減っても人数は増えている）こともわかる。美晴さんが定山渓に来た1968年11月には、置屋は10軒、人数は187名だったということからも、置屋の軒数よりも人数でみていく必要がある。

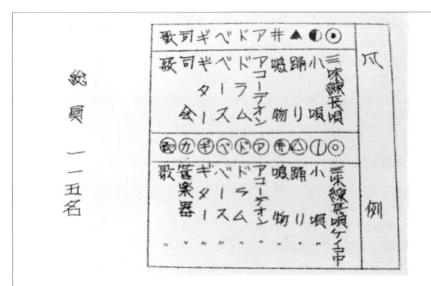

写真 1　「芸妓連名簿」（昭和 38 年 3 月）
（定山渓温泉料理店置屋組合作成、定山渓観光協会資料）内、左下の「凡例」

　記号をみてみよう（写真 1）。二重丸の中が黒いものは「三味線長唄」、丸の左半分が黒く塗られているものは「小唄」で、「ア」は「アコーディオン」など、記号と文字が併用されている。「ケイコ中」は塗り方を変えたり、記号に丸をつけたりして表現している。1963 年 3 月には「三味線長唄」「小唄」「踊り」「鳴物」「アコーディオン」「ドラム」「ベース」「ギター」「司会」「歌」の 10 項目と、司会を除くそれぞれの「ケイコ中」が 9 項目、「管楽器」がある（「管楽器」は、1966 年の名簿ではなくなる）。なお、「美よしの」にはバンドがあった。

　1966 年 6 月には（中が黒く塗られた）星印の「自前」が追加され、それを含めて「三味線長唄」「小唄」「踊り」「鳴物」「アコーディオン」「ドラム」「ベース」「ギター」「司会」「歌」があり、「ケイコ中」としては「三味線長唄」「小唄」「踊り」「鳴物」「アコーディオン」「ドラム」「ベース」「ギター」「テナー」がある。「司会」に「ケイコ中」がないのは、司会はベテランのお姉さんだけが担当できたからであろうか。「テナー」は新しい項目なので、「ケイコ中」しかないのであ

ろうか。星印がついているのは、「美よしの」の「一二三」「蔦奴（つたやっこ）」「佳代子」、「清元」の「勘弥」「市子」、「祇園」の「老松」の６名のお姐さんだけである。1966年10月の記号と項目は1966年６月から変更はないが、星印がついているお姐さんが１名増える（合計で７名）。「一力」の「小染」というお姐さんである。星印のある７名のうち６名に「三味線長唄」の印がついている（佳代子姐さんは「踊り」の印がある）。全員、二つかそれ以上の印がついている。

　1963年には印がなかった人で1966年に印が増える（「ケイコ中」となる）人、1963年には「ケイコ中」であったが1966年には一人前になる人（さらに別の稽古を始める場合もある）、1963年に「ケイコ中」だったが1966年には稽古をやめている人、1963年に一人前と「ケイコ中」の二つの印があったが1966年には「ケイコ中」のほうだけをやめる人もいる。芸を修める状況は一人一人異なっていたことがわかる。３枚を通して印がついていない人もいる。お酌さんは、芸を修めず、「ケイコ中」でもない。芸妓連の名簿には、芸者さんもお酌さんも載っており、ともに置屋で寝泊まりしながら、仕事をしていたことがうかがえる。

　置屋が途中でなくなった場合、お姐さんたちはどこへ行ったのだろう。廃業した置屋（「露木」「音羽」「粋ひろ」）に所属していたお姐さんのなかで、1963年の名簿に名前があり、1966年の名簿にも名前があるお姐さんをみてみると、「露木」から「一力」へ、「音羽」から「一力」へ、「音羽」から「祇園」へ、「粋ひろ」から「一力」へと移籍しているお姐さんがいる。1963年の名簿に名前があり、1966年の名簿に名前がないお姐さんは、置屋がなくなったときに引退したか、どこかの置屋に移籍した後に引退した可能性がある。美晴さんの知っている時代について尋ねてみると、１軒１軒置屋がなくなるとき、お姐さんたちは好きな置屋に移ることができたという。

　たった３枚の名簿から、稽古をして芸を修め、あるいはお酌をして、地域を盛り上げてきた女性たちの活躍の姿が浮かび上がってくる。残されていない年の名簿に名前があったはずのお姐さんたちにも、それぞれの人生と活躍があったはずだ。

（注１）『定山渓　定山渓温泉開湯150周年記念誌』（定山渓観光協会、2016：53）には、「昭

和41年10月」の名簿が掲載されている。

（謝辞）美晴さん（2022年3月26日）

コラム2　勤続した場合の表彰制度

　芸者さんやお酌さんは、どのように地域の中で大切に表彰されてきたのだろうか。調査の過程で、芸者さんとお酌さんは二つの表彰制度の対象になっていたのではないかということがわかった。一つは定山渓温泉料理店置屋組合の勤続者の表彰制度、もう一つは定山渓観光協会の永年勤続表彰制度である。順に検討してみよう。

　定山渓温泉料理店置屋組合の表彰制度があったと私は考えている。地域の中で、5年勤続の表彰（組合の旅行先での表彰）の話を聞いたことがある（2021年11月18日）。5年勤続、10年勤続、15年勤続など、5年きざみで表彰されていたのであろうか。定山渓温泉料理店置屋組合の資料は残っておらず、制度の名称や仕組みについて詳細なことはわからない。

　置屋「清元」を経営していた玉置茂さんの長男である玉置隆さんも、「貢献された方々に対して記念品を贈呈する」制度があったのではないかと考えている。玉置隆さんは、玉置茂さんが、お姉さんたちに記念品を手渡している横顔の写真を見たことがあるという。私も、それと同じであろう場面の写真を、地域の中で見たことがある（手渡している男性が玉置茂さんであることは、美晴さんが教えてくれた）。玉置隆さんによると、玉置茂さんは定山渓温泉料理店置屋組合の組合長をしていた時期もあり、定山渓温泉料理店置屋組合の事務をしていた小原治郎さんとよく打ち合わせをしていたという。玉置茂さんがお姉さんたちに表彰の品を渡していたのは、組合長として渡したのであろう。

　古川清一郎氏寄贈資料（定山渓観光協会資料）をみてみると、「昭和41年4月」の資料として「第1回定山渓観光誘致団報告書」があり、その5ページに、「定山渓観光誘致団名簿」があり、「団員」として玉置茂さんの名前がある。その横には、「料理店組合長」と書かれていることから、少なくとも1966年4月には

玉置茂さんは定山渓温泉料理店置屋組合の組合長をしていたことがわかる[注1]。

　美晴さんは勤続者の表彰の制度を知らないということなので、美晴さんが定山渓に来た1968年11月よりも前の時代に整っていた制度なのかもしれない。

　次に、定山渓観光協会の永年勤続表彰制度について述べてみたい。元定山渓観光協会職員の土舘佳子さんによれば、事業所における勤続年数に応じて15年、30年で表彰される（もし置屋を移籍した場合はカウントされず、同一の事業所での勤続年数の計算となる）。15年目に表彰されていなかった場合、それを超えても表彰される（例えば17年、19年など）。ホテルや飲食店を含めて、事業所に所属している方はすべての方が表彰の対象となる（ただし、個人事業者は表彰対象とはならない）。表彰状と記念品が授与されるという。

　定山渓観光協会資料の「永年勤続表彰者名簿」（平成元年4月26日の第43回定期総会資料の後に綴られている関連資料）を見ると、表彰年度、事業所名、氏名、勤続年数、採用年月日、備考欄があり、どの年度に何年間勤続の表彰を受けたのかが記録されている。

　芸者さんやお酌さんは、勤続した場合に、定山渓観光協会から表彰されたことがうかがえる。調査の過程で、嬉しそうに賞状を持つ芸者さんの写真を地域の中で見たことがある。賞状には「感謝状」と書かれていて、定山渓観光協会が発行したものである。永年勤続表彰と同一かはわからないが、勤続年数を示す数字は記されている（1979年から定山渓観光協会に勤務された土舘さんによると、永年勤続表彰者への賞状には、「表彰状」という文字が書かれる。上記の「感謝状」は1969年のものである。昔は「感謝状」という記載だったのであろうか）。

　以上の通り、芸者さんとお酌さんは二つの制度によって表彰されていたことがわかる。定山渓温泉料理店置屋組合の表彰制度については資料が残っておらず、解明は難しいが、このような表彰制度があったという存在自体を記しておくことは、芸者さんやお酌さんが組合や地域によって大切にされてきた一つの証を照らし出すことになるのではないかと考えて記したいと考えた。芸者さんやお酌さんがその仕事を組合から表彰されるとき、どのような気持ちを抱いたのであろう。解明は難しくても、時代への想像力を持っておきたい。

（注1）1979年から定山渓観光協会に勤務した土舘佳子さんによると、土舘さんの勤務期間

中は、長く玉置武さん（玉置茂さんの兄）が組合長をしていたということである。

（謝辞）玉置隆さん（2022年2月28日、3月30日）、土舘佳子さん（2022年3月25日、3月26日）、
　美晴さん（2021年11月20日）、地域の中でのお話（2022年11月18日）

コラム3　ホテル従業員さんと芸者さんの協働

　美晴さんに芸者文化のお話を聞く過程で、「ザ・フォンズ」というバンドが
あったことと、そのバンドの生演奏に合わせて美晴さんが歌謡曲を歌っていた
ことを知った。「ザ・フォンズ」はホテル鹿の湯の従業員さんたちが結成して
いたバンドであり、定山渓営林署に勤務する方も1名参加していた。まだカラ
オケのない時代の生バンドは、貴重で新鮮なものだった。踊りを修めた美晴さ
んがお座敷で歌謡曲を歌い、楽しかったということから、関心を持った。

　このバンドは、ドラム、エレクトーン（ヤマハ）、ギター、ベース、アルト
サックス、テナーサックスの奏者と司会者がいた。「ザ・フォンズ」は1968年
ころに生まれ、1970年から司会と歌が入り、1984年ころまで活動していたと
いう。ちょうど美晴さんが定山渓に来た時期（1968年11月）と重なりがある。

　バンドのメンバーはホテル鹿の湯に残っていないが、「ザ・フォンズ」を知
っている、ホテル鹿の湯の三和秀世さんと大野豊さんに当時の様子を尋ねて、
教えていただいた。三和さんはバンドのメンバー（テナーサックス）だった馬
場秀夫さんに連絡をとってくださり、馬場さんからご教示いただくことができた。

　演奏時の写真を探していると、「食堂近野」（1971年8月2日創業、当初は「焼
もの近野」）に残っているのではないかと三和さんと馬場さんが助言してくれた。
すぐに「食堂近野」を訪れたところ、バンドのメンバーと「食堂近野」の近野
辰一さん、近野美智子さんが一緒に旅行に出かけた写真がたくさん残っていた
（1979年6月13日、1979年11月8日などの日付もあった）。メンバーで仲良く年
に2回ほど旅行に行った話は、馬場さんから聞いていた。演奏時の写真は残っ
ていなかったが、メンバーたちの和気あいあいとした雰囲気が旅行の写真から
伝わってきた。

　その後、近野さんから司会のオッチこと伊藤芳雄さんの電話番号を教えていただき、伊藤さんにも当時の話を聞くことができた。伊藤さんから、司会をする前に勉強した内容、お座敷で「ザ・フォンズ」が演奏するときの様子、芸者さんとの協力の仕方を聞くにつれて、「ザ・フォンズ」は、ホテル従業員さんと芸者さんの協働の側面があることに気が付いた。

　「ザ・フォンズ」はナイトクラブ「リバーサイド」で演奏していた（ナイトクラブでも芸者さんやお客さんが歌う機会があった）が、お座敷でも（お客さんのリクエストにより）演奏をおこなっており、芸者さんと協力して宴席を盛り上げたという。伊藤さんは1970年３月にホテル鹿の湯に入社し、その年のかっぱ祭り（1970年８月４日と８月５日に開催）よりも前（６月か７月）には「ザ・フォンズ」で司会をするようになっていた（歌も歌った）。

　入社後の数か月間、伊藤さんは、バンドマスターから「今日宴会が入るから見たらどうだ？」と助言を受けて、舞台のそでで芸者さん（「美よしの」の一二三姐さん）が司会をする様子や、その流れを見て学んだという。一二三姐さんは「司会」ができる芸者さんだった（コラム１で取り上げた「芸妓連名簿」でも、一二三姐さんには「司会」の印がついていた）。

　お座敷では、お姐さんたちが踊った後に、バンドが入り、１曲目は「鹿の湯小唄」を、２曲目にその時にはやっている演歌を歌い、お姐さんたちにもステージに上がってもらって歌謡曲を歌ってもらい、その後、お客さんも歌う機会もあった（デュエットを歌う場合もあった）。

　司会の伊藤さんからお姐さんにはアイコンタクトで合図をできるくらい、芸者さんもよくわかっていた。「美晴さん、お願いします」と伊藤さんが言うと、美晴さんは歌を歌った。美晴さんは「熱海の夜」か「下町育ち」を歌うことにしていて、どちらを歌うかはその日の気分で決めたのだという。美晴さんによると、「Ｄマイナー」と伝えたという（奏者も美晴さんの音域を理解していた）。

　バンドマスターは美晴さんのために、ホテル鹿の湯の「あかしあの間」で美晴さんの音を聴き、美晴さんの音域に合わせた譜面を作り、美晴さんに持たせてくれていた。ほかのバンドが入ったときでも、その楽譜さえ渡せば、バンドの人は演奏ができるはずだということで、美晴さんはその譜面を袋（下がかごで上が布の、芸者さんたちが持っていた袋で、美晴さんはそれを「ずたぶくろ」と呼ぶ）^{（注}

1) に入れて持ち歩いていたという。「ザ・フォンズ」においても、美晴さんの音域に合わせた演奏をしてくれて、「熱海の夜」のような男性の曲でも、美晴さんが歌いやすいように工夫してくれた。

「ザ・フォンズ」は最初は演奏をしていたが、1970年に伊藤さんが参加したことにより、司会と歌が加わった。司会者の導きによって、芸者さんもお客さんも歌を歌う機会が生まれ、参加型で宴席を盛り上げることになった。ホテル従業員さんと芸者さんがともに協働しながら場を共有する仕組みを持っていたことは特筆に値する。芸者さんが、ホテル従業員の方と楽しく生き生きと仕事していた様子がうかがえる。伊藤さんは美晴さんのことを、親しみを込めて「美晴姉」(ねえ)(さん)と呼んでいた。仲良く楽しく宴席を盛り上げた当時の状況が見えてくる。音楽や歌が共通の素材だった。「鹿の湯に(仕事に)行くのは楽しかった」と美晴さんは振り返る。

芸を修め、日本舞踊も踊り、その後は、生バンドに合わせて流行の歌謡曲を歌う芸者さんは、宴席を華やかに彩ったことであろう。参加型の仕組みを持つ「ザ・フォンズ」は、お客さんからも人気があり、多くの人々から親しまれたことであろう。

(注1) 美晴さんによると、「ずたぶくろ」には「いつも扇子、足袋のかえ、ハンカチ、「ちりし」(「ちりがみ」のこと)、女性の用品など」を入れ、「女性用の七つ道具のように」持ち歩いていたという。底が5センチほどで、横に長く、扇子が入る長さのある巾着袋だった。

(謝辞) 美晴さん(2021年10月24日、12月14日、2022年3月28日)、三和秀世さん(2021年11月16日)、大野豊さん(2021年11月18日)、馬場秀夫さん(2021年11月23日、12月26日)、「食堂近野」(近野辰一さん、近野美智子さん)(2021年12月18日)、伊藤芳雄さん(2021年12月18日、12月26日)。

第3章　女性教員のキャリアと性別職務分離のメカニズム
──北海道の小学校に勤務する女性教員へのインタビューから

高島裕美

1　学校教育における「女性活躍」を阻むものとはなにか

（1）問題の所在と本章の課題

　2016年「女性活躍推進法」が施行され、現在、雇用の場における女性へのニーズはこれまでになく高まっている。これに併せて、労働の分野でのジェンダー公正が目指されてもいる。2010年に国が策定した「第3次男女共同参画基本計画」では、社会のあらゆる分野における指導的地位に女性が占める割合を2020年までに30％にするという目標の達成に向けて、取組強化の方針が示された（内閣府、2010）。

　学校教育の分野については、各学校段階において、教頭以上に占める女性の割合を30％以上にすることが目標として掲げられており、こうした方針は2015年に策定された「第4次男女共同参画基本計画」にもおおむね引き継がれている（内閣府、2015）[1]。2021年12月に文部科学省が公開した最新の「学校基本調査」の結果によれば、小・中・高いずれの校種においても、女性管理職の数は着実に増加している（文部科学省、2021）。しかしそれは、後で確認するように、教員全体に占める女性の割合からすればごくわずかな伸びといわざるを得ない。日本において、古くから女性が専門職として活躍してきた職業である教職においてさえ、いまだキャリア展開におけるジェンダー不均衡が存在しているのである。このことは、当然ながら、教員をジェンダーによって異なるキャリアに振り分ける仕組みが存在することを想起させる。

　キャリア展開に関連するのは、人事評価である。戦後、教員を含む地方公務員は、勤務評定によって能力や勤務実績を評定される仕組みになっていたもの

の、ほぼ形骸化している状況が続いていた。しかし2000年以降、東京都を皮切りに「新しい教員評価制度」の導入が急速に進められた。さらに、2015年12月の中央教育審議会第184号答申においては、「教員のキャリアステージに応じて身に付けることが求められる能力を明確化する」という「教員育成指標」の策定が各都道府県等教育委員会に義務付けられることとなった（中央教育審議会、2015）。北海道では2016年度より、これまでの人事評価制度をさらに改正した「新しい学校職員人事評価制度」を導入し、その後矢継ぎ早に「教員育成指標」の策定も行われ（北海道教育委員会、2017）、その運用が始まっている。

　このように、2000年を境に、教員の人事評価制度の整備は急速に推し進められた。ここで強調したいのは、それまでは、人事評価制度が事実上機能していなかったことで、結果的に、同じ職場でともに働く教員同士の平等性・公平性が保持されてきたという側面はあるものの、その一方で、上で確認したようなジェンダーによるキャリア展開の違いを生み出す仕組みは、いわばブラックボックス化していた、ということである。とすれば、現在もなお厳然と存在するジェンダー間のキャリア展開の不均衡は、いったいどのようなメカニズムで生じているのだろうか。

　本章では、北海道において教員の人事評価制度が実質的に導入・運用される前の時期に焦点を当て、ジェンダー間のキャリア展開の不均衡へとつながる、教員の職場における性別職務分離構造に着目し、それがどういった仕組みによって生じ、また維持されるのかを検討したい。扱うデータは、2004年に筆者が実施した、北海道内の小学校に勤務する女性教員7名へのインタビューである。彼女らはみな、入職してから調査当時まで学級担任教諭あるいは養護教諭として経験を積んできたいわゆるベテラン教員である。インタビュー・データからは、回答者らの、子育て等の家事責任を抱えながら様々な工夫の下キャリアを形成してきた軌跡と同時に、働き続けるなかで突き付けられてきたジェンダー・バイアスもまた、みてとれる。この検討を通して、冒頭で示した学校教育分野における「女性活躍」への課題を示すことを、本章の目的とする。

（2）教員を評価する仕組みの特徴とその問題性

　性別職務分離を議論する前提として、教員の職務配置の仕組みを検討するた

めには、教員個々人の能力や業績を測定する評価の仕組みを確認する必要があるだろう。

　先に述べた通り、教員の人事評価は、2000年代以前は実質的には機能してはいなかった。それゆえ、キャリア展開のルート——例えば、学校管理職に登用されるための職務経験の条件——もまた、明確に示されてきたわけではなかった。小川正人は、教員の人事評価制度導入前の論考において、日本の教員人事には、諸外国とは異なる「定期的な広域（転任）人事と、表立った教師評価をさけた『年功的』給与体系」（小川、1998：102）という特徴があると指摘し、個々の教員に対する評価を「表立っ」ては行わないことで、「年功的平等的」（同：103）な性格が保持されてきたと述べる。このような人事評価の仕組みを明らかにするうえで手がかりになるのは、女性の学校管理職への任用に関する研究である。楊川は、女性管理職の任用のルートは、教員個人のキャリアのなかで育まれるものが多いことを指摘した。具体的には、「家庭の状況」「行政職・主任経験」「職種・勤務実績」「研修経験」「自主研修」「先輩管理職との出会い」「へき地校等の異動経験」などが挙げられている（楊、2018：148）。この結果は、端的にいえば、教員はキャリアにおいてありとあらゆる範囲の業務に取り組むことを期待されているが、その範囲や基準は示されていないという、非常に不明瞭な仕組みのなかに置かれているということを示す。また、公立高校の女性管理職の任用についての研究を行っている河野銀子は、学校管理職への任用には、「一任システム」という「教員たちの文化様式」が存在すると指摘している（河野、2017：49-51、119-149）。それは、異動や研修への参加、管理職試験の受験などを上司に打診された際に、自らの希望を表明せず、「一任する」という姿勢や態度が、管理職へのルートにつながっていくという図式である。

　それは別の側面からみれば、人事評価の明確な基準を定めることを避けた結果、「上司の決定に従う」「何でもする」という姿勢や態度といった「基準」が効果を発揮せざるを得ないと解釈することができる。そして、女性と男性とで異なるキャリア展開もまた、不確かな「理屈」によって形づくられていることが想像できる。教員たちは、明確な基準がないままにその「能力」を多面的にまた不断に評価されている。その結果の表れの一つが性別職務分離構造であるとみることができよう。

（3）教職における性別職務分離を議論するために
①（女性）労働研究による知見と方法

　教職における性別職務分離を議論するにあたっては、厚い研究の蓄積がある（女性）労働研究の知見や方法を援用したい。参考にするのは、木本喜美子の分析視角とその枠組みである。

　木本は、ビーチの主張する「労働過程それ自体の中でのジェンダーの解釈」（Beechey、1987=1993：179）が重要だとして、これまで女性労働者を、宿命的に家事労働を担っている「特殊な」労働者として位置づけるような女性労働研究からの脱却を目指し、女性労働者の家事責任を一旦分離し、労働組織内部でジェンダー間の職務分離が生じる仕組みを明らかにするという分析の視点を示した（木本、2003）。また木本はその際に、性別職務分離を生じさせる実際的な職務配置だけでなく、そうした処遇を受け入れ、実際に職務に就く労働者たちにも同時に目を向ける必要性を指摘する。「ひとりひとりの主体が職場で制度化されたものをいったんは受けいれ、それを内面化しつつ、これと一体化したりあるいは違和感を感じて独自な目標や規範に再設定しようとするプロセスを重視し、ジェンダー間分離に関与する主体と構造・制度とを連結」（同：35）させることに留意すべきと主張する。

　本章においても、学校という一つの職場のなかで、管理職の職務配置により性別職務分離が生じるメカニズムだけでなく、そうした構造を維持するように後押しする職場内の教員同士の関係や、性別職務分離を受容する女性・男性側の意味付けにも着目することで、あいまいな基準の下で作り上げられる教職の性別職務分離をより正確に把握してゆきたいと考える。

②教員・学校研究の到達点と課題──「システム内在的差別」への言及と限界

　教員研究・学校研究においても、処遇におけるジェンダー不均衡について検討されてはきたものの、その多くは学校管理職任用における問題を取り上げてきたようにみえる。またそうした研究は、女性には子育てや介護等の家庭責任の負担があるため、自ら「両立」に支障のない職務を選択するという論理で説明が行われてきた（池田・福山、1971：田中、1991など）。こうした傾向は、確かに実態とも合致している。国立女性教育会館が2018年に行った「学校教員の

キャリアと生活に関する調査」によれば、自分自身の今後のキャリア展開に関して「管理職になりたいか」という質問に「ぜひなりたい」「できればなりたい」と答えたのは女性7.0％で男性は29.0％であったという。管理職になりたくない理由として、「自分にはその力量がない」（女性66.9％、男性51.5％）、「責任が重くなると、自分の家庭の育児や介護等との両立が難しい」（女性51.5％、男性34.9％）が挙げられている。自分自身の力量を理由とする回答が6割を超えているという点にも注目すべきではあるが、キャリア展開を制限する理由として、家庭責任の負担が大きいということがわかる。また、管理職への質問では、その54.8％が、育児や介護などを担う女性教員に、管理職になるための試験や研修を勧めにくいと答えた一方、同様の状況にある男性教員に対しては46.5％だったという（国立女性教育会館、2018）。女性教員本人だけでなく、彼女らを評価する周囲の存在もまた、女性＝家庭責任を負っているという図式を共有しているということがわかる。

　しかし、こうした捉えは、木本が批判しているように、女性はみな家庭をもち、その責任を一手に引き受けるということを前提にしたものである。また、職場で生じている様々なジェンダー不均衡を、個人の意識や働き方の工夫に帰着させることで、実際の職場での処遇を不問に付す危険性もある。河上婦志子は、女性管理職が少ないという現象に対して、これまでの個人の家庭責任に原因を求める解釈に対して批判的な視点から、女性教員が管理職への道に進むことを阻むような職場の慣行があることを指摘した。「一見性別とは関係ないが、結果として女性に不利になり、女性を排除するような定義・基準・方法」の存在として、システム内在的差別と名付けた（河上、1990）。この指摘は、これまで個人の意識や、家庭責任の有無に理由を求めていたジェンダー不均衡の問題を、職場社会の構造に求めたという点で画期的である。これによって、男女間で異なる職場内での位置づけを、職場の組織成員に納得させ、またそれを再生産するという一連の仕組みそのものを批判の射程に含みこむことを可能とした。しかし、それ以降、この研究が深められることはなく、システム内在的差別が実際的にどのように女性のキャリア展開を阻んできたのか、それを女性教員はどう受容してきたのか、そして、システム内在的差別と性別職務分離の関係性については、十分に検討されてきたとはいえない[2]。

③職場内での「配慮」——性別職務分離構造の不可視化

　性別職務分離という問題が、いわば手つかずになっている理由の一つとして、それは差別的処遇によるものではなく、教員集団による「配慮」の結果であるという解釈があることが考えられる。浅井幸子らは、担任する学年にジェンダー不均衡が生じる要因は、家庭責任を引き受けている女性教員への職場の同僚たちによる「配慮」の表れとした（浅井ほか、2016）。また浅井らは同書で、女性教員と男性教員のライフヒストリーの分析から、女性教員が自ら低学年担任を引き受けるなかで、高学年にはない低学年指導の重要性に価値を見出していく姿を描いてもいる。これらの一連の研究は、男性教員のキャリアを標準化するあり方を批判し、女性教員の積み上げてきたキャリアをオルタナティヴとして評価するものである。教育の理念に立ち返れば、低学年教育も高学年教育も同じく重要であり、そこに優劣は存在し得ない。

　しかし、だからといって、女性と男性とを異なる職務へ誘うシステムが存在することを無視してよいということにはならないだろう。すでに1998年の時点で、酒井朗は次のように指摘する。

　　多くの教師が多忙な勤務を続けている中で、既婚女性教師だけは比較的勤務時間が短い。多忙さが教師文化の1つの特徴だとすると、彼女たちはそこからの逸脱者であり、その存在は潜在的な葛藤をはらんでいる。…中略…既婚女性は「お母さん先生」という形で一括りにされ、他の教師と一線を画されている。実際、…中略…管理職のポストはすべて男性教師によって占められていた。つまり、概念的にも、また制度上も、既婚女性は学校組織の中では周辺的な地位へと追いやられているのであり、そのことで他の教師は彼女らの勤務時間の短さと自らの多忙さを同時に受容することが可能となっているのである。

　　また、既婚女性教師自身も、周辺的な地位にある自らの立場を受容している。

（酒井、1998：244-245）

　また明石要一らは、管理職ではない職場で最年長のいわゆるベテラン女性教員を「上席」と呼ぶ文化に着目し、彼女らが、男性教員とは異なるキャリア展

開をしてゆくことを発見している（明石・高野、1993）。ジェンダー・バイアスのある表現も少なくないが、女性教員が置かれてきた職場における位置を率直に描き出しているともいえる。

　かつて筆者も、女性教員へのアンケート調査から、職場内には「配慮」が存在しており、彼女らの多くがその恩恵を受けてきた（受けている）と感じていることを明らかにした。しかし同時に、「配慮」ゆえに、職場内では、家庭責任を負った女性教員はいわば「戦力外」という評価が一部存在していることもわかった（高島、2014）。つまり「配慮」というシステムがむしろ、性別職務分離構造の維持に加担してしまっている可能性さえあるのである。学校における性別職務分離を議論するためには、酒井が指摘した「教師文化の逸脱者」である女性教員、筆者の調査からみえてきた「戦力外」としての女性教員という評価が、どのように生じ、それが構造の形成・維持に影響を与えるのかを探ってゆく必要がある。次節では、本章で着目する北海道の女性教員が置かれている学校教育の状況を確認し、北海道の特徴をつかむとともに検討の課題を明確化する。

2　北海道の女性教員をとりまく学校教育の概況

（1）データにみる教職における性別職務分離の実態

　全国の公立小学校では、1969年に女性教員の数が男性教員の数を上回って以降、現在も女性教員の割合が6割を超えている。また、職務の内容についても、当然のことながら、性別にかかわらず学級担任や教科担任といった形での児童・生徒への教育活動に携わることになっている。2019年に内閣府が実施した「男女共同参画に関する世論調査」によれば、学校教育の場における男女の地位について、「平等」であると回答した人の割合は61.2％にのぼった（内閣府、2019）。一般的にも、教職は他の職業に比べてジェンダー平等が達成されているとみなされていることがわかる。

　しかし、教職における実際のジェンダー構成を詳細にみてみると、必ずしもそうではなく、職務配置におけるジェンダー間の不均衡があることがわかる。そこで、分析に先立って、その諸相を様々なデータから確認してみたい。なお、

ここで紹介するのは、のちの分析で扱うインタビュー・データに合わせて2004年時点のものとする。

　まず、2004年度時点での学校段階ごとのジェンダー構成をみると、女性教員の占める割合は学校段階が上がるにつれ減ってゆく。北海道は、全国と比べてすべての校種で10%前後、女性教員の割合が低いことが特徴である（表3-1）。

　次に、各学校段階の職位別ジェンダー構成をみていこう（表3-2）。すべての学校段階において、校長・教頭といった学校管理職はほぼ男性によって占められ、女性の割合が男性を上回るのは、小学校における教諭のみである。養護教諭にいたっては、全国の各学校段階でそれぞれ数名存在するものの、圧倒的に女性によって占められている。

　北海道においても全国と同様の傾向がみられるが、全体として、全国よりも男性の占める割合が大きい。小学校ではかろうじて男女がほぼ均等になってはいるが、中学校、高等学校と学校段階が上がるにつれ人数が急激に減ってゆく。また、学校管理職に占める女性の割合も全国に比して小さい。北海道においては、女性教員という存在は、数的にも、また職業集団の地位的にもマイノリティであることがわかる。

　ここからは、残念ながら都道府県別データが入手困難であるため、全国デー

表3-1　学校段階別・教員に占める女性の割合（2004 年度、公立のみ）

	小学校	中学校	高等学校
全国（%）	63.0	41.4	28.0
北海道（%）	47.7	35.1	18.2

文部科学省「平成16年度　学校基本調査」（2004年12月公表）をもとに筆者作成

表3-2　学校段階別・職位別ジェンダー構成（2004 年度、公立のみ）

		校長		教頭		教諭		養護教諭	
		男性	女性	男性	女性	男性	女性	男性	女性
小学校	全国（%）	82.0	18.0	78.1	21.9	34.6	65.4	0.0	100.0
	北海道（%）	93.5	6.5	92.0	8.0	49.9	50.1	—	100.0
中学校	全国（%）	95.5	4.5	92.5	7.5	59.2	40.8	0.0	100.0
	北海道（%）	96.9	3.1	94.3	5.7	65.2	34.8	—	100.0
高等学校	全国（%）	96.5	3.5	94.9	5.1	74.1	25.9	0.0	100.0
	北海道（%）	96.4	3.6	98.1	1.9	84.1	15.9	—	100.0

文部科学省「平成16年度　学校基本調査」（2004年12月公表）をもとに筆者作成

表 3-3　男女別・学級担任の有無（2004 年度、全国、公立小学校）

	担任なし	担任あり
男性（%）	42.3	57.7
女性（%）	27.9	72.1

文部科学省「平成16年度　学校教員統計調査」（2007年12月公表）をもとに筆者作成

表 3-4　「担任あり」のうち、担当している学年の割合（男女別）

	小計	第1学年	第2学年	第3学年	第4学年	第5学年	第6学年	複式学級	75条学級
男性(%)	57.7	3.1	5.8	7.7	9.2	12.3	14.0	2.2	3.4
女性(%)	72.1	15.2	12.3	10.0	9.7	8.1	8.0	1.3	7.6

※注　表中の「75条学級」とは現在の「特別支援学級」の2004年当時の呼称。
文部科学省「平成16年度　学校教員統計調査」（2007年12月公表）をもとに筆者作成

表 3-5　男女別・担当する教科（2004 年度、全国、中学校、複数回答）

	国語	社会	数学	理科	音楽	美術	保健体育	技術家庭	英語
男性（%）	8.7	15.4	18.6	14.7	2.4	4.5	13.7	7.6	9.5
女性（%）	19.8	5.4	10.3	5.7	9.5	5.7	7.4	9.7	18.6

※注1　英語以外の「外国語」は、本表では掲載を省略している。
※注2　2教科以上担任している教員は、それぞれの教科に計上している。
文部科学省「平成16年度　学校教員統計調査」（2007年12月公表）をもとに筆者作成

表 3-6　男女別・担当する教科（2004 年度、全国、高校、複数回答）

	国語	地理歴史	公民	数学	理科	保健体育	芸術（音楽）	芸術（美術）	芸術（工芸）	芸術（書道）	外国語（英語）	家庭
男性(%)	10.4	12.3	7.5	14.6	11.9	12.2	1.0	1.1	0.1	1.0	10.7	0.1
女性(%)	19.1	4.5	2.7	5.2	4.8	6.5	2.3	1.0	0.2	1.4	19.4	12.5

※注1　英語以外の「外国語」、「農業」、「福祉」等の専門教科は、本表では掲載を省略している。
※注2　2教科以上担任している教員はそれぞれの教科に計上している。
文部科学省「平成16年度　学校教員統計調査」（2007年12月公表）をもとに筆者作成

タのみとなるが、同じ教諭という職位間にみられるジェンダー不均衡をみていこう。担当する学年や教科によってもジェンダー不均衡がある。小学校においては、男女教員で担任する学年に明確な不均衡があり、高学年は男性教員／低学年は女性教員という構図になっていることがわかる（表3-3、表3-4）。

　また、中学校・高等学校では、担当教科においてジェンダー比率に不均衡がみられる（表3-5、表3-6）。

教職は、ジェンダーにとらわれず働くことができるというイメージで語られることが少なくないものの、実際のデータによれば、ジェンダーによって担当する職務が異なっており、その先のキャリア展開にもジェンダー間の分離がある——つまり、水平的かつ垂直的な性別職務分離[3]が存在することがわかる。こうした傾向は、調査から15年以上経った現在においてもほとんど変化がない。このことから、ジェンダーによって異なる職務に配置する仕組みが働いているとともに、それを固定化させるような説得力のある「理屈」があることが想像できるのである。

(2) 北海道の2000年代の学校教育の概況

次に、北海道の学校教育に関する概況——人事評価制度の動向、女性活用施策と、加入する教職員組合女性部の調査当時の活動方針について整理する。

①教員の人事評価制度と学校教育分野における「女性活躍」の取り組み

先にも述べた通り、2000年以降全国で導入が進められてきた教員の人事評価制度だが、北海道の動きは全国よりもやや遅く、2004年に「教員の評価に関する検討委員会」が設置され、2007年9月より試行実施、2008年度より全面実施となった。調査当時の2004年は、これら人事評価の仕組みがまだ整っていない状況であると捉えてかまわないだろう。

次に、学校教育分野での「女性活用」の取り組みは、1999年に施行された「男女共同参画社会基本法」に基づき、2001年に制定された「北海道男女平等参画推進条例」において「女性管理職の登用の推進」が取り上げられたことが発端となっている。調査当時の2004年には、すでに推進策に着手しているとみられるが、先に確認したデータからも、期待した効果は得られていないことが推測される[4]。

②北海道教職員組合女性部の活動の方針と概要

本調査への回答者らは全員、北海道教職員組合に加入している。女性部幹部より供与いただいた資料「第70回　北教組女性部総会資料（2004年）」をもとに、活動方針の特徴について整理する。方針として、次の5点が挙げられてい

る。人事評価制度の導入についても、この時点ですでに取り組みの一つとして
挙がっている。

①男女雇用機会均等法の来年度見直しについて
②義務教育費国庫負担制度の見直しについて
③女性労働者について（女性の働く権利としての休暇制度等の行使について）
④女性教員と職場について
　1）自律的・民主的職場づくり
　2）セクシュアル・ハラスメントの防止
　3）教職員の採用や校務分掌において、性差別や性による固定的な配置を
　　なくすとりくみ
　4）夫の管理職任用や高校等への人事異動、共働き女性組合員に対する人
　　事異動等に対するとりくみ
⑤「新たな人事評価制度」について

　ジェンダー平等に関連した取り組みは、大きく二つにまとめられよう。一つは、
育児や介護等に関わる休暇を取得する権利を守ることに代表されるような、職
業生活と家庭生活との「両立」支援である。もう一つは、職場・職務配置にお
けるジェンダー平等の実現である。とくに3）、4）については、補足として、「教
職員の採用や校務分掌において、性差別や性による固定的な配置をなくすとり
くみをすすめます」とあり、本章で焦点を当てる職場の性別職務分離構造を問
題化しようとしていることもわかる。このように女性部の取り組みは、教職員
の「両立」支援と同時に、「自律的・民主的な職場づくり」としてジェンダー
平等な職場の実現を目指そうとしている。
　ここまでみてきたように、北海道においては、教職における性別職務分離構
造が、水平的にも垂直的にも全国に比してよりはっきりと表れている。教育委
員会や教職員組合は、その現状を課題として取り上げているものの、成果に結
びついているとはいいがたい。

3　北海道の女性教員へのインタビューの分析

（1）分析の方法と調査対象の概要

　本章では、北海道で教員の人事評価制度が導入されるいわば「前夜」といえる2004年に行った、北海道P市の小学校に勤務している女性教員へのインタビュー・データをもとに、経験年数に応じてどのような職務を担当してきたのか、どのような「評価」を受けてきたのかを、回答者らのライフコースに沿って明らかにする。また、「年功的平等的」とされる職場において、性別職務分離構造が形成・維持される仕組みと、彼女らによる意味付けについても考察してゆく。

　なお、調査の概要・回答者の基礎データは表3-7、表3-8の通りである。

（2）回答者の勤務校における性別職務分離の実態

　はじめに、回答者の勤務校のデータより、2004年現在のジェンダー編成について確認する（表3-9）。

　教員数をみると、男女教員の割合はほぼ同等であり、A小学校では女性の割合が多い。学校管理職については、2校で教頭職に女性が置かれているが、そのほかはすべて男性である。さらに注目したいのは「主任等」である[5]。先行研究において楊（2018）も指摘しているように、主任等を担当することは、いわゆる「管理職ルート」に強く関連するとみることができる。各校に複数名が配置されているが、すべての学校でいずれも男性である。

　このように、学校における職務配置を詳細にみると、全体のジェンダー比率は均等であるものの、管理的・経営的な役割や、それにつながるような職位は、ほぼ男性が占めており、女性は学級担任か養護教諭であるということがわかる。これは、典型的な水平的かつ垂直的な性別職務分離の構造であるようにみえる。これを踏まえ、女性教員のこれまでのキャリア展開の軌跡を振り返ってみよう。

（3）回答者のライフコースからみる女性教員のキャリア展開

　ここからは、回答者のライフコースを追いながら、そのキャリア展開をみていこう。年号と回答者の年齢ごとにそれぞれのライフコースを簡単にまとめた

表3-7　「女性教員のキャリア達成とライフコースに関する調査」の概要

	詳細
調査の時期	2004 年 10 月～ 11 月
調査の対象	北海道 P 市内公立小学校に勤務する女性教員 7 名
調査の方法	北海道教職員組合女性部長ならびに P 市支部女性部長より紹介していただき、調査協力への合意を得たのち、個別にインタビュー調査に応じていただいた。

表3-8　回答者のデータ

氏名 (仮)	年齢 (歳)	最終学歴	勤務 年数 (年目) ※	勤務校数 (校目)	担任する 学年等	家族構成
A	49	四年制大学	25	6	2 学年担任	配偶者・子（18・14 歳）
B	50	四年制大学（教員養成課程）	27	7	3 学年担任	配偶者・子（24・21・21 歳）
C	47	四年制大学（教員養成課程）	25	6	2 学年担任	配偶者・子（20・15 歳）
D	46	四年制大学（教員養成課程）	24	N.A.	1 学年担任	配偶者・子（18・14 歳）
E	48	四年制大学（教員養成課程）	26	3	4 学年担任	配偶者・子（21・18・16 歳）
F	37	短期大学	16	3	養護教諭	配偶者・子（12 歳）
G	41	四年制大学（教員養成課程）	19	3	養護教諭	配偶者・子（12・11・10 歳）

※注　勤務年数には、育児休業等の期間を含む。
インタビュー・データより作成

表3-9　回答者の勤務校のジェンダー構成

回答者	勤務する学校（仮称）	児童数 (人)	学級数	教員数（人）※1	うち女性	校長の 性別	教頭の 性別	主任等※2 人数（人）	性別
A・F	A 小学校	750	24	32	20	男性	女性	2	男性
B	B 小学校	400	14	23	10	男性	男性	3	男性
C	C 小学校	297	11	17	8	男性	男性	2	男性
D	D 小学校	284	12	18	10	男性	女性	2	男性
E・G	E 小学校	625	21	30	16	男性	男性	3	男性

※注1　校長、教頭、教諭、養護教諭を含む。
※注2　教務主任・保健主事等、学級担任を持たない教員を指す。各学校によって「担任外」「TT担当」「補欠」等、呼称が異なる。
インタビュー・データ、および北海道教職員組合編『北海道教育関係職員録　2004年度版』より作成

のが表3-10である。

①「両立」の負担と初期キャリアの中断・未形成

　表3-10をみると、教員として仕事を始めて4年以内には、回答者のほとんど
が結婚その後出産の時期に入る。その後、産前・産後休暇と育児休業を取得し、
数か月〜1年間、職場から離れる生活を送ることとなる。
　子どもが幼い時期は、とくに「両立」に苦労したエピソードが目立つ。
　「仕事を続けるならば（子どもは）いらない、そこまでできない」と「両立」
にそもそも否定的だったAさんは、子どもを持つまでかなりの年数をかけてい
る。子どもが生まれてからは、仕事を十分にできていないという思いが勝って、
平日は子どもたちをパートナーの実家に完全に預けるという方法を取ることに
し、それによって完全に仕事に没頭できるようにした。また、「（パートナーが）
部活動の顧問で忙しいので、子育ては一人でやる覚悟だった」とはじめから考
えてCさんは、いわゆる「ワンオペ育児」の日々だった。さらに、Bさんが苦
しんだのは子どもの就学後であり、「下校後の面倒をみなくてはならないから、
子どもの通う学校と自分の勤務校を合わせた」という。
　また、自分自身の妊娠・出産が、同僚や児童の保護者に理解してもらえない
という経験も聞かれた。Bさんは、妊娠がわかった途端、担任する子どもの保
護者から「女の先生は妊娠するから損だ」といったクレームを受けた経験を話
す。一校にいる間に3人の子どもを産み育てたことを同僚に責められたEさんは、
せめて産休・育休に入る時期を学期や年度の途中にならないよう「母子手帳を
『改ざん』」したという。
　このように、回答者らの妊娠・出産・子育てに関するエピソードは、かなり
シビアなものだ。EさんとGさんは、妊娠がわかった時点で、自分の親に子育
てのサポートをお願いするべく、実家のそばに転居しているが、こうした「対
策」も、女性教員が仕事と子育てとの「両立」のために行わざるを得ないこと
なのかもしれない。
　一方、教員としてのキャリア形成の観点からここまでを位置づけると、入職
して10年未満のいわゆる若手という時期は、教員としての初期キャリアを積む
時期である。しかし回答者らのほとんどは、入職して間もなく妊娠・出産を経

表3-10　回答者の入職後のライフコース詳細

以下は本表の読み取り可能な内容を回答者ごとに整理したものである。

A

年号	年齢	事項
1978	23	小学校勤務
1979–1980	24–25	結婚
1983–1984	28–29	選定図書の仕事をはじめる
1990	35	妊娠
1991	36	第一子出産（18か月から職場復帰）
1995	40	司書教諭免許取得
2004	50	

B

年号	年齢	事項
1977	23	高校勤務
1979	25	結婚、小学校へ異動、任（12か月出産、任上休暇）
1980	26	第一子出産（6か月休業）
1983	29	第三子（双子）出産（12か月）出産
1987	33	3枚目に異動
1996	42	4枚目に異動 5年生担任
2002	48	5枚目に異動 5年生担任
2003	49	6年生担任（持ち上がり）
2004	50	

C

年号	年齢	事項
1980	23	中学校勤務 小学校に異動
1984		妊娠
1985		第一子出産
—		2枚目にいる間に・隔年行事で授業担当・全道研究会で公開
1991	36	第一子入院 5年生担任
1992	37	6年生担任 病気、休職
1993	38	4枚目に異動、病気、休職、任外れ良、担任外れる
1994	39	5枚目に異動
—		5枚目にいる間に・隔年行事で公開
2001		6枚目に異動

D

年号	年齢	事項
1981	23	小学校勤務
1983	25	結婚
1984	26	妊娠
1985	27	第一子出産（6か月休業）
1991	33	3年生担任
1992	34	4年生担任
1993	35	5年生担任
1994	36	6年生担任
1996	37	異動
2004	46	休調を崩す

E

年号	年齢	事項
1979	23	小学校勤務
1982		結婚
1983		妊娠
1984		第一子出産
1986		妊娠
1987		第二子出産（6か月休業）
1989		3枚目異動
1990		2枚目異動
1994		組合の役員担当
1999		組合専従

F

年号	年齢	事項
1986	23	幼稚園勤務
1989	25	結婚
1991	27	妊娠
1992	28	第一子出産（10か月休業、3月復職）
1994	30	小学校に異動
1996	32	第二子出産（6か月休業）
1997–1998	33–34	6年生担任
1999–2001	35–37	組合専従
2004	40	復帰（12学期から学年へ）

G

年号	年齢	事項
1986	23	小学校勤務
1989		結婚
1991		妊娠
1992		第一子出産（4か月休業、妊娠）
1994		第二子出産（12か月休業、妊娠）
1997		2枚目異動
2000		3枚目異動
2003		3枚目異動

※注　出産等で休業している期間は網掛けになっている。語りの中で重要だと思われる経験を太字ゴシックにしている。

て子育て期に入り、また、休業期間もトータルでは複数年にわたるため、経験を積み職能を高めるチャンスを十分に得られていないといえよう。この点に関連してBさんは、育児休業に入る前の自分自身について、「まともに働いていない」と自己評価をしている。

②職場における子育て期女性教員の位置づけ──「配慮」の対象としての女性教員

　ここまで「両立」生活について、回答者らの子育てにおける工夫や苦労に焦点を当ててみてきたが、今度は、職場における子育て期の女性教員に注目してみよう。この時期の仕事の仕方について、回答者らのほとんどが口にしたのは、先行研究でも指摘されている「配慮」である。それは、実際にはどのようなものだろうか。以下、これに関するDさんとAさんの発言を取り上げて検討したい。なお、発言中の［　　　］は筆者（調査者）による補足あるいは質問である。

【Dさんの発言①】
［自分が］女の人だからって最初の若いころはちょっと考慮してもらったり。お産のときとか、初めて高学年持ったときとかは、周りの男の先生が考慮してくれたみたいなことはありましたね。「ちょっと大変だから僕が［担当しますよ］……」みたいなね。

　この発言から、「配慮（考慮）」とは、「大変」な仕事を、主に男性の先生が代わりに担当することを指すことがわかる。また「配慮」される対象は、子育てをはじめとする家庭責任を負っている教員や、教員としての経験年数が少ない若手教員にある。さらに、Dさんの発言をよくみると、女性というジェンダーも関連している。この「配慮」によって、同僚同士のサポートが実現すると同時に、学校組織として業務が円滑に進められるのだろう。
　一方、「配慮」を受けた際の発言にも着目してみよう。

【Dさんの発言②】
［無理をしてでも、「難しい」職務の担当を希望することがあったりするのですか？］それはない。仕事の手を抜くっていうわけではないんですけど、で

もあっちにもこっちにも迷惑をかけながら仕事をしているって（気持ちが）あるんですよ。忙しい時にはなるべくどちらにも迷惑をかけたくないので。

【Aさんの発言①】
［行事等の役割分担を決めかねている時］学年の中でベテランの男の先生が「俺やるよ」って言っちゃう。そう言われて［自分は］「ああ、楽かも」と思っちゃう。自分からも［やると］言えない、自分を誰かが推すとも思えない。……［学級担任の決定の際に］私は家庭の事情を考慮されることは嫌。でもそういうことを配慮してくれる管理職はいますよね、だから不愉快な配慮もあります。

「配慮」は、ありがたいものとして受け止めはするものの、同時に、子育て中の自分は「あっちにもこっちにも迷惑をかけながら仕事をしている」ため、いわば空気を読んで、その「配慮」を受けざるを得ないという思いが垣間みえる。それは、酒井（1998）が指摘したように、子育て中であること、家庭責任を負っているということは、学校という職場においては、「一人前」として働くことのできない、サポートが必要な要員であるという位置づけに対する諦めややるせなさなのかもしれない。

　Dさんが言うように、「配慮」が機能しているからこそ、シビアな「両立」生活を何とか継続することが可能となっているのだが、その一方で、「配慮」という仕組みによって、女性教員は「大変」な仕事ができない存在として、職場のなかに位置づけられてしまう。つまり、「配慮」という仕組みが、子育て中の女性教員たちをいわゆるマミートラック[6]に促しているということが示唆できるのである。

　Dさんの発言にあるように、「配慮」は、家庭責任の有無と経験年数に応じて機能してきた。よって、この「配慮」は、いつかは終わりを迎える。それはいつ、どういったタイミングなのだろうか。また、その後彼女らはどのように処遇されてゆくのだろうか。

③「配慮」の終了と「難しい仕事」という経験

　それまで職場内で機能し、回答者らが多少なりとも恩恵を受けてきた「配慮」は、それぞれのタイミングで、行われなくなってゆく。回答者らは、管理職が行う職務配置に対しては、不満を示さず承諾することが当然であるという行動様式に移行してゆく。例えば、Ｃさんは「<u>子育て終わったということで</u>（※注：下線による強調は筆者による）[何学年の担任でも]<u>年齢的に文句を言えない</u>」という。またＤさんは「[担任したい学年を管理職に伝えるため]希望書書かされるんですけど、ここ何年か希望通りになったことがないので……いや、別にしょうがない。何年じゃなくっちゃ（担任を）やらないっていうのはわがままですよね。それは一応、お金もらってるプロですから」と述べる。

　下線部は、回答者らの認識としての「配慮」が終了するタイミングと言える。Ｃさんは「子育ての終わり」と「年齢」を挙げている。インタビューの内容からは、それが明確にいつかを示すことはできないが、重要なのは、それを判断するのは、本人の意思でも子どもの年齢でもなく、彼女らの職務配置を担当する管理職だということである。

　そして「配慮」が終了したあと、回答者らのうち何名かは「難しい仕事」に直面したと語る。表3-10をみると、これまで担当したことのない学年の担任や、対応が困難なケースを担当する機会を与えられ、「難しい仕事」との格闘を経験しているようにみえる。

　ここからは、Ｂ、Ｃ、Ｅさんそれぞれのエピソードをみていこう。このなかでももっともシビアな経験をしたのはＣさんである。彼女は、第１子が小学生になったタイミングで、２年連続で高学年の担任を任される。その後第１子は、３年生のとき病気で入院をすることになる。その頃第２子はまだ保育園児で、パートナーの協力は一切得られず多忙を極め、その年にせめて病院に近い職場で働きたいということで異動希望を出した。ふたを開けてみたら異動は叶ったものの、研究が盛んな学校への異動となり、仕事の忙しさはむしろ悪化することとなった。多忙を極めるなかで、Ｃさんは体調を崩し入院・休職することとなる。

　次にＢさんの事例である。彼女のケースは、40代というベテランの域に入ってから、高学年の担任を任された経験でのエピソードだ。他校から転任してき

たばかりのときに、突然5年生の担任に配置された。Bさんは初めから、校長に対し、知らない土地・地域での高学年の担任は難しいと、これまでの経験から避けてほしい旨を伝えていた。学級には、発達障害が疑われる子どもが複数人おり、加配教員[7]や支援スタッフを配置する制度も整っていない当時は、Bさんが一人で奮闘するしかなかった。Bさん自身も、この時点では発達障害の特徴や支援の方法を熟知してはいなかったため、自分の行っている対応が正しいのかどうか判断ができず、また自信も持てず、「自己肯定感がガーンと低下」していく経験をしたのだという。校内でも、こうした課題に対しどういった対応策があるのか、誰も知恵を持ってはおらず、同僚たちもBさんを助けることができなかったようだ。結局彼女は、自分自身のために教師用カウンセラー講座を受講し、特別支援教育に関する研修を受けるなどし、そこで自分の対応が必ずしも間違っていなかったと知ることができ、「救われた」という。この経験以降Bさんは、特別支援教育の学習を続けている。

　さらにEさんも、高学年の担任をした際に子どもたちへの対応に迷い、うまく学級経営が進められなかったと振り返る。この学級はもともと「厳しい学級」といわれていたことに加え、Eさん本人も、これまで何度も担任してきた低・中学年の「ノリ」で子どもに接していた。しかしそれが高学年の子どもたちとは合わず、Eさん自身は自分の対応の仕方が間違っていたと結論付けている。

　このように、これまで「配慮」の下にマミートラックに置かれていた回答者が、本人たちの思いがけないタイミングで、「難しい仕事」にチャレンジさせられるというケースが認められた。またその経験は彼女らにとって、新たな課題（Bさんにとっての特別支援教育への関心）となる場合もあれば、「苦い経験」（Cさんの病気休職、Eさんの「対応の仕方の間違い」）として刻まれることにもなっている[8]。

　一方で、養護教諭の二人のライフコースをみると、こうした職務や配置の変更が行われている様子はなく、本人たちの語りからもそうしたエピソードは聞かれなかった。養護教諭は一つの学校に原則単独配置であり、養護教諭としての職域が明確であるがゆえであろう。しかし一方で、キャリアの展開に誘われるようなきっかけが一切ないのだともいえる。同じ教員でありながら、養護教諭と学級担任とでは全く異なるキャリア展開であることがわかる。

次節では、ベテランといわれる年齢に達した回答者らの現在（調査当時の2004年）から、彼女らの、ともに働く同僚たちへのまなざしからみる職場の性別職務分離構造の捉えと、自分自身の仕事に対する意識についてみていきたい。

（4）回答者らの同僚へのまなざしと仕事への意識

①女性／男性の同僚に対する評価──職場内に引かれる「分離線」

回答者らは、自分たちの職場にはジェンダー差別があると捉えてはいない。しかし、女性教員と男性教員との間に、深い溝があることを実感してもいる。Bさんは「職員会議とかで、こんなこと男の先生が言えばすぐ変わるのに、女であるがゆえにまともに受けてもらえないという悔しさはしょっちゅうです。…中略…私のような年齢のある程度いっている先生をねじ伏せる」とその悔しさを語る。インタビューの中からみえてきたのは、こうした「差別される経験」だけではなく、むしろ回答者らが、ある評価軸でもって同僚を「線引き」している様子である。Cさんの発言を紹介したい。同僚の男性教員に対する評価である。

【Cさんの発言】
　男の先生は「ヒラメ」、だから［私は］女の先生とばっかり連帯するんだ、［男性の先生は］仲間にいれてやらないんだ。

「ヒラメ」という表現は、現在は同じ学級担任という立場であっても、いずれ時期が来ると学校管理職のキャリアのルートに入ってゆく男性教員の、変幻自在ぶりを指したものである。養護教諭のFさん、Gさんは学校全体をみる立場として、女性と男性とのキャリア展開の傾向の違いについて語っている。

【Fさんの発言】
　年をとっていても担任やっている女性は珍しくない。…中略…［男性で］60歳まで担任でいくぞっていうのはよほどの執念がないと［できない］。

【Gさんの発言】
　［女性の先生は］教室で授業してた方がいいわーっていう方の方が多い。

　たとえ同僚として共に働いていても、いつか管理職になってゆく男性教員は決して仲間とは捉えず、そういうことがない[9]女性教員こそ、自分たちの真の同僚であるとする、キャリアとジェンダーとに基づいて同僚を分断するような「分離線」（木本、2003：117）が引かれていることが確認できる。彼女らは、教員キャリアを通して、女性教員を保護するような「配慮」を受けたり、職場におけるジェンダーの不均衡を目にしたりすることで、結果的に、職場の同僚をジェンダー化して捉えるとともに、自らを女性というカテゴリーに位置づけもする。それは、彼女らの「一生一現場の教員であり続けること」という、男性教員とは違ったキャリアを辿ることが、彼女らの仕事を支える意識となってゆく。

②女性教員の仕事に対する誇り
　この「一生一現場の教員であり続けること」とは、具体的にはどういった内容なのだろうか。それは、「子どもの個性をできるだけ開花してあげる」というAさんや、「子どもがなにかできるようになることが自分の喜びでもある」というDさんのように、子どもとの直接的な関わりを重視する教員の姿である。養護教諭であるFさんは、同じ職種の学習会や研修会で仲間づくりをし、そこで得た知識を勤務校に還元することを心掛けているという。またGさんは、全校の子どもたちに関わる立場として、CAPプログラム[10]を勤務校に取り入れることを自分の仕事として取り組んでいる。現場の子どもたちを第一に考え、実践を重ねてゆくようなキャリアに価値を見出しているのである。そして、こうしたキャリアは、いつか現場から去ってしまう男性教員とは異なるものとして、女性教員の仕事の誇りにさえなってゆく。
　また、彼女たちは、学校外での活動にも積極的に参加している。Aさんは40歳の頃に、司書教諭資格を取得し、勤務校での仕事を越えた図書教育実践に携わっている。Bさんは、先にも述べた「難しい仕事」以降、学校外で行われる特別支援教育の学習の機会に参加し続けている。職場内にいわば「線引き」を

した回答者らは、価値観を同じくする仲間を求めて学校外に目を向けてゆくのだといえる。

4　女性教員のライフコースからみた性別職務分離構造のメカニズム
――キャリアにおける「配慮」と「難しい仕事」へのチャレンジが意味するもの

　本章の課題は、「年功的平等的」とされる教員の職場において、性別職務分離構造が形成・維持される仕組みを、女性教員のライフコースから検討することにあった。

　とくに着目したのは、子育て期に機能する職場における「配慮」と、その終了後の女性教員への処遇であった。本章で「難しい仕事」と表現している、これまでに彼女らが経験したことのない職務へのチャレンジが、「配慮」が終わったあとに、管理職主導で企図されるケースが確認できた。これを、女性教員のキャリア形成という観点からみると、一旦マミートラックに配置された彼女らを、時期をみてメインのトラックへ引き戻そうという試みがなされているということもできる。この一方的なチャレンジが、彼女らの能力を測り、その結果が今後のキャリア展開および職務配置に少なくない影響を与えているといえるのではないだろうか。

　先にも述べたが、こうした配置を経験した回答者らは、自分自身の至らなさや力量不足を痛感し、その経験をいわば「失敗」のように受け止めている。しかし、果たしてこれは彼女らの「失敗」なのだろうか。管理職は、Cさんの「ワンオペ育児」の状況をどうして理解しようとしなかったのか。出向から戻ってきたEさんをどうしてすぐに不慣れな高学年に配置したのか。異動してすぐの高学年はいやだというAさんの希望をどうして聞かなかったのか。ここには、「配慮」とはまるで真逆の、シビアな現実が突き付けられているように感じられてならない。

　教員のキャリア形成に関する先行研究においては、教員の成長は決して直線的なものではなく、様々な経験を積み、迂回をしながら進んでいくという指摘がある（油布、2010など）。また、女性教員のライフヒストリー研究においては、

出産や子育てはマイナスになるどころか、むしろ教員としての成長の一つの重要な契機であるとさえ指摘されてきた。成長とは、主観的な概念である。出産や子育てが、自身のキャリアの糧となったと捉える教員も確かに存在するだろう。しかしここで注目したいのは、「配慮」の下でマミートラックに置かれていた女性教員が、その終わりを一方的に決められ、適切で十分な訓練もないままに、管理職による一方的な人事配置により、キャリアのメイントラックに引き戻されるという仕組みが存在するということである。

　キャリア形成の観点から整理すると、回答者らが経験した「難しい仕事」の辛さの理由の一つには、初期キャリアにおいて十分に能力を付け経験を積むことができてこなかったことがあるといえる。彼女らがメイントラックに呼び戻された理由もまた、「配慮」が終了するタイミングと同様に、本調査結果からは明らかにすることはできないが、少なくとも、彼女らの意思よりも、各学校の事情や管理職による組織編制の方針が優先されてしまう場合があるということはいえるだろう。

　これまで先行研究においては、キャリア展開のジェンダーによる違いや、職場における性別職務分離は、子育てを含む家庭責任の有無から議論されてきたが、本章では女性教員のキャリア全体に注目することで、むしろ、子育て期が過ぎた後にこそ、教員の力量が試されるような業務を課されるというきっかけで、彼女らのキャリア展開や職場での位置づけが形成される可能性があることを示すことができたといえる。個々の教員に対する評価の基準が明確でないからこそ、こうしたいわばインフォーマルなかたちでのチャレンジが、その後の彼女らの職場での位置づけに意味をもってくるのだといえるのではないだろうか。

　また本章では、彼女らが周囲を評価するまなざしにも着目した。男性教員とは異なる存在として、「一生一現場の教員であり続けること」に誇りをもち、教育実践のキャリアを積んでいく道を選ぶなかでみられたのは、職場を男性と女性とに分かつ「分離線」であった。このことが皮肉にも、性別職務分離構造を追認し、また維持しているのだともいえる。

　これらの結果から示唆されるのは、一つは、女性教員の長いキャリアを見据えたサポートの必要性である。先にみたように、北海道教職員組合女性部の方針は、「『両立』支援」や「母性の保護」に力点が置かれている。それを否定す

るつもりは決してないが、キャリアおよびライフコース全体としてみたときに、それは、子育て期に限定したサポートであり、さらに、家庭責任のある人のみに該当する前提である。女性教員全体を含む方針としてはいささか不十分といわざるを得ない。これまでの「『両立』支援」に加え、入職後の初期キャリアや子育て後のキャリア展開をサポートするようなアイディアが必要なのではないか。

　もう一つは、「分離線」が教員の孤立化を促進することを防ぐような職場社会の再構築が必要であるということである。かつて日本の学校は、同僚間でのサポートや学び合い等が盛んに行われ、それが教員個々の成長を支えてきたが、近年こうした機能が失われてきているとも指摘されている（山田・長谷川、2010など）。そもそもこうした指摘は、教員の職場を理念的にまた一面的に捉える傾向があるが、本章で追ってきたように、教員の職場はもっと複雑である。ここまで指摘したような、水平的かつ垂直的な性別職務分離構造とそれを形成・維持する仕組みから目を背けず、真にジェンダー平等な処遇を再考することが、すなわち職場社会の再構築につながるのではないだろうか。

5　学校教育における女性活躍への課題

　家庭責任を負った同僚への「配慮」は、教員の職場社会の機能の一つとして、望ましいものとして取り上げられてきた。もちろん筆者も、こうしたサポート体制が、ジェンダーにかかわらず浸透することを願っているし、制度としての整備（人員増など）が必要だとも考えている。しかし一方で、「配慮」の仕組みが、女性教員のキャリアを「現場」のみにくぎ付けするようにはたらくようでは、女性管理職を輩出するという意味での「女性活躍」も望めないばかりか、（女性）教員のキャリアを一層単純化する危険性もあるのではないだろうか。

　本章でみてきたように、「現場」の女性教員は、「現場」という一言では表現できないほどの多様な経験を積むなかで、学内外で様々なスキルを磨いてきた。そうしたキャリアを積極的に評価し、またそれを活かして適切に職務配置する仕組みがあってはじめて、学校教育における女性活躍が実現するのではないだろうか。

　ところで、現在の学校現場は大きな試練にさらされてもいる。多忙問題が深刻化している。2019年より「学校における働き方改革」として、各地の学校で様々な施策が試みられているものの、その効果は教員たちの実感として表れてはいない。2021年3月、人々に教職の魅力を伝えるねらいで企画された「＃教員のバトンプロジェクト」が、図らずも、現場の教員からの労働環境の劣悪さや日々の多忙や苦悩等の訴えが多数集まったという報道は記憶に新しい。それに加え、現在も続くコロナ禍によって、オンライン授業への対応や消毒作業等の感染対策、そして子どもたちの学習と生活へのケアを含む業務の負担に襲われてもいる。さらに現在は、2008年頃から始まったベテラン教員大量退職のピークを迎えている。教員集団は、経験の豊かなベテラン世代が一気に減少し、若手教員の割合が増えるといういびつな構成になっている。こうした課題の解決の一つとして、女性活躍施策がどう位置づくのか、どういった役割を果たすのか、注視していかねばならない。

[注]

1　ただし、「第4次男女共同参画基本計画」では、学校教育分野における女性管理職の割合の目標値は「第3次基本計画」の「30％」から「20％以上」に実質引き下げられている。
2　油布佐和子らは、担任する学年や校務分掌等に関して男女教員間での分担があり、それらの職務には管理職キャリアへつながるかどうかによって軽重があるということをアンケート調査から一部明らかにした（油布・福澤、2002）が、教員の職務や役割にどうやって優劣の秩序が盛り込まれるのかまでは明らかにされてはいない。
3　木本喜美子によれば、性別職務分離（ジェンダー間の職務分離）には二つのレベルがあるといい、ジェンダーによって職業や職務への配置・配分に偏りがある水平的分離と、同一職種であっても専門的知識や技能や資格や管理能力が必要でありかつ社会的ステータスが高い職務に男性が、判断責任や専門知識・技能を必要としない定型的な下位のステータスに位置づく職務に女性が割り当てられる垂直的分離とがあると指摘する（木本、2003：32）。また、垂直的分離において、上位の職務には高い報酬と大きい権力行使の権限が付与されているといい、この現象は、管理職に男性教員が集中し、学級担任教員に女性が集中する学校現場にもみられる。
4　本調査とは別の機会に、筆者が2009年に実施した北海道教育局教職員課に対する聞き取りにおいて、女性管理職が増加しない要因と解決策についてたずねた際の回答では、①管理職の人事異動に関しては、特別な事情以外は希望を尊重することができない、②全道

という異動範囲の広さ、が挙がった。また、その解決策としては、①校長からの学校における女性教員の学校経営への参加しやすい環境づくりを進めること、②日常の学校経営を通して女性管理職候補の育成をすること、が挙げられていた。地理的な特徴は、女性教員だけでなくすべての教員にとってもネックとなり得ると考えられるが、北海道固有の問題であり、また解決の難しい問題だと担当者は捉えている。

5　教務主任、学年主任、教科主任、生徒指導主任などを指す。学校運営上、「教育活動を組織的に展開できるよう、校務を分担する必要な職制」とされる（中央教育審議会、1971）。その後、1975年「学校教育法施行規則の一部を改正する省令」の施行によって、主任制は制度化された。

6　マミートラックについての学術的な定義は現在のところ見当たらない。日本では1990年代以降、結婚や出産後も就業を継続する女性の数は増加してはいるが、復帰後は、育児をはじめとした家庭責任を負っていることを理由に、時短勤務や異動なしといった雇用形態、あるいは難易度や責任の度合いが低い業務担当に配置転換されるケースが多くみられる。それによって、これまでのキャリアが停滞するだけでなく、その後の展望も見込めないといった結果に陥ってしまう。そうしたキャリアのコースのことを、マミートラックと称する（21世紀職業財団編、2022）。

7　公立小中学校に配置される教員の数は、当該学校の学級数等に応じて義務標準法に基づいて算定される基礎定数と、様々な政策目的に応じて配分される加配定数との合計によって決まる。加配定数に該当するのは、①教諭等（指導方法工夫改善、児童生徒支援、特別支援教育、主幹教諭、研修等定数）、②養護教諭、③栄養教諭、④事務職員であり、少人数指導の実現やいじめ・不登校への対応、さらに個別な支援が必要な子どもへの対応など、当該学校が個々に抱える課題解決のために、毎年度の予算の範囲内で措置されるものである（文部科学省、2010）。

8　その後のエピソードとして、Bさんは、48歳のとき、現在の勤務校に異動となる。ここでもまた転任早々「崩壊学級」（5学年）を担当することになる。同じ学年の担任は新卒2年目の女性の先生であり、自分がリードしなくてはならなかった。このときも、同僚たちの協力が得られないなかで立て直しを任され、結局2年間この学級を担任した。職場には「［職員会議等で］『学級経営できない奴が発言するな』という雰囲気があった」とも語る。この経験が、Bさんの理解のなかで、職場での自分自身の位置づけに影響しているということも感じ取れる。

9　分析の冒頭で触れた主任等の職位についても、回答者らはよい印象を持ってはおらず、自分たちが主任等の役職に就くことは毛頭考えていない。調査においても、管理職へのキャリアを目指している人はいなかった。
　　それは、教職員組合の方針として主任制に反対しているということもあるだろうが、時

間外労働が多いことも、理由の一つとして挙がっていた。さらに、回答からは、「主任とか校務分掌のまとめ役が全部男の人ということもある（A さん）」という声も挙がった。

10　CAP（キャップ）プログラムとは、Child Assault Prevention（子どもへの暴力防止）の頭文字であり、いじめ・虐待・体罰・誘拐・痴漢・性暴力といった様々な暴力から、子どもが自分自身を守るために、ワークショップやロールプレイングなどの方法を用い予防教育を行うものである。1998 年に CAP センター・JAPAN が設立され、その後 2001 年には NPO 法人としての認証を得た。以上の記述は、法人ホームページを参考とした。

［参考文献］

Beechey, Veronica（1987）Unequal Work, London : Verso.（ビーチ , ヴェロニカ 高島道枝・安川悦子（訳）（1993）『現代フェミニズムと労働─女性労働と差別─』中央大学出版部）

明石要一・高野良子（1993）「『上席』女教員のライフスタイルの研究」『千葉大学教育学部研究紀要』41（第 1 部）：57-76

浅井幸子・黒田友紀・杉山二季・玉城久美子・柴田万里子・望月一枝（2016）『教師の声を聴く：教職のジェンダー研究からフェミニズム教育学へ』学文社

池田秀司・福山信子（1971）「女教師の職業意識に関する調査研究 : 徳島市内在職女教師の調査報告」『徳島大學學藝紀要　教育科學』19：29-58

小川正人（1998）「教師の勤務条件と人事」佐伯胖・黒崎勲・佐藤学・田中孝彦・浜田寿美男・藤田英典編『岩波講座　現代の教育　危機と改革 6　教師像の再構築』岩波書店，Ⅱ -4：93-115

河上婦志子（1990）「システム内在的差別と女性教員」『女性学研究』1：82-97

河野銀子（2017）『女性校長はなぜ増えないのか：管理職養成システム改革の課題』勁草書房

木本喜美子（2003）『女性労働とマネジメント』勁草書房

CAP センター・JAPAN ホームページ（http://cap-j.net/．2022/1/24）

国立女性教育会館（2018）『「学校教員のキャリアと生活に関する調査」報告書』（https://www.nwec.jp/about/publish/2018/ecdat60000002eli.html．2021/12/18）

酒井朗（1998）「多忙問題をめぐる教師文化の今日的様相」志水宏吉編著『教育のエスノグラフィー：学校現場のいま』嵯峨野書院：223-248

総務省統計局（2004）「平成 16 年度学校基本調査　初等中等教育機関・専修学校・各種学校《報告書掲載集計》　学校調査・学校通信教育調査（高等学校）小学校（表番号 15）」（https://www.e-stat.go.jp/stat-search/files?page=1&toukei=00400003&tstat=000001016172．2022/7/25）

総務省統計局（2007）「平成 16 年度学校教員統計調査　第 1 部高等学校以下の学校及び専修

学校、各種学校の部　教員個人調査（表番号7、20、30）」（https://www.e-stat.go.jp/stat-search/files?page=1&toukei=00400003&tstat=000001016172，2022/7/25）

高島裕美（2014）「教員の職場における『ジェンダー・バイアス』：女性教員の職務配置のあり方に着目して」『現代社会学研究』27：37-54

田中義明（1991）「管理職（校長）志向に関する男女教員格差：東京都・長野県・福岡県・山口県の公立小学校の場合（〔日本大学〕社会学科創設70周年記念号）」『社会学論叢』112：283-297

中央教育審議会（1971）「今後における学校教育の総合的な拡充整備のための基本的施策について（第22回答申）」（https://warp.ndl.go.jp/info:ndljp/pid/11293659/www.mext.go.jp/b_menu/shingi/old_chukyo/old_chukyo_index/toushin/1309492.htm，2022/1/23）

中央教育審議会（2015）「これからの学校教育を担う教員の資質能力の向上について学び合い、高め合う教員育成コミュニティの構築に向けて（第184号答申）」（https://www.mext.go.jp/component/b_menu/shingi/toushin/__icsFiles/afieldfile/2016/01/13/1365896_01.pdf，2021/12/18）

内閣府（2010）「第3次男女共同参画基本計画」（https://www.gender.go.jp/about_danjo/basic_plans/3rd/pdf/3-26.pdf，2021/12/18）

内閣府（2015）「第4次男女共同参画基本計画」（https://www.gender.go.jp/about_danjo/basic_plans/4th/pdf/print.pdf，2021/12/18）

内閣府（2019）「『男女共同参画に関する世論調査』の概要」（https://survey.gov-online.go.jp/r01/r01-danjo/gairyaku.pdf，2021/12/18）

21世紀職業財団（2022）『子どものいるミレニアル世代夫婦のキャリア意識に関する調査研究—ともにキャリアを形成するために—』

北海道教育委員会（2017）「北海道における教員育成指標：その先を切り拓く北海道人」（https://www.dokyoi.pref.hokkaido.lg.jp/fs/2/5/5/9/5/3/2/_/ikuseishihyou.pdf，2022/1/23）

北海道教職員組合編（2004）『北海道教育関係職員録　2004年度版』北海教育評論社

文部科学省（2010）「少人数教育の実現　学級編成・教職員定数改善等に関する基礎資料」（https://www.mext.go.jp/a_menu/shotou/hensei/005/1295041.htm，2022/03/08）

文部科学省（2021）「令和3年度学校基本調査調査結果のポイント」（https://www.mext.go.jp/content/20211222-mxt_chousa01-000019664-1.pdf，2022/1/23）

山田哲也・長谷川裕（2010）「教員文化とその変容」『教育社会学研究』86：39-58

油布佐和子・福澤冨美代（2002）「ジェンダーの視点から見た教師の仕事」『福岡教育大学紀要（第4分冊）教職科編』51：79-89

油布佐和子（2010）「教師の成長と教員評価」苅谷剛彦・金子真理子編著『教員評価の社会学』岩波書店：155-175

楊川（2018）『女性教員のキャリア形成：女性学校管理職はどうすれば増えるのか？』晃洋
　書房

第4章 ある母と娘の就業経歴にみる女性モデル
——職業移動と適応のプロセス

加藤喜久子

1 職業経歴をめぐる女性モデルと男性モデル

　戦後の日本社会では、高度経済成長期、結婚後退職して専業主婦となるライフコースが女性の人生の選択肢となった。当時も「腰掛け的な働き方」と表現されたが、結婚前の職歴でとどまるならば、女性の職業経歴は研究対象とはなりにくかったといえる。その背景には、産業構造の変化による片働き世帯の増加がある。その後、結婚した女性は、男性に遅れて、労働市場に登場する[1]。今日では、有配偶女性の多くが中年期にも仕事をもつようになった[2]。女性の職業人生をどのように説明するかが問われる時期に来ている。

　ここで取り上げるのは、人生の大半を雇われるか、または家族従業員として働いてきた女性の職業経歴である。女性の働き方については、その社会、その時代での捉え方がある[3]。専業主婦が「誕生」してから、働くとは家庭の外で職を得ての活動になった。現在は、未婚のときに職に就くが、結婚・出産により一旦離職が生じ、その後、子どもがある程度大きくなってから再び働き始める「再就職型」が多数を占める。しかも、再就職では、家庭内役割と両立できるよう短時間労働を希望し、それが可能な非正規職への移動がみられる[4]。しかし、休業がその後の職業移動にどのような影響を及ぼすのか、また、これまでの仕事がその後の就業につながるのかどうかについては、ほとんど議論されていない[5]。もう一方では、女性の家族内での就労の位置づけが問われる。社会階層研究において、女性は職をもたないがゆえに不可視の存在とされていた。配偶者のいる女性が働くとき、就労をめぐっても家族内での役割分担が生じることになる[6]。

　アメリカの社会学者で職業移動を研究したディルバート・ミラーとウィリア

ム・フォームは、職業への適応プロセスを発達段階に分けて説明している（Miller & Form, 1980：198-201）。(1) 人生の初期は職業に就く準備期になる。(2) 就学時には、短時間のアルバイトや休暇中の臨時の仕事を経験する機会があり、社会に出る前の職業体験期となる。(3) そして、学卒後、早ければ16歳からフルタイムの本格的な仕事に就き、34歳までいくつかの仕事（職種や職場）（3 年未満）を経験しながら自己の職業適性を試す試行期が来る。(4) 35歳を過ぎると、一つの仕事に腰を落ち着ける安定期に至る。(5) 最後に、仕事・職場から引退する退職期を迎える。職業活動が行われるのは、準備期と退職期を除いた時期になる。

　ミラーとフォームの作成したモデルは男性の働き方に基づくものであった。職業を継続するキャリア・ウーマンには、男性と同じモデルを当てはめることができる。だが、当時のアメリカ社会では、ほとんどの女性が結婚後退職し、専業主婦として家庭の仕事を担い、比較的長期の職業生活のブランクが生じていた。より多くの女性が労働市場に参入し、子どもを産んでからまもなくして仕事に戻るようになるならば、職業活動の時期は男女で差がなくなるとして、女性モデルは立てていない（同書：201）。

　就業期間がある程度長くなれば、既婚女性においても職業経歴モデルを描くことは可能なはずである。それに先立っては、男性の適応プロセスとの違いが、考慮されなければならない。女性では、①結婚・出産・育児・介護というライフ・イベントによりブランクが生じやすくなる。そこで、資格取得につながる活動が行われるならば、次の仕事の準備期となりうる。②仕事を再開する場合、ブランクはマイナスにもなる。元の職種・職場に戻ることはそれほど容易ではない。③男性との大きな違いとして、再就職にあたって、家庭内役割を担うためパートタイム労働が選ばれやすいことがあげられる。④35歳前後は男性にとっては、それまでに試行期が終わる時期であるが、女性はその頃に仕事に復帰して、試行期をやり直すことになる。

　男性モデルとの比較では、それまでの職業経験がその後の再就職につながるかどうかが、職歴の分かれ目になる。35歳前後で仕事を再開する場合、前と同じ職に就くならばこれまでの職業経験を生かすことができるが、ブランクによっては前と状況が変わり、自己認識が変化することも考えられる。新たな仕事

を始めるのであれば、挑戦となる。どちらにしても職業適性が問われる。

　ミラーとフォームは、試行期のキャリアの方向性について、六つのタイプを示した（同書：210-214）。(1) 地位の階梯を登っていく上昇型。(2) 親や親族と同じ道を辿る受容型。(3) 目指すゴールを決め、それを実現する達成型。(4) 過去及び現在の状況を受け入れられず、前にも進めないでいる混乱型。(5) 前に進もうとするが阻害され、行く手を阻まれている欲求不満型。(6) 元の地位からの後退が連続的に生じる敗北型。これらは、いわばその後のキャリアにおける安定と不安定、そして成功と失敗の見通しであり、その仕事にとどまるかどうかの分かれ目になる。

　ミラーとフォームの男性モデルでは、フルタイムが標準という意味で「まとも」な働き方であった。臨時の身分での働き方は職業人生の初期の職業体験期にしかみられない。しかし、女性では、ライフ・イベントの影響により、職歴の中途での労働市場からの一時的離脱とともに、パートタイム就労が生じやすい。イギリスの社会学者ヴェロニカ・ビーチは、労働市場でパートタイム労働者となるのは主に女性であると、指摘する（Beechey, 1987＝1993：259-262）。このことが、仕事を再開した女性の試行期と安定期への移行にどう影響するのだろうか。そして、そこではどのような適応パターンが現れるのだろうか。

　北海道は女性の非正規就労率が高い都道府県の一つである[7]。女性自身にとってパートタイム就労、非正規が望ましい働き方であるのかは、大きな問いになる。

　以下では、事例をもとに、フルタイム就労とパートタイム就労、正規職と非正規職の転換がどのような社会的文脈で生じるのかについて検討し、女性モデルの特質を探ることになる。さらに、職業移動に着目して、試行期と安定期の現れ方を分析するとともに、定着に関わる職業への適応のプロセスを明らかにしたい。また、女性の就労が家族関係においてどのような意義をもち、社会的自立と自己表出にどう関わっているのか、考察を深めたいと考える。

　本章では、女性の職業移動の特質を捉えるため、フルタイム就労やパートタイム就労、そして正規職や非正規職にかかわらず、3 年未満で終わる時期を試行期、3 年以上継続した時期を安定期として分析をすすめる。

2　調査対象

　ここでは、二代に亘る女性の職業経歴を事例として考察する。対象者として選んだのは、1924（大正13）年生まれと1951（昭和26）年生まれの母と娘である。田辺リツさん（仮名）＝略称R子と、佐川美津子さん（仮名）＝略称M子とする。ともに婚姻歴があり、30年以上の就業経歴において正規職と非正規職の両者を含む職業移動を経験していることから、本章における女性モデルの考察にふさわしい対象と考える。

　インタビュー調査は2020年4月から開始し、R子さんには、2021年3月、4月に重点的に1回30〜40分、合計5時間の聞き取りを行った。M子さんには2020年8月、2021年3月、5月に計10時間面接を行い、2022年2月と3月に3度、1回30分前後、不明な点を電話確認した。その後、8月にも情報提供を受けた。

3　R子の就業経歴を辿る

　R子の職歴形成のパターンは、典型的な再就職型である。初職は駅の電話交換手であったが、1年勤めて結婚退職している。その後、13年のブランクを経て、仕事時間が比較的自由な保険の外交員となり、6年後に、同様の働き方が可能な化粧品の販売員に転じた。販売職を16年継続した後、より安定した収入が得られる仕事を希望し、同居親の介護が一段落してから、サービス職である賄い人に転じ、夫の退職時まで勤めた。最後に、札幌で冠婚葬祭互助会の営業職に就く。昔取った杵柄（きねづか）という表現があるが、職業人生の終盤で、30代での保険外交員の経験を生かすことになる。

　R子の職歴においては、勤め先や職種の変更前に、短い試行期（あるいは潜在的な助走の期間）が生じている。安定期に至る就業期間は6〜10年の幅にとどまり、終身雇用制的な働き方には至っていない。以下では、R子の職業移動のプロセスを詳しくみていくことにしよう（表4-1）。

表 4-1　R子の職歴年表（下線は、職務継続期間３年以上）

R1 1943 年⇒19 歳、（O村転入）事務職（国鉄電話交換手）（常雇い、1 年）	結婚（20）
1944-1956 年⇒20 歳～32 歳、（T村転入）＜ブランク、13 年＞	夫転職（34）
R2 1957-1962 年⇒33 歳～38 歳、販売職（保険外交員）（正社員、6 年）	長女大学進学（44）
R3 1963-1972 年⇒39 歳～48 歳、販売職（化粧品訪問販売員）（正社員、10 年）	次女大学進学（48）
R4 1972 年⇒48 歳、販売職（土地ブローカー）（請負 3 か月）	次 男 大 学（50）・
R5 1972 年⇒48 歳、事務職（土建会社事務員）（フルタイム 1 か月未満）	三男専門学校進学
R6 1973-1981 年⇒48 歳～57 歳、サービス職（道路改良事業所賄い人）	（51）
（非常勤職、9 年）	次女結婚・出産（51）
1982-1983 年⇒58 歳～59 歳、（札幌市転入）＜ブランク、2 年＞	夫退職（57）
R7 1984-1988 年⇒60 歳～64 歳、販売職（呉服、毛皮の展示会販売員）	
（催事期間のみ 7 ～ 10 日アルバイト、5 年）	
R8 1989-1996 年⇒65 歳～72 歳、販売職（冠婚葬祭互助会営業職）（パート、7 年）	

聞き取り調査により筆者作成

（1）生育歴

　R子は1924（大正13）年、8 人きょうだいの 7 番目 4 女として生まれた。下に弟がいる末娘として育つ。父親は岐阜県出身で、新妻を伴い両親・弟妹とともに北海道上川地方の最北にあるN村（当時）に明治末に移住し、K地区で御料地の貸付を受けて一家入植した[8]。R子が小学生の頃には、祖父母や叔父・叔母は別居し、父親は薄荷の栽培を行う傍ら、村会議員や教育長を務める村のリーダーであった。母親は農作業に出るほか、家事の一切を仕切っていた。後に、祖父の農地と父の農地をそれぞれ継いだ次男と長男を除いて全員が家を離れ、上の姉たちは農家に嫁いでいない。第 1 子であった長姉は大阪の商家に嫁ぐが、農作業の手伝いで学校にも満足に行けなかったという。2 番目の姉と 3 番目の姉は女学校には進学せず農作業を担い、近隣の村の時計店主、大工にそれぞれ嫁いだ。R子は、農作業の手伝いはしたが、末娘だったので中心的な働き手とはならなかった。高等科卒業後、村立の青年学校で裁縫を習い、その後は 2 番目の姉の家から裁縫や編み物を習いに行っていた。R子は家にとどまらず、すぐ上の 2 人の姉とも違う一歩を踏み出す。

（2）結婚前の職歴

①【R1】事務職；電話交換手（1年）

　R子は、19歳のとき国鉄で働き始める。太平洋戦争が始まり、家にいると勤報隊[9]にとられ、鉄砲の弾を作る工場に送られるとの話を耳にして、就職することにした。2番目の姉の夫が音威子府の駅長に頼み、お膳立てをしてくれた。R子は試験を受けて駅手に採用され、電話交換手となる。寄宿舎住まいであった。当時は女子職員が20人くらいいて、機関士や車掌の寮の部屋割りの張り出しや会議のお茶出しもしていた。1年近く働いた頃、職場の機関士から道北のT村（当時）に在住する彼の義弟との見合い話が起こり、戦争末期でソ連が攻めてくるかもしれないという噂が立つ緊迫した時代状況のなか、結婚を決める。仕事を辞めるつもりはなかったが、姉から話を聞いた父親がさっさと辞める手続をしてしまっていた。R子は電話交換手を辞める時点で、職場での将来像を思い描くまでには至っていない。

（3）結婚後の職歴1（夫の定年退職まで）

①【R2】販売職；保険外交員（6年）

　こうして、R子は終戦の1年前に20歳で嫁ぐ。夫は運送会社に勤務する事務員であった。R子は、終戦直後の物資が乏しい時代に、1日かけて夫と一緒に海水を煮詰め、作った塩を物と交換したことはあるが、勤めに出ることはなく、家で家事と育児をこなしていた。R子夫婦は、結婚直後、兄夫婦のいる実家に寄宿していた。その後、社宅に移るが、兄夫婦が転勤で実家を離れた後に戻り、再び親と同居する。R子は、夫の親から「うちのママは家でぶらぶらしている。」と言われ、釈然としない思いでいた。当時、近所の家の主婦は、多くが外で働いていた。夫の親は、嫁が家にいるのを当然とは思っていなかったことになる。

　1957（昭和32）年のある日、就職の話が来る。保険会社で外交員募集にあたっていた夫の元上司が、夫を通して「奥さんはどうか？」と打診してきた。5人目の子どもである三男を出産後、1年が過ぎていた。すぐ上の次男は義母がみていたが、年子で生まれた末子の面倒を義父が「自分がみる。」と言ってくれた。同居の親の協力を得て、R子は仕事に就くことにした。それでも初職から10年以上の空白期間があった。この頃、夫は係長職にあったが、R子は会社の家族

会会長に選ばれ、乳飲み子の三男を連れて会議に出ていた。

　保険の外交員という仕事を引き受けたのには、理由があった。職歴とはいえないが、結婚後、本人なりに日銭を稼ぐ道を探っていた時期があった。一つは飴作りであるが、これは客に出すなど自家消費で終わる。次に、町内の同年代の主婦が内職でやっていた薬草採りに出てみたが、1日で疲労困憊して寝込み、肉体労働は自分に向かないと悟る。もちかけられたセールスという仕事は頭を使い、口で物を売る仕事なので、自分にできるかもしれないという感触があった。2年後に夫が転勤のない仕事に転職したことも幸いして、R子は保険外交員の仕事を6年近く続けることになる。下の2人の子どもが少し大きくなってからは、保育所も利用した。成績も上がり、仕事が面白くなってきた頃、舅が亡くなる。小学校に入ったばかりの末の息子は、学校から帰ると、母親を探して歩くようになった。それを知り、子どもになにかあると取り返しがつかないと、R子は仕事を辞めることにした。

②【R3】販売職；化粧品訪問販売員（10年）

　その数か月後、保険の外交員を辞めたという話を聞いて、化粧品セールスの仕事を勧めに来た人がいた。役場の課長の奥さんであった。隣町から嫁ぎ、P化粧品の出張所を開設するという[10]。同じ販売職で、仕事の面白さがわかってきていたので、引き受けることにする。保険のように遠方まで出かけなくてもよかった。R子は、この高級化粧品の訪問販売の仕事を10年間続けた。セールスの仕事は、時間的な自由はあるものの、歩合制のため収入が安定しなかった。保険の仕事では社会保険がついたが、化粧品販売では売り上げがない月に国民年金の保険料が納められなかった。化粧品のセールスを始めて2年目に、夫が専務理事に昇進するが、ボーナスのない給与となり、つけをボーナスで一括返済してきたR子には家計のやりくりがしにくくなった。その3年後、長女の大学進学で仕送りが必要となる。そのため、R子はまとまった収入が得られるフルタイムの仕事に就きたいと考えるようになった。しかし、すぐには動けず、別の道を探るのは、その5年後に姑を看取ってからである。

③【R4・R5】販売職；土地ブローカー（3か月）、事務職；事務員（11日）

　そういう時、保険の外交員をしていたからと、近所の人から土地ブローカーの仕事の話が入る。化粧品セールスの傍ら試しに3か月動いてみたが、近所の

人のように成果は上がらず、辞めることにした。その後、R子は貼り紙で募集のあった土建会社の事務員として働き始めた。ところが、勤めて11日目に、事務所にヤクザが来て社長の前で凄んでいった。間近で見ていて恐ろしくなり、翌日辞表を出す。給料はもらわず終いだった。

④【R6】サービス職；道路改良事業所賄い人（9年）

　まもなくして、新たな仕事の口がみつかる。土建会社の近くに北海道開発局の道路改良事業所があり、外交員時代の同僚が賄い主任として勤めていた。R子は、時々化粧品の営業で寄って話をしていた。土建会社を辞めた直後に訪れたところ、「賄い助手の空きができるので一緒に働かないか？」と誘われる。仕事を探していたR子にしてみると、願ってもない話であった。所長面接を経て、採用となる。ところが、3か月後、その主任が辞めることになり、R子は思いがけず主任になる。そのため、1年目はどのように仕事をしたらよいかわからず悩むが、2年目にはやり方をつかみ、なんとか続けることができた。非常勤職であったが、社会保険がつき、時給も毎年上がっていった。夫の定年退職に合わせて辞めるまで9年勤めることになる。

（4）結婚後の職歴2（夫の定年退職後）

①【R7】販売職；催事のアルバイト（7〜10日・5年）

　退職後、子どもがいる札幌に転居する。2年が過ぎ、新しい土地での生活に慣れた頃、R子は小遣い稼ぎに新聞広告で募集していた毛皮や呉服の催事のアルバイトを始めた。期間は1週間から10日ほどである。5年して別の仕事に転じる。

②【R8】販売職；冠婚葬祭互助会営業職（7年）

　65歳の時、新聞広告に出ていたH冠婚葬祭互助会の営業の仕事（パート職、フルタイム）に就く。保険外交員の経験を生かし、72歳まで7年間勤めた。

4　R子の職業への適応プロセス

　R子にとって、ブランクを経ての再就職は、仕切り直しのスタートとなった。販売職で16年働いた後に、サービス職の世界に足を踏み入れ、収入面での安定

を得た。最後は、再び販売職に戻っている。ここでは、安定期を迎えることができた、それらの仕事に焦点をあてる。

（1）保険外交員（6年）

　R子は保険の外交員を6年近く継続するが、保険の契約を取るのはそれほど簡単ではなかった。話を聞いてくれる人を探し、本人や家族に合った保険を勧めて契約してもらわなければならなかった。T村（のちにH町）に嫁いで13年が過ぎていた。田辺家（仮名）の嫁を名乗り、夫の親の知人や姻戚を頼って契約を取りに歩いた。遠方へは自転車に乗り、また鉄道を利用して他の町村にもでかけた。とくに、夫の姉夫婦は協力を惜しまず、家に「N生命特約店」の看板を掲げてくれた。姉夫婦は近くのS村K地区に住み、1か月に1回は実家に来て泊まっていった。R子にとっては夫との縁結びをしてくれた人たちである。この頃、義兄は国鉄を辞めてK地区にあるF炭鉱に入り、石炭を駅まで運搬する貨物列車の運転をしていた。義兄が同僚に保険を勧め、義姉が紹介相手の家に案内してくれた。炭鉱夫は、給料はよいが、危険が伴う命がけの仕事であった。そのため、保険の勧誘に応じてもらえる可能性があった。始めて2年ほどして、R子の夫はH町での定住を決め、林業関係の協同組合へ転職した。転勤により親との別居で二竈（ふたかまど）となるのを避けるためであった。夫が運送会社にいて出世含みの転勤で動くことになれば、R子はこれまで通り仕事を続けることができなかったかもしれない。

　この仕事に就いて5年くらいして、R子は管内1位の営業成績を上げ、「横綱賞」をもらう。冬の間、朝の飯炊きを引き受け、嫁を支えてきた義父は、賞状を額に入れて飾ってくれた。R子は働いたお金で、台所の建具をガラス張りの引き戸に入れ替え、茶箪笥（ちゃだんす）、洋箪笥など家具を新調した。夏もストーブで調理していたが、不便なのでプロパンガスに切り替えた。テレビを月賦で買った後は、洗濯機を購入する。家電製品が次々に発売される時代に、自分の働き分を加えて、暮らしの調度品をそろえていった。

（2）化粧品訪問販売員（10年）

　保険の外交に続いて化粧品のセールスを始めたときも、同様に、客を探す必

要があった。高級化粧品は値がはるので、夫の前の会社の家族会のつてを頼ることはできなかった。会社経営者や校長先生の奥さん、あるいは学校の先生に勧めて購入してもらった。夫に銀行の支店長のお宅を紹介してもらったこともある。和裁の内職をしていた義姉も買ってくれた。一度売ると、次に買ってもらうまで時間がかかるため、新たな顧客を探さなければならなかった。次第に、町でだれが買ってくれそうなのか見当がつくようになり、この仕事でも、5年後には管内で1位の成績を上げることができた。化粧品のセールスの仕事は、39歳から48歳まで10年続けた。化粧品のカタカナ名はエプロンのポケットにメモを入れ、家事の合間に覚えていった。保険ほど出歩くことはなかった。売り上げゼロの月もあり、国民年金の保険料を納められたのは、働いた年数の半分にあたる5年ほどになる。

（3）賄い人（9年）

　R子は49歳になる年、新たに賄い人の道に入り、助手となる。道路改良事業所には、6、7人の職員が5日勤務で寝泊まりしていた。賄い人の勤務時間は、職員（朝8時半）よりも早出で、朝7時から夕方5時であった。賄い助手は、掃除や風呂の用意、調理の手伝いや配膳、洗い物の担当であるが、主任の指示に従えばよかった。

　ところが、仕事に就いて3か月後に、R子は前任者に代わって賄い主任となった。主任は、献立、買物、調理など、食事作り全般の責任を担い、助手に指示を出す立場にあった。家庭料理の賄いとはいっても、自分の家で料理を作るのとは訳が違い、品数も多く、また好みの味が人により違うので、気を遣った。販売職と違い研修があるわけではなく、ひとりで対応しなければならず、1年目は試行錯誤の連続であった。「続けられそうもない。」と、夫に毎日愚痴をこぼしていた。夫は出張で旭川や札幌へ出るたびに、料理の本を買ってきてくれた。冬期は事業所が閉鎖になり、1月から3月の失業期間を充電の期間として、本を見ながら料理の献立や盛り付けを研究した。食事は楽しみとなるため、下手な料理は出せないという気持ちもあった。味付けは誰にでも合う平均を心がけた。また、1人1日いくらと、予算内で朝昼晩の食費を配分しなければならなかった。事業所毎の統計が取られるため、「安く、おいしく、栄養がある」が、

目標となった。そして、2年目になると、戸惑うことは少なくなってきた。その年の11月には、1人当たりの食費が最も低い事業所に選ばれる。

　勤めて3年目の秋に、出産を控えた次女の世話をするため、10日ほど休暇を取って札幌に出かけた。すると、所長から「いつ戻るのか？」と毎日のように催促の電話が入るようになった。賄い助手の作る料理ではやりきれないという不満が職員から上がり、困り果てて電話してきたらしい。帰ると、賄い助手も「もう辞めたくなった。」と弱音をはいていた。

　R子は、1973年5月13日（48歳）から1981年10月1日（57歳）までの「人事異動通知書」を大事に取っていた。そこには賃金日額が記されている。辞令交付の年度当初だけでなく、年度途中に1、2度改定がなされることもあった。初年度の賃金日額2,310円は、契約が更新されるたび上がり、最後は4,760円と2.06倍になった。賄い人は勤務に早出があることから、日額1/8×1.5の割り増しがついた。辞めた年の月収は15万円、手取り13万円になる。前任者は所長との交渉で5年後に正職員になったと聞いていたが、R子は自分からは言いだせなかった。

　勤めて2年目に、次男が一浪して国立大学に進学し、その翌年には三男も札幌の専門学校に入学した。その1年後に住宅を新築する。そのため、住宅ローン返済の最初の3年間は、支払いをした後の夫の給料の手取りが11万円くらいしか残らなかった。共働きでやりくりしても、当時は手元に現金がなく心細い状態であった。三男に続いて次男が就職するのは、この仕事を辞める4年前である。R子がフルタイムで働くことで出費が多い時期を乗り切ったといえる。

（4）冠婚葬祭互助会営業職（7年）

　札幌に転居後2年ほどして、R子は、毛皮や呉服の展示会の仕事を始め、5年続けた。もっとよい仕事をと探してみつけたのが、H冠婚葬祭互助会の営業職であった。初めは何名かが組になり車で団地に入る戸別訪問に連れて行かれたが、飛び込みではほとんど契約が取れなかった。そのため、個人で動くことにした。R子夫婦は札幌に出て2年目に団地に移り、老人クラブや趣味の会への参加を通して交友関係を広げていた。保険のセールスをしていたときのように、近隣地区で商売をしていたという団地の知人に依頼し、幅広い交際範囲の中か

ら契約してもらえそうな人を紹介してもらった。5年くらいして、グループで
トップの成績を上げるまでになるが、収入は月7、8万円ほどであった。それ
でも、契約を思うように取れない同僚からは、「自分たちは日焼けして動き回
っているのに」と妬まれた。途中怪我や病気で中断したこともあるが、この仕
事は辞めなかった。収入はわずかでも働くことが楽しみになっていた。

5　M子の就業経歴を辿る

　M子の職歴形成のパターンは、転職を繰り返しながらの就業継続型といえる。
中卒で仕事に就き、学業との両立を果たすが、その後も数度の結婚と離婚によ
り生活基盤が変化し、いずれの時期にも働かざるを得ない事情があった。未婚
時代は歯科助手や事務員で働き、結婚後はサービス職や販売職に転じている。
M子の職歴が複雑にみえるのは、職業移動で職種が一貫せず、以前に経験した
職種に戻る場合や未経験の職種に就く場合があるためである。一時的な仕事に
よるだけでなく、正社員の職や安定期に入った仕事を続けられなくなり、転職
のサイクルが生じている。以下、M子の職業移動のプロセスを辿ることにしよ
う（表4-2）。

（1）生育歴

　M子は1951（昭和26）年、北海道北東部にあるH町で生まれた。父親が事務
職のサラリーマン家庭で育つ。一番上の兄が1歳で亡くなっているので、実質
的には姉と2人の弟の4人きょうだいであった。父方の祖父母が同居していた。
M子が小学校に上がる前に、母親は保険の外交員として働き始め、M子が小学
6年生になってからは化粧品のセールスをしていた。

　M子は中学1年の秋に、転倒して頭を打ち意識不明となるが、札幌の大学病
院で治療を受け奇跡的に回復する。しかし、その後遺症か疲れやすく、家で机
に向かう余力がなかった。そのため、高校受験に失敗してしまう。M子のきょ
うだいは、3人とも地元の高校を卒業し、姉とすぐ下の弟が国立大学に、一番
下の弟も専門学校に進学している。M子は、中学を卒業した年の後半から職業
生活に入るが、地元の高校に入れなかったことが、後の人生行路に微妙な影響

表4-2　M子の職歴年表（下線は、職務継続期間3年以上）

職歴	摘要
M1　1967-1969年⇒15歳～17歳、歯科助手（1年6か月）	
M2　1969年⇒17歳、（札幌市転入）歯科助手（6か月）	
M3　1969-1972年⇒17歳～20歳、社会保険事務所・事務職（臨時、2年7か月）	
M4　1972-1973年⇒20歳～21歳、国鉄・書記（臨時、1年）	
M5　1973-1975年⇒21歳～23歳、K倉庫会社・事務職（正社員、2年1か月）	結婚（23）
M6　1975年⇒23歳、タクシー会社・事務員（臨時、4か月）	
M7　1975-1976年⇒23歳～24歳、パチンコ店・ホール係（正社員、1年）	出産（23）
M8　1976年⇒24歳～25歳、（N市転入）ホテル従業員（正社員、5か月）	
M9　1977年⇒25歳、（札幌市転入）レストラン従業員（パート、2か月）	
M10　1977年⇒25歳、（出稼ぎ）ホテル従業員（臨時、5か月）	
M11　1977年⇒25歳～26歳、カメラ店・店員（パート、3か月）	離婚（26）
M12　1978-1979年⇒26歳～27歳、（K町転入）弘済会研修施設・客室係（正社員、1年）	
M13　1979-1981年⇒27歳～29歳、（札幌市転入）D薬品・販売員（正社員、2年4か月）	長女を引き取る（28）
M14　1981-1982年⇒29歳～30歳、大学図書室・司書補助事務員（臨時、6か月）	
M15　1982年⇒30歳、書店・店員（レジ係）（臨時、2か月）	再婚（30）
M16　1982年⇒30歳、デパート・店員（手袋売り場）（臨時、2か月）	
M17　1982-1999年⇒30歳～47歳、飲食店・家族従業員（16年）	
M18　1993-1998年⇒42歳～46歳、T生命保険会社・保険外交員（正社員、4年）	ダブルワーク
M19　1998-1999年⇒46歳～47歳、S生命保険会社・保険外交員（正社員、1年3か月）	〃
M20　1999-2001年⇒47歳～49歳、（N市転入）ホテル従業員 （臨時1年2か月、正社員6か月）	再離婚（48）
M21　2002年⇒50歳、E宝石店・店員、（パート、6か月）	再々婚（50）
M22　2002-2005年⇒51歳～53歳、S生命保険会社・保険外交員（正社員、2年3か月）	長女結婚（56）
M23　2005-2007年⇒53歳～56歳、A宝石店・店員（正社員、2年8か月）	長女第1子出産（56）
M24　2008-2009年⇒56歳～57歳、デパート・店員（皮革衣料品売り場・店長）（派遣、1年）	
M25　2009年⇒57歳、惣菜製造工（派遣・パート、3か月）	長女第2子出産（58）
M26　2009-2010年⇒57歳～58歳、惣菜製造工（直雇い・パート、9か月）	
M27　2010-2013年⇒58歳～61歳、Y電器店・店員（マッサージ機器） （直雇い・パート、2年10か月）	
M28　2013-2018年⇒61歳～66歳、K電器店・店員（生活家電）（派遣、5年5か月）	再々離婚（66）
M29　2018-2019年⇒66歳～67歳、（B町転入）＜農業手伝い/無報酬＞8か月	
M30　2019-2022年⇒67歳～70歳、（出稼ぎ）湾岸整備工事会社・船舶賄い人 （派遣、3年1か月）	

聞き取り調査により筆者作成

を及ぼすことになる。

(2) 結婚前の職歴
① 【M1・M2】 サービス職；歯科助手 （２年）

　M子の職歴は、歯科助手から始まる。中学卒業後、手に職を付けるのがよいという祖母の計らいで裁縫を習うため、和裁の仕立てをしていた伯母の家にだされた。しかし、本人は和裁にそれほど興味を示さず、合間に中学で使った数学の教科書を開いて問題を解いていた。そのため、実家に帰されることになる。洋裁所に通い始めたところ、M子が家に戻ったことを伝え聞いた同級生の親から、「新規に開業する歯科診療所の助手に来てもらえないか？」と打診される。親も賛成して、勤め始めた。診療所には１日80人ぐらいが訪れたが、これをこなせるほど体力が回復してきていた。詰め物のアマルガムを用意する仕事にも、即時に判断できるほど慣れていった。その働きぶりが認められ、給料は毎月1,000円ずつ上がった。父親の勧めもあって、翌年、通信制高校に入学する。休みには、スクーリングで旭川まで出なければならず、帰りが遅くなるので大変であった。１年６か月後、大学に進学した姉を追って、市内にスクーリング校がある札幌に出ることにした。新聞広告で勤め先を探し、歯科助手として６か月働く。

② 【M3・M4・M5】 事務職；社会保険事務所、国鉄、K倉庫 （５年８か月）

　歯科助手は立ち仕事であった。父親が知人に頼み、社会保険事務所の事務職（臨時）に転じる。事務所では、途中から納付書を打ち込む機械係になる。２年７か月働くが、受験準備の休みを取ろうとした矢先、新しい機械の研修が入ることになった。研修を受けなければ戻っても仕事に支障がでると考え、辞めることにした。

　私立大学経済学部夜間部への入学が決まる。元の職場の同僚を介して国鉄の書記（臨時）となった。職場で銀行職員と友達になり、１年後、民間会社の正社員の職を紹介してもらう。小樽に本社がある倉庫業の会社であった。２年ほど働くが、この頃、M子は大学での勉強が難しくなり、勉強時間が取れないまま学業を続けることが苦痛となってきていた。親の反対を押し切り、大学３年で中退して結婚する道を選ぶ。仕事はそのまま続けたかったが、1975年当時は

結婚退職慣行があり、本社では結婚した女子社員はみな寿退社していた。M子のいた支社では、出産までなら働けるといわれたが、仕事を続けられないので退職する。結婚退職制や女子30歳あるいは45歳定年制への女性労働者からの異議申し立てが、裁判闘争になる時代であった（大脇・中野・林、1996：204-228, 337-339）。

（3）結婚後の職歴

①【M6】事務職；タクシー会社事務員（4か月）

　M子は結婚後も働き続けた。夫の収入では余裕がなかったからである。近所にあったタクシー会社の貼り紙を見て事務員（臨時）に応募するが、職場は遠方であった。バスを乗り継いでの通勤は、妊娠後はつらく、4か月で辞めることになる。

②【M7・M8】サービス職；パチンコ店ホール係（1年）、ホテル客室係（5か月）

　夫とは大学で出会った。印刷会社の事務員であった夫は、低血圧で朝起きられず、度重なる遅刻で勤務態度不良となり解雇されてしまう。蓄えがないため、夫婦が住み込みで働ける職場を新聞広告で探し、新規開店のパチンコ店でホール係（正社員）となった。M子は出産直前まで働いたが、子どもが生まれてすぐに結石で一時入院している。1年後、新聞広告でPホテルの正社員の仕事を見つけ、N市に転出する。M子は客室係、夫はフロント係に配属された。子どもを預ける先がなく、夫の母親に来てもらうが、その後の見通しが立たず、5か月働いて札幌に戻る。

③【M9】サービス職；レストラン従業員（2か月）

　N市で運転免許を取得した夫は、大手飲料メーカーの配送の仕事に就くことになった。M子はアルバイト情報誌で探し、レストランの従業員（臨時）となる。ウェイトレスのほか、パンの販売コーナーも担当した。子どもを預ける先が見つからず、再び、夫の母親に来てもらった。

④【M10】サービス職；ホテル客室係（5か月）

　ところが、夫が帰省中に交通事故を起こし、示談金を払わなければならなくなる。その金を作るため、M子は、夫の母親と一緒に、子どもを連れてA市のホテルに出稼ぎに出ることにした。義母は、慣れない皿洗いの仕事で血圧が上

がり1か月で戻るが、M子は客室係（臨時）として5か月働く。最後は、職場の保育園に預けていた子どもが下痢で体調を崩したのをみて、辞めることにした。

⑤【M11】販売職；カメラ店店員（3か月）

M子は戻ってから、カメラ店で店員（パート職）として働き始める。近所に住むようになったパチンコ店時代の元同僚が紹介してくれた。子どもは元同僚の妻に預かってもらう。

示談金の件は片付いたが、そのことが発端で夫婦関係がぎくしゃくするようになり、離婚に至る。M子の父親の提案で、子どもは夫に引き取ってもらう。

（4）離婚後の職歴

①【M12】サービス職；研修寮客室係（1年）

M子は、一旦は実家に戻るが、1か月ほどして結婚前の職場（国鉄）の上司に紹介してもらい、K町にある弘済会研修寮の客室係（正社員）となった。

②【M13】販売職；薬局販売員（2年4か月）

1年後、札幌に戻る。社会保険事務所時代の同僚の紹介で、道庁に入っていたD薬品の販売員（正社員）として働き始める。途中で、前夫の実家に預けられていた5歳の子どもを引き取っている。以前子どもをみてくれていた元同僚の妻が、先夫の実家に電話して子どもの様子を聞き出し、養子に出す話がでていると教えてくれた。子どもを保育所に入れる手続をし、家庭裁判所に養育費の申し立てをして書類を作成してもらうが、前夫からの振込は一度もなかった。その後、店の客が見合いを勧め、再婚が決まる。ところが、その頃、M子が別の薬品会社へ移籍するという噂話から、主任（女性）との折り合いが悪くなる。客に食ってかかることがあった物言いの主任からにらまれ、移籍の話は具体化していなかったが、職場を去らざるを得なくなる。

③【M14】事務職；大学図書室事務員（6か月）

失業したとき、姉から知人が大学図書室で司書を補助する事務員を探していると聞いて、紹介してもらった。6か月の臨時勤めであった。このとき、会計掛から、職歴よりも学歴をもとに計算した賃金が高いと言われ、学歴の重さを知ることになる。大学3年で中退したM子の学歴は、教育年数で測ると短大卒にあたる。戦後教育世代（1946〜55年生まれ）の女子では、短大・高専卒は15%、

大学・大学院卒は7％である（広田、1989：12）。

（5）再婚後の職歴

①【M15・M16】販売職；書店店員（2か月）、デパート店員（2か月）

M子は再婚してからも、生活費の足しにと、臨時で募集のあった駅前のW書店の店員（レジ係）と、Pデパートの店員（手袋売り場）を2か月ずつ続けた。

②【M17】サービス職；飲食物給仕従事者（16年）

30歳で再婚した相手は、調理師であった。飲食店を開くことになり、その年の11月からM子は家族従業員として働き始める。離婚するまでの16年間、配膳やレジ係、電話での応対、配達、食器洗いなどをこなしてきた。これが、M子の最長職となる。

③【M18・M19】販売職；保険外交員（ダブルワーク）（5年3か月）

10年後、店は軌道に乗ってきていたが、M子は、保険会社に勤務する店の客に勧められ、42歳で保険外交員（正社員）として働き始める[11]。日中は保険の仕事、夕方からは店の手伝いのダブルワークになった。M子には働かなければならない理由があった。開店当初は無休で働いていたので問題にならなかったが、休みがとれるようになると夫のギャンブル好きの性癖が表面化し、お金を持ち出すため、店の米代や家賃の支払いに困る状態が生じていた。親戚から借金をしてしのいでいたが、その返済もできなくなっていった。最初のT生命には4年、S生命には1年3か月勤めた。しかし、M子が働いても状況はあまり改善しなかった。M子はストレスから二度入院しているが、入院中にも夫が金をせびりにきていた。最後には、夫は「店には来なくてよい。」と言い放って居場所を奪い、「保険金を受け取る通帳はどれだ？」と、M子を追い詰めていった。

（6）再離婚前後の職歴

①【M20】サービス職；ホテル客室係（1年8か月）

M子は逃げるように夫のもとを離れ、再びN市のMホテルで客室係として働くことにした。前半の1年2か月は季節雇いで働き、後半の6か月は社会保険がつく正社員にしてもらうが、日当は1万円から7,000円に下がった。

離婚は、家庭裁判所を通したが、調停委員は人当たりのいい夫の言い分を尊

重しているようにも感じられた。調停では相手が慰謝料を要求して話がまとまらず、最終的に双方が立てた弁護士同士の話し合いで決着した。その費用は父親が援助してくれた。父親がM子の荷物を取りに行こうとしたが、渡すと言っていた元夫は最後にそれを拒み、何一つ渡そうとはしなかった。

　こうして、二度目の離婚が成立するが、疲労困憊のM子は途中、帯状疱疹で入院している。離婚後もホテルで働くうち、高級料理が載るお膳を多数運ぶ仕事で筋肉疲労が極限に達し、腕が動かなくなってしまう。仕事を続けられなくなり、子どもがいる札幌に戻ることにした。

（7）再々婚後の職歴

　働く間、子どもに仕送りをしていたので、わずかな蓄えしかなかった。娘の勧めで、結婚紹介所を通して結婚することになる。相手は、一級建築士の資格をもつ設計技師であった。50歳で結婚して半年、M子は専業主婦となり、家事をする傍ら病院に通い体力をとりもどしていく。

①【M21】販売職；宝石店店員（6か月）

　夫の勧めもあり、M子はその年、新聞広告に出ていたE宝石店のパート店員として働き始めた。

②【M22】販売職；保険外交員（2年3か月）

　6か月後、再離婚前に勤めていたS生命の保険外交員（正社員）の仕事を再開する。しかし、4、5年の間に給与体系が変わり、同じ成績を上げても、前ほどもらえなかった[12]。そのため、転職することにした。

③【M23】販売職；宝石店店員（2年8か月）

　新聞広告で募集のあったA宝石店で、店員（正社員）として採用される。53歳で入社したM子は、仕事に慣れると主任となり、100名近い新入社員の教育を任された。収入も固定給と歩合給をあわせ25万円ほどで安定していた。ところが、会社が倒産し、この職場で定年まで働きたいと思っていた夢は潰えることになる。M子の職歴では珍しく、失業後3か月間、雇用保険を受けることのできた仕事であった。

④【M24】販売職；デパート店員（1年）

　ハローワークから紹介され、M子は、Mデパート皮革衣料品売り場の仕事を

得た。派遣の1年契約で、手取り15万円ほどの給与に社会保険がついた。2名の店員を使う店長職として採用された[13]。レジの研修を受け臨むが、客集めに奔走する、責任の重い仕事となる。

⑤【M25】製造工；惣菜製造工（3か月）

　1人目の孫が誕生した後、5か月くらい仕事を休み、産後体調を崩した娘に代わって家族の世話をしていた。ところが、途中で夫が失踪し、M子は一時子どもの家で暮らす。離婚も考えたが、夫が戻り、やり直すことになった。

　57歳の夏からパート職で働き始める。アルバイト情報誌に載っていたA食品の加工工場で、惣菜の製造工となった。1日8時間拘束（昼休み1時間）の週6日勤務である。工場で働くのは初めてであった。単純作業とはいえ、配属された巾着(きんちゃく)製造のラインではスピードが要求された。上役がストップウォッチで時間を計り、遅い人は首になっていた。無理を重ねるうち腱鞘炎(けんしょうえん)になり、3か月しか働けなかった。マイクロバスの送迎付きも、10人ともなると時間がかかり、朝は5時半に出て帰宅は早ければ午後7時半、ときには8時、9時のこともあった。手取りは8万3,000円にしかならなかった。

⑥【M26】製造工；コンビニ直営工場・惣菜製造工（9か月）

　続けて、情報誌で近所の職場を探し、コンビニ直営工場の直雇いパートとなる。サラダを計量する仕事であった。前と同じく、フルタイム、週6日の勤務で働く。家が近い人には残業がふられ、M子もすぐには帰れなかった。手取りは14万ほどになったが、生鮮食品を扱う職場は肌寒く、髪や服にタマネギの匂いが染みつくのには閉口した。また、前の職場同様、人の入れ替わりが激しく、友達ができなかった。当時、娘が2人目を懐妊していたため、休みに家事を手伝っていた。下の孫が誕生して数か月後に中耳炎になり、娘に病院の付き添いを頼まれるが、職場の主任がスケジュール調整を拒み、個人的対応も難しかったため休みが取れず、辞めることになる。

⑦【M27】販売職；電器店店員（2年10か月）

　同年、M子は派遣に登録して、大手Y電器店の店員となった。午前10時から午後6時までの土日祝日勤務である。身分は医療器メーカー直雇いのパートで、マッサージ・チェアの販売担当であった。1台が20万円から50万円もする高額な商品であるが、月1台販売のノルマがあった。Y電器店では別の店舗への転

属があり、市内で3か所ほど変わった。60歳すぎの人は採用しないという会社
であったが、M子は61歳まで勤める。月8、9日出て、手取りは少ないときで
5万円、一番高い商品を売ったときには10万円と、幅があった。

　この頃、独居の母親の様子を見に行くほか、孫の世話でも時間がとられてい
たが、夫が心臓の手術で入院することになり、ノルマ負担があるため、仕事を
辞めることにした。

⑧【M28】販売職；電器店店員（5年5か月）

　翌年、派遣で登録して大手K電器店の店員となる。前の職場の同僚が紹介し
てくれた。冷蔵庫と洗濯機の担当となる。Hメーカーの販売責任者（男性）を
補佐する仕事であった。前と同様、土日祝日出勤である。家電販売の仕事は順
調で、61歳から66歳まで働く。手取りは、7、8万で、祭日が多い月は9万に
なった。

　終盤、離婚問題が生じる。夫は、精神疾患を抱え、人間関係をうまく取り結
べないところがあった。勤めては短期で失職を繰り返し、家賃の支払いに苦慮
した時期もあった。夫の年金がでるようになっても、それだけでは足りず、夫
の入院等の出費にも、M子のパートの稼ぎでなんとかつじつまをあわせていた。
ところが、夫は家計を管理するM子になんの相談もなく通帳を切り替え、年金
を自分で下ろせるよう手続した。そして、お金をビットコインの購入やパチン
コに使い始めた。M子はそれを知り、夫との生活を続ける気持ちが失せて、離
婚を決意する。子ども夫婦に立ち会いを頼み、離婚届の印を押してもらった。
荷物を引き取りに行くと、夫は、M子が職場から購入した冷蔵庫や洗濯機を、
自分が困ると言って渡してはくれなかった。

（8）再々離婚後の職歴

①【M29】農業手伝い（8か月）

②【M30】サービス職；船舶賄い人（3年1か月）

　その年の春、子ども夫婦は農業への転職を決め、B町で研修に入っていた。
離婚後、M子もB町への移住を決める。子ども夫婦の住まいの近くに家を借り
たが、それほど蓄えもなく、年金だけでは自活が難しかった。姉に援助を依頼
して、1年目は無給で子ども夫婦を手伝い、翌年から報酬をもらうことを期待

した。しかし、年が明け、子どもから「軌道に乗るまでは難しい。」と言われ、その思惑は外れてしまう。近所に勤め先がないため、M子は外に働きに出ることを決断し、7月、たまたま新聞広告にでていた船舶での賄いというフルタイムの仕事に応募する。65歳を超えていたが、採用予定者が辞退した直後の募集で、採用となる。身分は食材の供給会社の派遣で、給与は15万円ほどである。

　働いて3年が過ぎたある日、若い作業員から献立への不満が出て、M子の言い分にも納得する様子がなかったため、人間関係のトラブルを抱えたまま働きたくないと、職場を去ることにした。

6　M子の職業への適応プロセス

　M子は、事務職、サービス職、販売職のほか、製造工など幅広い職種を経験してきた。最長職を除くと、短期での転職が繰り返される働き方であった。ここでは現在職とともに、3年以上の安定期および正社員へのステップアップがみられる職種と転職のプロセスに着目して、M子の職業への適応プロセスをみていくことにしたい。

（1）事務職（6年6か月）
　初職はサービス職にあたる歯科助手であったが、その後、親の計らいで事務職に転じる。最初の社会保険事務所は2年7か月勤め、大学夜間部入学後に書記で入った国鉄にも1年勤めるが、いずれも臨時であった。国鉄で知り合った銀行職員から紹介され、小樽に本社のある倉庫業を営む民間会社に転職する。これまで大きな問題もなく仕事をこなしてきたが、正社員で採用された会社で壁にぶつかる。本社から飛ばされてきたといううわさの先輩（女性）が、仕事を教えてくれようとせず、困惑する。辞めることも考えたが、「辞めるのなら仕事を覚えてからにしなさい。」と課長からアドバイスされ、前任者が残した帳簿をみるうち、何をしたらよいかを自分で判断できるようになった。当時、大学の夜間部に通っていて残業ができなかったので、早めに仕事を片付けるよ

うにしていた。それを知った上司が、「残業しなくても間に合うように仕事を
しなさい。」と、他の社員に言い含め、残業なしの職場に変わっていった。現
場とのやりとりや資材の確認もできるようになった。先輩との人間関係も改善
された。2年ほど勤めたが、結婚するにあたり結婚退職慣行がある職場で辞め
ざるを得なくなる。M子は、結婚してすぐ臨時雇いの事務員となるが、悪阻の
ため4か月しか続かなかった。職場の事務員の大半が未婚で、自分は例外だと
感じる。再婚する前にも、大学図書室の事務員（臨時）として6か月勤めたが、
それ以後事務職からは遠ざかることになる。

（2）サービス職（25年9か月）

①ホテル等従業員（3年6か月）

　結婚後、夫の失業がきっかけでサービス職へ転職することになった。パチン
コ店やホテル等での住み込みという形での就業は、M子（と当時の夫）にとって、
緊急避難的、出稼ぎ的な意味を帯びる働き方であった。M子は最初の職場で客
室係となり、部屋食の給仕や客室の冷蔵庫のチェックのほか、ベッドメーキン
グと清掃も担当した。その後も、ホテルは、いざというときの就業先として登
場する。離婚前には、M子は、夫が起こした交通事故の示談金を工面するため、
別の観光地のホテルに働きに出ている。そして、離婚直後は、ホテルでの就労
経験を生かし、研修施設従業員として正社員で1年働く機会を得た。

　さらに20年後、再婚相手との関係が修復不能となり、M子は再びホテルを就
労先とする。客室係となるが、このホテルでの仕事は、部屋食や宴会、朝のバ
イキングでの給仕と客室の冷蔵庫のチェックに限られ、ベッドメーキングや部
屋の清掃は派遣の人に任されていた。宴会の準備では、仲間うちの連係プレー
があり、人間関係には気を遣った。M子は、お膳を運ぶ以外に、料理を皿に取
り分ける仕事を主任から任されるようになる。仕事の手順は頭に入っていたが、
大量のお膳を限られた時間で運ぶ肉体労働で腕が上がらなくなり、仕事を断念
する。正社員になって半年後、緊急避難先でもあった職場を後にする[14]。

②飲食物給仕従事者（16年2か月）

　M子は、20代半ばにパートで2か月と短期ではあったが、レストラン従業員
を経験していた。再婚後、夫と飲食店を始め、30代初めから40代半ばまでの16

年間、配膳だけでなく、電話の応対や配達、レジ係、洗い場の仕事などをこなしてきた。馴染みをつくるため、客の応対にも気を配った。M子は、なんとか店を維持したいとダブルワークまでこなしたが、店の経営責任者の自覚を失った夫には反省の色がなく、最後は離婚で家族だけでなく職場をも失うことになった。

③賄い人（3年1か月）

　最近まで就いていた船舶の賄いでは、飲食店の家族従業員の経歴が、作業員を統括する部長に気に入られ、採用となる。料理を得意と自任し、出稼ぎ型の就労を経験してきたM子には、この仕事に就く準備が整っていたともいえる。

　船の賄いは、途中自由時間はできるが、拘束が長いフルタイム勤務である。朝4時に起きて食事の支度をすることから始まる。朝食は6時、昼食は11時半、夕食は6時で、7〜9人の三食の支度をひとりで行う。前の料理人は男性であった。前任者の作ったメニューがあり、献立に頭を悩ますことはなかった。作り方がわからないときは、インターネットで検索してヒントを得た。これまでホテルや飲食店で働き、プロの料理の味つけや盛り付けの仕方など料理のセンスが身についてきていた。また、子ども夫婦宅で料理を担い、冷蔵庫にある材料から献立を考えるなど、臨機応変な対応ができるようになっていた。この仕事を始めてからは、献立をみて、朝食のボリュームが少ないとメニューに目玉焼きを追加し、そばを出すときには野菜の天ぷらを加え、野菜を食べやすいよう切って出すなど、相手に満足感が得られ、作る側としては残り物がでないように工夫していった。

　半年後、M子が休暇を取って子ども夫婦の手伝いに行くことになり、1か月代わりの賄い人を頼んでもらった。しかし、後で話を聞くと、その人はM子のようにはいかず、作業員はM子が戻ってくるのを心待ちにしていた。

　個室の掃除も担当するが、「前よりもきれいに掃除してある。」と、部長からは喜ばれた。ホテルの客室係の経験が生かされたともいえる。年度末には船舶の点検修理があり、1〜2か月陸に上がるオフの期間があるが、その直前にもM子は腰を痛めるほど念入りに床掃除をしている。丁寧な仕事ぶりを周りに認められてか、いつまでもここにいてほしいと言われるようになった。働けるうちは働こうという気持ちであったが、作業員の1人から「前の献立につ«てい

た一品がない。」と強い口調で繰り返し責められたことがきっかけとなり、船を降りることを決めた。

（3）販売職（23年1か月）

　M子は、転職の過程で、臨時やパートの仕事で間をつなぎながら、社会保険がつく条件のいい仕事に巡り合う機会を捉えてきた。それが、20代では事務員、ホテル等従業員、薬局販売員の5年10か月になる。家族従業員の30代にブランクが生じるものの、40代ではダブルワークの保険外交員とホテル従業員の5年9か月にあたり、50代も保険外交員、宝石店販売員とデパート・ブティック店長（派遣）で5年11か月に及ぶ。合計すると17年6か月になる。このうち、約8割を販売職が占める。

　販売職経験は幅広い領域に及ぶ。20代はカメラ店店員と薬局販売員、30代には書店レジ担当店員やデパート手袋売り場店員となるが、短期就労も多く、仕事内容も様々である。正社員となった薬局では、薬の種類と値段を覚え、のど飴の売り上げを伸ばすなど、仕事はできていたが、主任との関係が気まずくなり、2年4か月で職を手放すことになった。

　M子は、40代に始めた保険の外交員を50代でも再開し、合わせて7年6か月続けた。この頃から、販売職は、客が来るのを待つのではなく客を探す仕事となっていく。そして、客は既知の人だけでなく、会社や役所への訪問により未知の人にも対象を広げることができなければならなかった。M子は最初、1日100軒という地域の飛び込みでは保険契約をなかなか取れなかったが、外交員の増員に貢献し、支部長に評価されている。

　50代には、E宝石店にパート職で6か月勤めた後、A宝石店で正社員としての入社を果たす。主任となるが、新人研修のほか、各地で展示会を催して客を集める仕事があった。この仕事を定年まで続けるつもりでいたが、3年も経たないうちに会社は倒産し失業する。

　その後、ハローワークの紹介による派遣の1年契約で、デパートのブティック店長となる。ここでも売り上げ目標達成のため、電話や手紙で知人や親族、友人などに声をかけて、客集めをしなければならなかった。営業成績が心配で夜も寝られないときがあった。

　夫の年金受給が始まる50代後半からは、大手電器店での土日祝日勤務の仕事に入る。初めのマッサージ・チェアの販売では、月に１台のノルマが課せられていた。売れない月にはレポートを提出し、ゼロが続くと解雇される。M子は、２年10か月勤めたが、50万円のチェアを売って表彰される一方で、職場にとどまるため一度だけ自腹を切ったことがある。同じ階で働く同僚が購入して助けてくれたこともあった。

　60代初めに入った家電製品の売り場では、売り上げ達成の月間目標があった。家庭の必需家電は買い換えがあり、売れないことはなかった。近所の人や知人も、M子の値引き交渉に期待して来てくれた。担当するメーカーの部長から、「商品知識があれば売れる。」とアドバイスされ、冷蔵庫や洗濯機の性能についての知識を頭に入れ、他のメーカーの商品と比較して説明できるようにした。土日で200万円を売り上げ、イベント時期には声が嗄れるほど接客して、２日で500万円目標の達成に貢献していた。M子が担当してから普段の売り上げ状況が良いため、フェアは少なくなっていった。面白いほど成績を上げ、幾度も表彰された。店長から、「正社員にしてもいい。」と言われるほどであった。目標達成のため居残りしても残業代がでる訳ではなく、歩合制でもなかったが、職場に出ているといやなことも忘れる充実感があった。５年５か月の勤務となったが、仕事のやり甲斐がM子を支えていた。

7　働き方の女性モデル

　女性モデルにおいては、職歴の前半に正規職からの離脱と非正規職への参入が生じやすいとみられるが、中盤以降は正規職への参入が課題となる。以下では、職業移動のステップが職歴にどのような方向性を与えることになるのか探ってみたい。

（1）R子のケース；保険外交員からの再出発
　R子が13年のブランクを経て再就職したのは、1950年代後半である。当時、地方では短時間勤務の主婦パートのような仕事はなかった。誘いがかかった保険外交員は、フルタイムの正社員で社会保険がつく仕事であった。契約を取る

には朝から夕方まで営業に出なければならなかったが、R子はこの仕事を同居親と義理の姉夫婦の協力でこなすことができた。しかし、末子をみてくれていた舅の他界で支えを失い、辞めざるを得なくなる。

　次の訪問販売の化粧品セールスも正社員採用であった。社会保険はつかないが、裁量労働に近い働き方が可能であった。保険の外交員時代に比べ手取りは大幅に減ったが、仕事を始めてしばらくは営業に歩く時間を減らし、子どもが学校から帰る時間に家にいることができた。

　10年後、R子は収入の安定を求めてフルタイムの賄い職に転職する。公務員の臨時職であったが、早出や遅番の手当や社会保険がつき、契約が更新されるたび給与も上がった。R子を賄い人助手に招いた知人は、保険会社の元同僚で、化粧品営業の顧客であった。近隣町役場の助役であった夫を亡くし、女手一つで子どもを育てるため保険外交員から転職して賄い主任となっていた。R子は、自らの職歴が導く縁でその人の後釜となり、非正規職ではあるが、勤務条件という点ではステップアップの職業移動を果たす。

　R子は、夫の退職を機に生活地を大都市へと移した人生の第3ステージにおいて、65歳で冠婚葬祭会の営業職に就く。フルタイムのパート職であったが、この仕事を72歳まで続け得たのは、30代の保険外交員の経験があればこそであった。

　こうしてみるとき、保険外交員という仕事が、その後のR子の職歴を方向づけてきたことがわかる。この仕事を続けられない「子どもの問題」が生じるが、働く時間と手にする収入を減らして化粧品セールスという形で販売職を継続できた。やがて、収入の不安定を不満として転職願望が生じ、保険会社時代の職場縁に導かれ、収入アップの仕事を手にするに至った。最後に、保険外交員と似た仕事に就いたのは、小遣いを稼ぐためであったが、R子にとっては昔中断した仕事の再開と自己確認の機会となった。

（2）M子のケース；職歴半ばで保険外交員からのステップアップ

　M子は、50年余の職業人生で30の職場を経験してきた。同じ職場で働く終身雇用型や特定の職業を継続する職業一貫型ではなく、職場を渡り歩く転職型になる。飲食店家族従業員の16年を除くと、3年未満の職場が9割近くを占める。

　M子は、50代後半までは一貫してフルタイムで働いてきた。臨時職、パート職では、社会保険がつかない仕事がほとんどであったが[15]、常雇い、正社員でも同様の場合があった。前述したように、M子の人生の節目で、正社員あるいは派遣で社会保険がつく仕事への就業機会がなかった訳ではない。しかし、以下にみるように、そこからの離脱が生じ、同一職場での職歴形成に終止符が打たれてきた。

① 【M5】 結婚退職慣行による事務職からの退職（23歳）

　初めての正社員ポストであったが、結婚により継続できなくなる。その後、タクシー会社や大学で事務職に就く機会はあったが、正規のポストは巡ってこなかった。

② 【M13】 職場上司の嫌がらせによる薬局販売員からの退職（29歳）

　単なる噂であった移籍話がもとで主任との関係が気まずくなり、職場にいられなくなる。再婚前に母子世帯での生活を可能とした収入源を失うことになった。臨時の事務職を挟んで、M子は再婚後すぐ、書店とデパートで臨時の販売職に就くが、飲食店開業を控え、2か月ずつの短期に終わる。

③ 【M20】 最後は体を壊しホテル従業員を退職（49歳）

　M子にとって、ホテルは、緊急時の就労先であった。第1子出産の翌年に夫とともに正社員で採用されたが、子どもの保育施設がなく、5か月後に札幌に戻った（25歳）。離婚後まもなく研修施設の従業員となるが、別の仕事がみつかり、1年で戻る（27歳）。それから20年後、再離婚前に家を出てホテルの季節雇いとなる。1年2か月働き正社員になるが、6か月後、筋肉疲労で腕が上がらなくなり退職に至る。

④ 【M22】 保険外交員の報酬を不満としての退職（53歳）

　M子は飲食店の仕事の傍ら、42歳で保険外交員となった。離婚前に家を出るまで、二つの保険会社で5年3か月、この仕事を続けた。そして、再婚後に51歳で保険外交員の仕事に復帰する。前は給料がよかったが、戻ってみると、給与体系が変わり期待した額には届かなかった。2年3か月働くが、転職を決める。

⑤ 【M23】 宝石店倒産による失業（56歳）

　保険外交員を辞めたM子は、A宝石店で正社員として採用され、転職に成功する。保険外交員に戻る直前に、別の宝石店で6か月パート職にあった経歴も

プラスとなった。M子はこの会社で主任となり、新人研修など、やり甲斐のある仕事を任されるようになった。定年まで働きたいと考えていたが、入社して2年8か月後、会社は倒産し、M子は失業者となる。この時は立ち上がれないと思うほどのショックを受けた。雇用保険を受給後、ハローワークから、デパート・ブティック店長の仕事を紹介され、気を取り直して職場へ向かう。1年契約の派遣の仕事は責任が重く、その後志望していない。

　このように、M子にとって、同じ仕事を継続できる正規職への職場移動はきわめて難しい状況であった。しかし、ホテル従業員と保険外交員では、例外的に復帰が可能となった。さらに、「報酬を不満」として保険外交員から離脱後、M子が定年まで働きたいと願った宝石店正規職への移動が実現する。正規職への転職という点で、M子の職歴半ばにおける保険外交員のキャリアは、ステップアップへの重要な布石となったとみられる。だが、保険外交員を始めた時点では、そうした展開は予想されていない。M子は、飲食店の家族従業員の傍ら保険外交員となるが、それは夫の浪費が招いた生活資金の不足を補うためであった。離婚という人生の危機が目前に迫りつつあったM子にとって、これが再び販売職の世界に向かう新たな足がかりとなる。M子は保険外交員の仕事を離婚前に辞めるが、再婚後に復帰し、正規職への就業機会が狭まる40代、50代に保険外交員のキャリアを築くことができた。それが、次の正規職への道を拓いたと考えられる。こうして、母親とは道筋が異なるが、M子の職歴においても保険外交員は重要な位置を占めていた。次の局面では賄い人のポストが待ち受けることになる。

　50代後半であったM子には、これ以降、正規職に就く機会は訪れていない。職歴をつなぐためには、さらなる方向転換が必要であった。

① 【M25・M26】未経験の職種への参入（フルタイム・惣菜製造工）

　仕事がみつからず、M子は情報誌で探して惣菜加工の製造工となった。しかし、仕事はきつく、巾着製造の職場では、指先のすばやい動きが必要な作業を休みなく繰り返したため腱鞘炎になり、3か月でダウンする。次の職場では孫の付き添いをする休みが取れず、9か月で辞めることになった。どちらも人の入れ替わりが激しく、職場には馴染めなかった。

② 【M27・M28】パートタイム就労（土日祝日勤務・大手電器店販売職）

　夫が年金を受給するようになり、M子は働くペースを落とすことにした。大手電器店での派遣の仕事（土日祝日のパートタイム就労）に転じ、販売職に戻る。一つ目の職場では２年10か月、二つ目の職場では５年５か月とさらに長く勤めることができた。

③【M30】出稼ぎ就労（フルタイム・賄い人）

　その後、離婚がきっかけとなり、再びフルタイムの仕事を探すことになる。年金だけでは生活できず、すぐには娘夫婦に頼ることができなかったからである。派遣で船舶の賄い人となるが、ここに来て思いがけず、M子の最長職である飲食店やホテルでの勤務経験が生きることになった。芸は身を助けるというが、多様な職業経験が生きる術を与えていた。M子は、住み込みという自由が制限される生活を３年余り続けた。人間関係を含め、仕事はうまくこなしていた。しかし最後は、主任に話を通していた献立に口出しされ、仕事の裁量権が揺るがされることになった。高圧的な態度での要求に屈することを潔しとせず、職場を去ることになる。

（3）女性の年金額に反映される就業経歴

　現代において、年金は各人の職歴の一種の評価表となりうる。高齢期の女性の収入は、年金を含めても配偶者の３分の１の低さである（国立女性教育会館・伊藤、2012：100）。年金額にはこれまでの報酬や年金の種類が反映するが、そればかりではない。実際に年金を掛けた期間が受給資格を左右する。意外にも思えるが、R子とM子の年金を掛けた期間は、25年に届かなかった。仕事の中断や収入に波がある女性にとって、年金受給までの道は遠いといわなければならない。

　R子は58歳まで比較的安定した就業生活を送ってきた。しかし、化粧品セールス時代は半分しか年金を納められなかった。役所の職員の助言で、５年の不足分を夫から分けてもらう。だが、その大部分を自分が働いて掛けたという自負から、「年金の５万円は自分の小遣いとして使いたい。」と主張し、「よそでは夫婦の年金を合わせて生活費にしている。」という夫の言葉を退けた。R子は離婚せずに老後を迎え、夫亡き後、遺族年金を頼りに１人暮らしに入ることができた。

　M子は、年金の資格期間を10年とする法改正により、滑り込みセーフで65歳からの受給資格を得た[16]。16歳になる年からフルタイムで働いてきたが、臨時やパート職も多く、さらに最長職の家族従業員でも年金を納められない時期があったことから、M子の年金も５万円ほどである。本人は「厚生年金を掛けた時期があってよかった。」と振り返る。だが、離婚後、働かなければ生活が成り立たない状況にある。仕事を自尊心の証として、自立を求めるM子の挑戦は70歳の今も続く。現在、娘夫婦の手伝いをしながら、求職中である。

8　ディーセント・ワーク[17]を求めて

　戦後の労働市場において、正規と非正規という待遇が異なる二種類の労働者が生み出されていった[18]。それは、一見フルタイムとパートタイムという労働時間の違いを示すかのようにみえる。しかし、実のところ、非正規職は短時間労働者だけでなく、通常の労働時間で就労する労働者を含み、待遇の違いは身分的格差となった。非正規職に派遣や契約という新たなカテゴリーが加わるようになってからは、期間限定的な雇用か否かが際立つようになり、職業移動への圧力となっている。

　職業的地位の安定と不安定は、一つの仕事を貫き通すことができるかどうか、あるいは一つの職場に本人の意思でとどまることができるかどうかにかかっている。終身雇用を前提とする常雇いが男性的な働き方とすれば、短期就労の非正規職は女性的な働き方になる。臨時職としてのパートタイマーは、就業期間が限られ、不景気になると解雇の対象となりやすく、したがって、非正規の女性の働き方は細切れとなる。そこから、職場だけでなく職種を転々とする柔軟な働き方が生じるが、それは本人の選択というよりも、労働条件の厳しさによってもたらされる結果である。女性の社会進出が声高に叫ばれる現代ではあるが、半数を超える女性が非正規の身分に甘んじている。労働市場における女性の賃金が今もなぜ低いのかの一つの答えが、ここにはある。

　65歳を超す年齢になると、職歴のよしあしは、年金額に反映される。厚生年金と国民年金の別や、就業時期に年金を納付できたのかどうかが、問われる。女性が働き続けようとしても、賃金が低く雇用が不安定ならば、将来の生活の

見通しが立たない。離婚後の生活自立の困難や、老後の経済的な困難がつきまとう。試行期が繰り返される働き方ではなく、安定期が継続し、将来の展望がみえる働き方が、多くの女性に開かれなければならないといえよう。

　冒頭に挙げたイギリスの社会学者、ビーチは、労働市場におけるパートタイム労働の役割の拡大を、女性にかかわるプラスの変化としてみなされなければならないと主張した（Beechey, 1987=1993：260-261）。労働市場における新しい形の分裂を固定化するのではなく、労働のより公平な編成へとつなぐための社会改革では、パートタイムとフルタイムの間の移動ができる雇用構造の弾力化と、パートタイム労働へ向かう女性が最も重視する1日の労働時間短縮が必要であると彼女は提言している。そこには、新しい労働の未来が広がる兆しがある。

[注]

1　1962年、雇われて働く女性の中で、有配偶は32.7％にとどまり、未婚者が55.2％と半数を超えていた。死別・離別は12.0％である。しかし、1965年に、未婚者は50.3％と少し減り、有配偶が38.6％と増えてくる。そして、1975年、有配偶（51.3％）と未婚者（38.0％）の比率が逆転する（労働省女性局編、1999：付33 付表16）。

2　女性の労働力率は、2010（平成22）年からの10年間に、すべての年齢階級で上昇した。有配偶者では、「20〜24歳」の66.7％、「30〜34歳」の69.7％に対して、「45〜49歳」では78.9％、「50〜54歳」では77.8％と、若い年齢層を上回る（厚生労働省、2020：3-5）。

3　内閣府が2002年度に実施した「男女共同参画社会に関する国際調査」と「男女共同参画社会に関する世論調査」によると、1980年代初めには、日本以外の国、イギリスやドイツにおいても、結婚・出産により一旦職を辞め、育児に専念する時期を経て、再び働き始めるのが、女性にとって望ましい働き方であった。しかし、20年後、イギリスやドイツでは、「子どもができても職業継続が望ましい」が半数を超えるようになった。日本でも継続型への支持は4割に増加するが、その一方で再就職型への支持も同程度であった（内閣府編、2003：27）。その20年後の変化をうかがわせるデータがある。2019年9月実施の「男女共同参画社会に関する世論調査」によると、女性が職業をもつことに対する意識では、「職業継続が望ましい」は女性で63.7％まで上昇し、「再就職がよい」は19.7％へと減少している（厚生労働省雇用環境・均等局編、2020：192）。

4　女性の就業選択について論じた永瀬（1997）は、1960年代半ばから1990年代初めまでの30年間の既婚女性の有業率の増加が、「仕事を従とする者」を多く含むパート身分の雇用者の増加によって生じたと分析している。パートという身分での就労は、結婚・出産で

一時退職した女性の再就職先として一般化することになる。「仕事を従とする者」は、「仕事を主とする者」と並び、既婚者の 25％前後となった。

　2006 年 12 月に内閣府が実施した全国の 30 〜 40 代女性を対象とする「女性のライフプランニング支援に関する調査」では、結婚・出産後、再就業までの 1 年以上のブランクの有無が分岐点となる。初職継続者（116 名）では「正社員」が 64.7％、「自ら起業・自営業」が 11.2％であるが、結婚・出産後の再就業者（319 名）では、「非正社員」が 81.2％に増加し、「正社員」は 6.0％と大幅に低下する（武石、2009：11）。

　2011 年 11 月、首都圏に在住する 25 歳から 49 歳までの短期大学・高等専門学校以上の高学歴女性 5,155 人を対象とする、日本女子大学現代女性キャリア研究所の「女性とキャリアに関する調査」では、女性の就業パターンは子どもの有無により差が生じるが、どちらにしても、初職を辞める比率はきわめて高いと指摘される。とくに、「子どもあり層」では半数以上の離職がみられる（杉浦、2015：97）。

　「第 15 回出生動向基本調査」（2015 年実施）（国立社会保障・人口問題研究所編、2017：431-432）によれば、結婚しているカップルの妻の有職率（不詳を除いて計算、以下同じ）は、学卒直後の 96.5％が、結婚直後は 61.4％と低下するが、現在（結婚後 15 〜 19 年）は 76.1％に上昇している。学卒直後の仕事を結婚で一旦離れ、その後再就職が生じることがうかがえる。正規職率は、それぞれ 84.5％、42.7％、21.9％と、半減する結果となる。

　もう少し下の世代では、別の選択も可能である。2009 年 6 月改正の「育児・介護休業法」では、短時間勤務制度が常時 101 人以上を雇用する事業主に対して義務化され、2010 年 7 月より施行となった。短時間勤務制度により、民間企業の正社員で出産後の定着率の上昇が確認されている（平河、2020）。

5　男女雇用機会均等法以降、女性のキャリア形成への研究関心は、組織内キャリアにおける「ガラスの天井」に向けられたが、他方では、非正規雇用の増加とともに、「女性の貧困」という社会問題が浮上してきていた。中囿（2021）は、シングルマザーがなぜ貧困から脱却できないのかを、労働市場における女性の職業的地位から問い、2016 年の母子世帯調査および 2018 年の（末子が 20 歳に達した）寡婦世帯調査のデータをもとに、シングルマザーのキャリア形成のプロセスを明らかにしようとした。学卒後の初職では 7 〜 9 割近くが正規職に就く。母子世帯となる前の就業率は 5 割前後まで下がるが、母子世帯となってからは 9 割前後が仕事に就く。しかし、正社員率は母子、60 歳未満の寡婦でともに現職の 2 割程度である。シングルマザーの自立では職業の安定が課題となるが、正規職への復帰は容易ではない。賃金水準が低い仕事にとどめられることが、貧困からの脱却を阻む。そこには、シングルマザーを含む女性を「メンバーシップ型雇用」から排除する労働市場の論理が働いていると分析する。なお、中囿は年金を繰り上げ受給して暮らす 60 歳以上寡婦の生活実態も捉えている。

6　女性の社会階層が家族関係に及ぼす影響に着目した研究には、岩間（2008）がある。

7　「平成29年就業構造基本調査」（総務省編、2018：第18表）によると、北海道における女性雇用者の非正規率は以下のような推移を示す。なお、（　）は全国の数値である。1982年は39.3％（31.8％）、1992年は41.3％（36.5％）と4割前後であったが、2002年に57.9％（53.0％）と半数を超え、2012年以降6割を維持する。2017年は60.5％（56.6％）である。滋賀県（61.6％）を筆頭に、奈良県、埼玉県の三県が、北海道を上回る。道生活部「女性に関する意識調査」（1992年10月）では、北海道女性の57.7％が、パートタイムを望ましい再就職の雇用形態として選択している（北海道生活福祉部青少年女性室編、1994：45）。

8　明治30年代後半に来道した同郷人を頼っての入植が多い時期であった。K地区御料地への入植は、1909（明治42）年である（若山、1975：82-83, 768）。その後、1922（大正11）〜1924（大正13）年に御料地の払い下げが行われた（同書、95）。

9　勤報隊とは勤労報国隊の略称である。政府は「国民勤労報国協力令」（1941年11月22日）で、14歳以上25歳未満の未婚女子による勤労報国隊編成を命じた。1943年5月3日の「昭和18年度国民動員実施計画策定ニ関スル件」では、国民勤労報国隊の常設化と、動員対象の年齢拡張（12歳以上40歳未満）の方針を出す（堀川、2018：130）。

10　「株式会社ポーラ化粧品本舗」は、1951年に、これまでに設置されていた「出張所」を制度化する（井田、2006：62）。

11　生命保険営業職の採用については、伝統的生保と後発型生保で、ジェンダーによる違いがある。伝統的生保の営業職員の募集要項では、学歴は問わず、「職業経験不問」と明示されているという指摘がある（金井・申、2021：80）。

12　最近になって、保険業界では成果給の比率を見直す動きがでてきている。第一生命ホールディングズでは、入社5年目までの営業員の給与は固定給が5〜7割を占め、残りが成果給であった。2022年度以降の採用者では成果給の割合をさらに低めるという方針がだされた。営業職員の約半数は入社して6年目に退職しているが、これによって定着率を高めたいとする。「第一生命、営業職の成果給縮小へ――半数が入社6年目までに退職―」『読売新聞』2022年5月10日（オンライン）。

13　業界によっては、非正規労働者の基幹労働力化が進められている。デパート業界でもそれがみられる（武石、2002：41-42）。

14　宿泊業・飲食業は、入離職率が高い産業である（香坂、2018）。文（2012：38-39）は、温泉リゾート地では、離婚などによって「家族」を失った女性を、信頼という新たな"呪縛"により「社会」としての職場につなぎ、結果として、就労不安定層、居住不安定層を労働市場にとどめると分析している。

15　北海道における女子パートタイマーの労働条件は、企業規模や業種によって異なる。M子が飲食店家族従業員であった1985年当時、社会保険（対象者全員）、有給休暇がつく職

場は少なく、それぞれ 18.5％、19.2％にとどまる（北海道労働部、1986：20, 25）。

16　「公的年金制度の財政基盤及び最低保障機能の強化等のための国民年金法等の一部を改正する法律の一部を改正する法律」（平成 28 年法律第 84 号）（2016 年 11 月 24 日公布、2017 年 8 月 1 日施行）により、国民年金や厚生年金の受給資格期間は 25 年から 10 年となる。

17　働きがいのある人間らしい仕事。ILO 駐日事務所翻訳『DECENT WORK』（第 87 回 ILO 総会（1999 年）事務局長報告）

18　鈴木（2018：3）は、日本において正規／非正規を分かつ基準が、「労働時間」や「契約期間の有無」ではなく、「正社員」と呼ばれるかどうかの「職場での呼称」であるとする。

［参考文献］

Beechey, Veronica（1987）. *Unequal Work*, London：Verso.（ビーチ, ヴェロニカ 高島道枝・安川悦子（訳）（1993）『現代フェミニズムと労働—女性労働と差別—』中央大学出版部

Miller, Delbert C. & Form, William H.（1980）. *Industrial Sociology: Work in Organizational Life, 3rd ed*, New York：Harper & Row.

井田泰人（2006）「化粧品訪問販売の史的展開—ポーラ化粧品本舗の動きを中心に—」『近畿大学短大論集』39（1）：57-66

岩間暁子（2008）『女性の就業と家族のゆくえ—格差社会のなかの変容—』東京大学出版会

大脇雅子・中野麻美・林陽子（1996）『働く女たちの裁判—募集・採用からセクシャル・ハラスメントまで—』学陽書房

金井郁・申琪榮（2021）「生命保険営業職の採用と育成—伝統的生保と後発型生保の比較ジェンダー分析—」『大原社会問題研究所雑誌』748：76-95

香坂千佳子（2018）「ホテル業の雇用問題に関する研究－ホテル従業員のキャリア意識面からの分析－」『大阪学院大学商・経営学論集』43（2）：47-67

厚生労働省雇用環境・均等局編（2020）『令和 2 年版 働く女性の実情』

国立社会保障・人口問題研究所編（2017）『現代日本の結婚と出産—第 15 回出生動向基本調査（独身者調査ならびに夫婦調査）報告書—』

国立女性教育会館・伊藤陽一（2012）『男女共同参画統計データブック—日本の女性と男性 2012—』ぎょうせい

杉浦浩美「就労意欲と断絶するキャリア—初職離職と転職・再就職行動に着目して—」、岩田正美・大沢真知子編著／日本女子大学現代社会キャリア研究所編（2015）『なぜ女性は仕事を辞めるのか—5155 人の軌跡から読み解く—』青弓社：第 3 章 91-119

鈴木恭子（2018）「雇用形態と賃金格差、そして仕事の質」『季刊 個人金融』13（2）：2-12

総務省（2018）『平成 29 年就業構造基本調査結果』

武石恵美子（2002）「雇用システムの構造変化と女性労働」『経済地理学年報』48（4）：33-48

武石恵美子（2009）「キャリアパターン別にみた女性の就業の特徴」『国立女性教育会館ジャーナル』13：3-15

内閣府編（2003）『平成 15 年版 男女共同参画白書』国立印刷局

永瀬伸子（1997）「女性の就業選択―家庭内生産と労働供給―」中馬宏之・駿河輝和編『雇用慣行の変化と女性労働』東京大学出版会：第 9 章 279-312

中囿桐代（2021）『シングルマザーの貧困はなぜ解消されないのか―「働いても貧困」の現実と支援の課題―』勁草書房

平河茉璃絵（2020）「短時間勤務制度が母親の就業に与える影響」WEB Journal『年金研究』(12)：29-53　https://www.nensoken.or.jp/wp-content/uploads/NKEN12_29.pdf（2022 年 1 月 17 日閲覧）

広田寿子（1989）『続・現代女子労働の研究』労働教育センター

北海道生活福祉部青少年女性室編（1994）『平成 5 年度 北海道の女性―変わる意識とライフスタイル―』北海道

北海道労働部編（1986）『女子パートタイマー実態調査報告書』北海道開発問題研究調査会

堀川祐里（2018）「戦時動員政策と既婚女性労働者―戦時期における女性労働者の階層性をめぐる一考察―」『社会政策』9（3）：128-140

文貞實（MOON, Jeong-sil）（2012）「労働市場の再編と女性労働者―温泉リゾート地域の労働市場を事例に―」『日本都市社会学会年報』30：29-41

労働省女性局編（1999）『平成 10 年版 女性労働白書―働く女性の実情―』21 世紀職業財団

若山一以（1975）『中川町史』中川町役場

第Ⅲ部

北海道における
女性支援体制

第5章　北海道の都市部における少子化・子育て問題と地域子育て支援の取り組み
——札幌市と千歳市の事例にみる現状と課題

工藤　遥

1　目的

　日本では子育て支援が政策上の重要課題として位置づけられるようになって久しい。1990年代から国をあげて少子化対策としての保育・子育て支援の諸事業が実施されてきたが、少子化とそれに伴う人口の減少、高齢化は日本全体で加速度的に進行し、農村部に限らず都市部でも不可避な状況となっている。一方、小家族化や地縁・血縁などの社会的紐帯の脆弱化、雇用の不安定化などが進展する中で、子育てにおける不安や負担感の高まり、子育て家庭の生活難、児童虐待などの問題も深刻化しており、地域社会における子育て支援や子育て環境の改善は、現在も国および各自治体における喫緊の課題となっている。

　本章では、とくに未就学期の子育て家庭が抱える子育て問題の解消を目的として全国的に実施されている地域子育て支援事業に焦点を当て、札幌市と千歳市で実施した事例調査を踏まえながら、北海道の都市部における地域子育て支援の取り組みの現状と課題を考察する。まず第2節と第3節で北海道における少子化の状況や子育て環境の問題について概観した上で、第4節では本章で取り上げる地域子育て支援事業の概要を示し、第5節以降で事例に基づく検討をおこなう。

2　北海道における少子化・人口減少とその地域差

　北海道では、全国に先行して少子化と人口減少が進行してきた（図5-1）。15歳未満の年少人口比率は1970年代後半から全国平均以下で推移し、2020年の国勢調査では秋田県（9.7%）と青森県（10.5%）に次いで47都道府県で3番目に

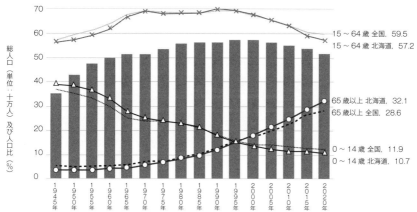

図 5-1　北海道の総人口と全国及び北海道の人口構成比の推移
北海道（2021）より筆者作成

低い10.7％となった。年少人口の減少に伴って、15歳〜64歳の生産年人口比率も1990年代半ばから全国平均を下回ってきた一方、65歳以上の高齢人口比率は1980年代末以降、全国平均を上回って推移しており、2020年には32.1％と年少人口のおよそ3倍に達している。

　また、北海道では1997年の569.9万人をピークに総人口が減少に転じ、日本全体よりも10年ほど早く人口減少期に突入した。2020年の国勢調査では522.4万人となり、20年あまりで47万人ほど減少している。これは、札幌市（197.3万人）に次ぐ道内第2位の旭川市の人口（32.9万人）や、第3位の函館市（25.1万人）、第4位の苫小牧市（17.0万人）といった主要都市の人口を大きく上回る規模の減少数である。

　また、少子化の別指標である合計特殊出生率（図5-2）は、2020年現在、全国は1.34であるのに対して、北海道は1.21であり、東京都の1.13に次いで2番目に低い水準にある（厚生労働省、2020a）。とくに札幌市は1.09（2020年）であり、日本の政令指定都市の中でも最低水準で推移している。出生数（図5-2）も、2010年には北海道全体で年4万人台であったが2020年には3万人を下回り、札幌市では同期間で2千人ほど減少するなど、低出生・少子化の傾向が顕著にみられる。

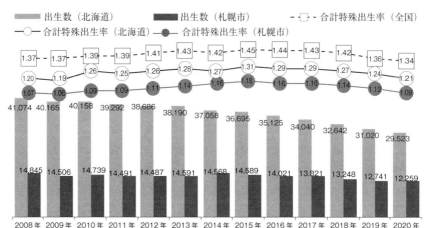

図 5-2　北海道と札幌市の出生数および合計特殊出生率の推移
北海道（2021）、札幌市（2020a）、厚生労働省（2020a）より筆者作成

　他方で、自治体レベルで比較すると、道内でも出生傾向や人口増減の状況には地域差がみられる。表5-1・図5-3は、北海道の179市町村のうち、2013～2017年における合計特殊出生率が上位と下位の10市町村をそれぞれ示している。これをみると、出生率上位の自治体のうち八つは町村部であるが、下位は五つが市部である。また、地図上では上位10市町村を濃い灰色、下位10市町村を白色で示しているが、低出生自治体はとくに札幌市とその近隣に集中していること

上位 10 市町村		TFR	下位 10 市町村		TFR
1	奥尻郡奥尻町	1.78	170	夕張市	1.22
2	幌泉郡えりも町	1.75	171	空知郡南幌町	1.21
3	野付郡別海町	1.74	172	爾志郡乙部町	1.20
4	日高郡新ひだか町	1.73	173	紋別郡西興部村	1.20
5	厚岸郡浜中町	1.73	174	虻田郡喜茂別町	1.19
6	岩内郡共和町	1.72	175	小樽市	1.18
7	天塩郡幌延町	1.69	176	北広島市	1.18
8	紋別市	1.68	177	札幌市	1.16
9	標津郡標津町	1.68	178	江別市	1.15
10	根室市	1.67	179	石狩郡当別町	0.96

（参考値）全国 1.43　北海道 1.30

表 5-1・図 5-3　北海道内の合計特殊出生率（TFR）上位および下位市町村（2013～ 2017 年）厚生労働省（2020b）より筆者作成

表 5-2　2015 年から 2020 年の人口増加率上位 10 市町村の基礎統計（2020 年）
総務省統計局「国勢調査」より筆者作成

	上位 10 市町村	人口増減率	人口（人）	面積（km²）	人口密度（人/km²）	平均年齢（歳）	15 歳未満人口（％）	15～64 歳人口（％）	65 歳以上人口（％）	外国人人口（％）
1	勇払郡占冠村	7.8	1,306	571	2	46.2	7.7	68.8	23.5	11.1
2	余市郡赤井川村	3.9	1,165	280	4	49.5	11.2	57.8	31.0	5.2
3	上川郡東川町	2.5	8,314	247	34	49.3	13.1	53.8	33.2	3.2
4	千歳市	2.4	97,950	595	165	44.3	13.3	63.5	23.2	0.7
5	虻田郡ニセコ町	2.3	5,074	197	26	47.7	12.9	60.2	26.8	4.9
6	札幌市	1.1	1,973,395	1,121	1,760	47.7	10.9	61.3	27.8	0.7
7	阿寒郡鶴居村	0.9	2,558	572	5	51.8	11.7	52.6	35.7	1.4
8	恵庭市	0.9	70,331	295	239	47.1	12.4	59.5	28.1	0.6
9	虻田郡倶知安町	0.7	15,129	261	58	46.2	12.8	62.2	24.9	4.6
10	江別市	0.3	121,056	187	646	48.6	11.1	58.4	30.5	0.6
参考値	全国	-0.7	126,146,099	377,976	338	47.6	11.9	59.5	28.6	2.2
	北海道	-2.9	5,224,614	83,424	67	49.8	10.7	57.2	32.1	0.7

がわかる。

　表5-2では、2015年と2020年の国勢調査における人口増加率が上位であった道内の10自治体の基礎統計を示している。コロナ禍以前のデータではあるが、第1位の占冠村や第2位の赤井川村、第5位のニセコ町などは、外国人人口比率の高さに示されるように、観光業を中心とした外国人就業人口が人口増をけん引している町村である。一方で、第3位の東川町と第4位の千歳市はそれぞれ旭川市と札幌市と隣接する自治体であるが、両自治体はともに若い世代を対象とした移住支援や子育て支援などに力を入れ、近年人口増加がみられており、年少人口比率も13％を超えている。とくに千歳市は、上述のように低出生が顕著な札幌圏にありながら、年少人口比率は全道の市部でトップ（町村部を含めても全道6位）の高さであり、平均年齢も44.3歳で「全道一若いまち」（千歳市、2021a）といわれている。このように道内では都市圏においても、社会増だけではなく自然増も含めた人口増加や少子化の緩和がみられる自治体が存在している。

3　北海道における家族構造と子育て問題

　「少子・高齢先進地域」とも呼ばれる北海道では、地域産業基盤の変動を一つの要因として、人口変動のみならず小家族化や単身化といった家族変動も全国より先行してきたとされる（笹谷、2013）。図5-4に示されるように、北海道は全国平均と比べて、平均世帯人員が少なく、単独世帯割合が高く、核家族世帯割合も近年まで全国平均を上回って推移してきた。また、図5-5では15歳未満の子どものいる世帯の構成を示しているが、「夫婦と子ども世帯」および「ひとり親と子ども世帯」を合わせた核家族比率は、全国が87.5％であるのに対し、北海道は91.1％、札幌市は93.8％にのぼっている。

　このように、北海道および札幌市は少子化・低出生が全国的にも先行してい

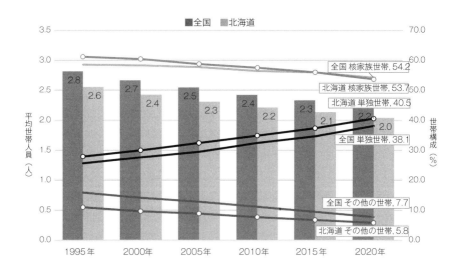

図5-4　全国と北海道の世帯構成・平均世帯人員の推移
総務省統計局「国勢調査」より筆者作成

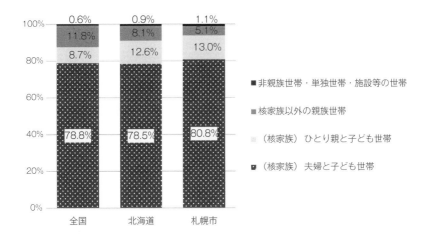

図5-5　15歳未満の子どものいる世帯（2020年）
総務省統計局「国勢調査」より筆者作成

るだけでなく、小家族化も進行しており、子育て世帯の核家族率が高い地域であるという特徴がある。とくに転入・転出が激しい都市部では、自分が生まれ育った地域以外で子育てをする「アウェイ育児」（NPO法人子育てひろば全国連絡協議会、2016）や、育児援助資源となるような親族ネットワークや友人・知人ネットワークが脆弱な中で「孤育て」している家庭も少なくない[1]。少子化の地域別分析を行った松田（2013）は、北海道は人口の多くが、第三次産業が集積し若年層における非正規雇用が多い札幌市をはじめとする都市部に居住しているため、子育てにおいて都市的な問題が生じていると指摘している（同：169-171）。北海道（2018）が実施した「道民意識調査」でも、「安心して子どもを生み育てられる環境と感じている」人の割合は、町村部では65.8％であるのに対し、札幌市では52.4％、その他の市部でも54％弱であり、都市部ほど子育て環境に対する市民の評価が低いことが示されている。

　以上のように、全国よりも少子化が顕著な北海道では、大都市札幌を中心とする都市部ほど低出生の傾向があり、その背景に子育て環境の問題が指摘されている。日本では、労働環境の厳しさや保育環境の不備、家庭内外におけるジ

ェンダー不平等などに起因する育児・家事における女性負担や「ワンオペ育児」
の問題、子育て家庭の社会的孤立や経済的困窮などを背景として、既述のよう
に子育て不安や育児ストレス、児童虐待など、子育てをめぐる様々な問題が指
摘されているが、これらは北海道でもみられる問題である。とりわけ道内の各
地方から進学や就職などで若年人口が流入し、一極集中が進む札幌圏の都市部
における少子化や子育て問題への対応は、北海道地域全体の将来に関わる課題
であるといえる。一方で、札幌圏の都市部の中でも千歳市は、後述するように、
社会移動の激しさや小家族化などの都市的特徴を有する地域でありながら、子
育て支援の諸施策に力を入れ、近年は人口増加率や合計特殊出生率でも札幌市
や全道、全国平均を上回っている。そこで本章では、札幌市と千歳市で実施し
た事例調査から、両市における子育て支援の事業内容や特徴を比較し、北海道
の都市部における子育て支援の実施状況と課題について考察する。

4　すべての子ども・子育て家庭を対象とした地域子育て支援

　事例検討に入る前に、本節では子育て支援の事業制度の概要や全国的な実施
状況を概観する。日本では1990年代から、少子化や子育てをめぐる様々な社会
問題を受けて政府による各種の保育・子育て支援事業が展開されてきた。当初
は共働き世帯などを念頭に、主として保育事業や仕事と子育ての両立支援など
に重点が置かれていたが、乳幼児家庭の社会的孤立や育児不安などの問題を背
景として、次第に在宅子育て世帯も視野に入れた子育て支援事業も拡充される
ようになっていった。2015年度から本格施行されている「子ども・子育て支援
新制度」では、待機児童対策を中心とした幼保政策に加えて、「教育・保育施
設を利用する子どもの家庭だけでなく、在宅の子育て家庭を含むすべての家庭
及び子どもを対象とする事業として、市町村が地域の実情に応じて実施」する
「地域子ども・子育て支援事業」にもより重点が置かれ、13の事業[2]が実施さ
れている。これらの事業の中でも本章では、妊娠期から未就学児の子育てにお
ける親の不安感や負担、孤立といった問題への対応策として実施されている「地
域子育て支援拠点事業」と「利用者支援事業」に焦点を当てる。以下ではまず、
両事業の概要を提示する。

（1）地域子育て支援拠点事業

　「地域子育て支援拠点事業」（以下、拠点事業）は、子育て家庭の社会的孤立や子育ての不安・負担感などの問題に対応するため、地域の身近な場所で、「乳幼児及びその保護者が相互の交流を行う場所を開設し、子育てについての相談、情報の提供、助言その他の援助を行う事業」（厚生労働省、2018a）である。親の就労状況等を問わず利用できる子育て支援事業であることから、とくに保育所利用率が4割程度で在宅子育て率が高い3歳未満の乳幼児家庭の間で広く利用されている[3]。

　同事業は、保育所における地域の子育て家庭を対象とした取り組みをモデルとして1995年に創設された「地域子育て支援センター事業」と、子育て当事者や地域住民による草の根の子育て支援活動をモデルとして2002年に創設された「つどいの広場事業」が2007年に統合・再編される形で創設された事業である。このため、同事業の実施主体は市町村（特別区を含む）であるが、社会福祉法人やNPO法人、民間事業者等に実施委託されることも多く、公共施設や保育所、幼稚園、認定子ども園、児童館、民家等、地域の様々な場所で実施されている。現行の拠点事業は、常設の場を設けて事業が実施される「一般型」と、児童福祉施設等で実施される「連携型」の2類型に分かれているが、いずれも①子育て親子の交流の場の提供と交流の促進、②子育て等に関する相談、援助の実施、③地域の子育て関連情報の提供、④子育て及び子育て支援の講習等の実施、の四つを基本事業として、週3～7日の頻度で開催されている（厚生労働省、2020c）。2020年度現在、国庫補助金の交付対象となっている拠点事業は全国47都道府県で7,735か所（一般型6,740か所、連携型995か所）にのぼっており、北海道では381か所（一般型299か所、連携型82か所）あるうちの27.5％（105か所）が札幌市で実施されている（厚生労働省、2021a）。

（2）利用者支援事業と「日本版ネウボラ」

　「利用者支援事業」は、「子育て家庭や妊産婦が、教育・保育施設や地域子ども・子育て支援事業、保健・医療・福祉等の関係機関を円滑に利用できるように、身近な場所での相談や情報提供、助言等必要な支援を行うとともに、関係

機関との連絡調整、連携・協働の体制づくり等を行う」ことを目的とした事業
として、2014年から先行事業として開始され、翌年度から本格実施された。も
ともと異なる実施背景を持つ取り組みが一つの事業として創設されたという経
緯から、同事業には地域子育て支援拠点事業施設等で実施される「基本型」と、
主に市区町村の窓口等で実施される「特定型」、そして子育て世代包括支援セ
ンター（後述）や保健センター等で実施される「母子保健型」（2015年に創設）
の三つの類型がある[4]。利用者支援事業は、上述の「地域子育て支援拠点事業
と一体的に運営することで、市区町村における子育て家庭支援の機能強化を推
進」するものとされている（厚生労働省、2019）。2020年度現在、国庫補助金の
交付対象となっている利用者支援事業は、全国47都道府県で2,864か所（基本型
888か所、特定型394か所、母子保健型1,582か所）にのぼっており、北海道では148
か所（基本型54か所、特定型15か所、母子保健型79か所）あるうちの27.0％（40か所）
が札幌市で実施されている（厚生労働省、2021b）。

　利用者支援事業は、2017年の母子保健法改正で妊娠期からの切れ目のない支
援を実施する「子育て世代包括支援センター」（以下、包括支援センター）を市
町村に設置することが努力義務とされたことで、その主軸事業として全国的に
近年急速に普及している事業である。この包括支援センターは、育児不安や児
童虐待の社会問題化などを背景として、妊娠期から子育て期にわたる様々なニ
ーズに対して総合的相談支援を提供するワンストップ拠点であり、北欧フィン
ランドの子育て支援制度である「ネウボラ」をモデルとしていることから「日
本版ネウボラ」制度とも呼ばれる（【コラム4】参照）。

　厚生労働省（2017）の「子育て世代包括支援センター業務ガイドライン」では、
包括支援センターの必須業務として、（1）妊産婦・乳幼児等の実情を把握する
こと、（2）妊娠・出産・子育てに関する各種の相談に応じ、必要な情報提供・
助言・保健指導を行うこと、（3）支援プランを策定すること、（4）保健医療又
は福祉の関係機関との連絡調整を行うこと、の4点が挙げられている。同ガイ
ドラインによれば、包括支援センターには、「妊娠初期から子育て期にわたり、
妊娠の届出等の機会に得た情報を基に、妊娠・出産・子育てに関する相談に応
じ、必要に応じて個別に支援プランを策定し、保健・医療・福祉・教育等の地
域の関係機関による切れ目のない支援を行うこと」が求められており、その「窓

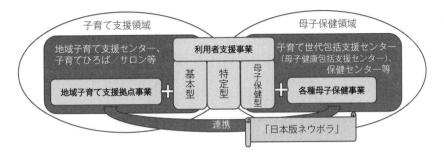

**図5-6　地域子育て支援拠点事業と利用者支援事業および専門支援機関の関係イメー
ジ図**

筆者作成

口・拠点は市町村保健センターや地域子育て支援拠点事業所等、市区町村の実
情に応じて設置されるものである」と記されている。

　2020年4月1日現在、包括支援センターは日本の市区町村の73.9％（1,288市
区町村）に設置され、その数は2,052か所にのぼっており、北海道でも自治体の
37.4％（67市区町村）、全道91か所に広がっている（厚生労働省、2020d）。また、
全国の包括支援センターのうち、55.9％は上述の利用者支援事業の母子保健型
として運営されており、その実施場所は市町村の保健所・保健センターが53.4
％、市役所・役場が31.1％、地域子育て支援拠点が9.1％となっている（厚生労
働省、2020d）。

　図5-6では、本章の事例で取り上げる拠点事業と利用者支援事業およびこれ
らの事業を実施する専門支援機関の関係を簡略化して示している。利用者支援
事業の導入や「日本版ネウボラ」の実施に伴い、子育て支援領域と母子保健領
域の支援機関の連携や各事業の一体的・有機的な実施が求められるようになっ
てきている。次節以降では札幌市と千歳市における事例調査に基づき、これら
の子育て支援の実施状況や特徴、課題について考察する。

コラム4　フィンランドのネウボラと日本の子育て世代包括支援センター

＜北欧フィンランドの子育て支援制度＞

　フィンランド語で「アドバイス（neuvo）の場」を意味するネウボラ（neuvola）は、子育て家族への支援制度であると同時に、地域におけるワンストップ型の支援拠点である（高橋、2015a）。フィンランドでは、妊娠がわかれば向かう先は病院ではなくネウボラであり、担当の保健師（または助産師）が初回の面談／健診を行い、母子手帳と子ども手帳が配布される。妊娠中は少なくとも8～9回、出産後は小学校就学前までの期間に15回ほどネウボラでの無料の健診に定期的に通い、同じ担当者がその家族に切れ目なく寄り添う（高橋、2015a；駐日フィンランド大使館、2022）。1回30分から1時間をかけて行われる健診では、妊娠期・周産期の母子の健康だけでなく、乳児と養育者との愛着形成、乳幼児の精神保健（発達）、養育者（とくに母親）の心身の健康、家族関係（カップル関係や親子・きょうだい関係）など、多岐にわたる項目について丁寧な面談が行われる（高橋、2015a；駐日フィンランド大使館、2022）。

　フィンランドのネウボラの主な特徴としては、妊娠期からのワンストップの切れ目のないサポート、かかりつけの担当者による当事者に寄り添った、対話を重視した継続的・個別的な相談支援と信頼関係の構築、全員対象のスクリーニング（ポピュレーションアプローチ）および家族全体の包括的支援によるリスクの早期発見・予防、医療機関等との連携および専門職による質の保証されたサポートなどがあげられる（髙橋、2015b；中山、2020）。

　また、フィンランドでは、妊娠後期になると「母親手当」としてKELA（フィンランド社会保険庁）から、子ども1人につき現金170ユーロ、または「生まれてくる子ども全員への、社会からの分け隔てない祝福と歓迎のシンボル」である「育児パッケージ」（写真5-1）が支給される。支給に所得の制限はないが、ネウボラまたは医療機関での妊婦健診の受診が要件となっているため、フィンランドではほぼすべての妊婦が健診を受け、これが問題リスクの早期発見と予防に効果を上げているとされる（駐日フィンランド大使館、2022）。

写真 5-1　「育児パッケージ」の中身
2017年7月8日、駐日フィンランド大使館所蔵の「育児パッケージ」の展示を筆者撮影

＜子育て世代包括支援センター＞

　日本では、長年の少子化問題とともに育児不安や育児ストレス、児童虐待・虐待死などが社会問題となる中で、2013年に国の政策会議の場でフィンランドのネウボラが紹介され、妊娠期からの総合的相談や支援をワンストップで行えるような拠点の設置・活用が子育て支援政策の課題として提案された。2014年度には厚生労働省の補正予算で母子保健相談支援事業、産前・産後サポート事業、産後ケア事業の３事業を必須とする「妊娠・出産包括支援モデル事業」が全国29の市町村で実施されたが（一瀬、2016：10）、このうち、「ネウボラ」を事業名に組み込んだ埼玉県和光市と三重県名張市などは、その後「日本版ネウボラ」の取り組みのモデル自治体として広く紹介されるようになった（中山、2020：71-72）。そして2014年に閣議決定された「まち・ひと・しごと創生総合戦略」では、「日本版ネウボラ」の表現で、母子保健型の利用者支援事業として「子育て世代包括支援センター」を設置し、「おおむね５年後までに地域の実情等を踏まえながら全国展開を目指していく」と記された。その後2017年の母子保健法改正では、この包括支援センターは正式名称を「母子健康包括支援センター」として法定化され、設置が自治体の努力義務とされた。

　上述の総合戦略では、「子育て支援」と「働き方改革」（仕事と子育ての両立支援など）の二本柱で構成されてきた日本の少子化対策・子育て支援策において、新たに追加された結婚・妊娠・出産・育児期における「切れ目のない支援」

を具現化するための機関（仕組み）として包括支援センターが位置づけられている（髙屋、2018：94、97）。他方、母子保健分野では、従来「妊娠・出産等に係る母子保健事業は母子健康手帳交付、妊産婦健康診査、母親学級等、直に本人や家族などに接し、多くの情報を得ているにもかかわらず、関係する機関が多いことなどにより、その情報を関係機関間で十分共有し活用することがなされておらず、ひいては支援が必要な者に対する有効な支援ができていない問題」（一瀬、2016：9）が指摘されていた。このため、保健師などの専門職がすべての妊産婦・乳幼児の状況を継続的・包括的に把握し、妊産婦や保護者の相談に対応するとともに、必要な支援の調整や関係機関と連絡調整するなどして、「切れ目のない支援」を提供する役割を担うことが包括支援センターに期待されている。

　図5-7では、以上の日本における包括支援センターの導入背景を大掴みでまとめている。「日本版ネウボラ」の現状としては、既存事業をつなぎ合わせて“支援体制”に「切れ目がない」制度として構築されている事例が大半で、フィンランドのネウボラのように同じ担当者による継続的支援や利用者主体の包括的支援としては課題があること、さらに今後は出産期からの支援も含めたシステムにすることも必要といった指摘がなされている（中山、2020）。

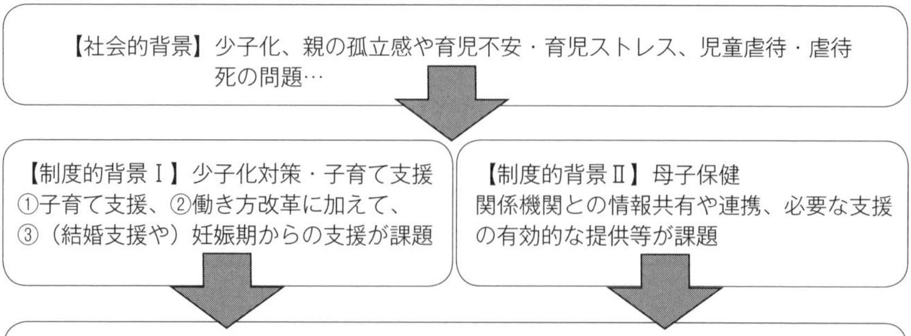

【社会的背景】少子化、親の孤立感や育児不安・育児ストレス、児童虐待・虐待死の問題…

【制度的背景Ⅰ】少子化対策・子育て支援
①子育て支援、②働き方改革に加えて、
③（結婚支援や）妊娠期からの支援が課題

【制度的背景Ⅱ】母子保健
関係機関との情報共有や連携、必要な支援の有効的な提供等が課題

妊娠期からの切れ目のない支援を実施するワンストップ支援拠点としての子育て世代包括支援センター≒「日本版ネウボラ」の実施

図 5-7　子育て世代包括支援センターの実施背景　筆者作成

5　札幌市──官民による地域子育て支援の取り組み

（1）札幌市の概要と子育て世帯の状況

　北海道西部の石狩平野の南西に位置する政令指定都市・札幌市は、10の行政区で構成され、7市・4町村に隣接している。2020年の札幌市の総人口は197.3万人であり、北海道の総人口の約38％に匹敵する。市域の約60％は、市の南西部の山岳地帯を有する南区が占め、市域の約21％を占める人口集中地区に人口の97.3％（189.9万人）が集住している（2015年）。市の中心部には、北海道庁や札幌市役所、国の出先機関、公共施設、大通公園などの観光地や文化施設、企業の本支社などの事業所や商業施設などが集積し、北海道の政治・経済・文化の中核機能を担っている。札幌市は、事業所数・従業員数ともに製造業などの第二次産業の割合が全国に比べて低く、卸売・小売業や飲食・宿泊サービス業、不動産・物品賃貸業などの第三次産業が中心の産業構造となっており、従業員50人以下の中小零細企業が事業所全体の約96％を占めている（札幌市、2017）。
　上述の通り、札幌市の年少人口比率は全国平均を下回り、出生数も減少傾向で、合計特殊出生率は日本の政令指定都市の中でも最低水準で推移している。総人口は、道内地方からの人口流入などで社会増が自然減を上回り、2020年までは人口増加率はプラスであったが（表5-2）、コロナ禍で社会増も縮小し、2022年1月付けの住民基本台帳の人口統計では、戦後初めて人口減少に転じた。また、札幌市は「小家族化が進んだ典型的な大都市」（金子、2003：24-25）とも称され、既述のように子どものいる世帯の核家族率も非常に高い。加えて、既婚女性の労働力率が低い一方、男性の長時間労働傾向が顕著な地域でもある[5]。
　さらに、札幌市は保育所の待機児童も多く、他の地方に比べて祖父母が近くに住んでいる者が少ないため、とくに女性にとって仕事と子育ての両立が難しい地域であることも少子化の一要因とみられている（松田、2013：169-171）。2018年4月時点で、保育所への入所を希望しながら入所できていない「待機児童数」は、国定義では0名となっているが、いわゆる「隠れ待機児童数」は1,689名となっており、全国的にみても数が多い（朝日新聞デジタル、2018）。また、同2018年時点の札幌市における3歳未満児の保育所・認定こども園の利用率は

約29％（0歳17％、1歳33％、2歳36％）であり（札幌市、2020b）、日本全体の36.6％（厚生労働省、2018b）と比べて低い。

　以上のように、札幌市は子どものいる世帯の核家族率や乳幼児の在宅子育て率が高く、ジェンダー分業型の家族・子育て傾向がみられる地域であるといえる。こうした中で、女性や若年層の雇用改善や経済的な子育て支援、保育施設などの拡充はもとより、拠点事業や利用者支援事業などによる予防的・包摂的な地域子育て支援の重要性も年々高まっている。

（2）札幌市における地域子育て支援

　札幌市における子育て支援の特徴の一つとしては、官民双方による拠点事業や「子育てサロン」活動があげられる。札幌市では1989年から市内の保育所で登園児以外の地域の子育て家庭を対象とした「育児相談」が開始され、1992年には市内32か所に拡大した。国の保育所等地域子育てモデル事業が創設された1993年には、札幌市の市立保育所でも「地域子育てモデル事業」が開始され、1995年には市立保育所4か所で「地域子育て支援センター事業」が実施されるようになった。一方、1996年には「全国的にも例をみない札幌市独自の施策」（吾田ほか、2006：19）として1960年から実施されてきた「仲よし子ども館」事業が終了し、これを再編する形で1997年から各区において「あそびの広場」や「子育てサロン」事業が開始された。また、1995年には民間の地域子育て支援活動の草分けの一つとして全国的にも知られる「むくどりホーム・ふれあいの会」が南区で発足し、1998年には地域の住民組織や市民団体などによる「地域主体の子育てサロン」が2か所で開催された。その後、2003年までに公立保育所や児童館など106か所で拠点事業を含む市直営の子育てサロンが開催されるようになり、民間の常設子育てサロン（拠点事業）も46か所に増加した（札幌市、2004：36-37）。

　子育て支援に関わる法制度としては、1996年に「札幌市子育て支援計画」、1997年に「札幌市青少年育成計画」が策定され、1990年代半ばから子育て環境の整備や子どもの健全な育成のための取り組みが実施されてきた。しかし、合計特殊出生率は全国平均を大きく下回る水準で推移し、子育てに対する親の不安感の高まりも社会問題化していた。こうした中で、2002年に札幌市社会福祉

審議会から提出された「札幌市の少子化への具体的な対策について」と題する答申では対策の改善が要請された。これに加えて、2003年に制定された「次世代育成支援対策推進法」により、すべての市町村に行動計画の策定が義務付けられたことを受けて、2004年度からの５か年計画で「札幌市子ども未来プラン（札幌市次世代育成支援対策推進行動計画）」が策定された（札幌市、2004：2）。

　この未来プラン前期計画では、「子どもの視点」「次世代を育成する長期的な視点」「社会全体で支援する視点」の三つの視点に基づき、五つの基本目標に応じた19の基本施策の実施が図られた。このうち、地域における子育て支援としては、「協働型で進める子育てサロン等の拡充」「（仮称）区子育て支援センターを核とした支援事業の展開」「子育て支援総合センター等における多様な事業の展開」が盛り込まれた。こうして2004年には中央区に「札幌市子育て支援総合センター」、2006年には３区に「保育・子育て支援センター」（通称「ちあふる」）が設置されるなど、上述の答申の提言が具体化されていった。

　さらに2010年度からの未来プラン後期計画では、①子どもの権利を保障する取り組みの推進、②働きながら子育てできる環境整備、③すべての子育て家庭を視野にいれた支援体制、④子どもを虐待から守り育てる支援体制、の４点に重点が置かれた。この未来プラン後期計画でも、「地域での子育てサロン」が重点項目の一つとして位置づけられ、地域主体の子育てサロンの立ち上げや運営の支援、地域の児童会館での子育てサロンの開催、子育て家庭の多様なニーズに対応するための質的な拡充を図ることなどが掲げられた。

　また、札幌市では2009年から「札幌市子どもの最善の利益を実現するための権利条約」が施行され、2015年度からは「新・さっぽろ子ども未来プラン」が５か年計画で新たに策定された。この新・未来プランでは、子どもの現状、子育て家庭の現状、少子化の現状を踏まえ、「権利条例の理念の実現のため、なによりも子どもが本来生まれながらに保障されるべき権利を社会全体で実現することを最大の目的としつつ、妊娠・出産や育児に関する子育て家庭の不安や負担の軽減を図るなど、子どもが豊かに育つ環境を総合的に整えること」について言及され、「子育て家庭に対する相談・支援の充実」が引き続き掲げられた（札幌市、2015：2）。こうして2020年時点で、札幌市内では上述のように拠点事業が105か所（一般型40か所、連携型65か所）で実施されているほか、地域

の住民組織やボランティア団体、幼稚園等が月1回程度〜週数回の頻度で実施する「子育てサロン」もおよそ200か所で実施されている。

　さらに、新・未来プランでは、新規事業として利用者支援事業が盛り込まれ、「区役所・ちあふる等の拠点において、子育て相談などにより、個別の子育て家庭のニーズを把握して適切な施設・事業等の利用を支援し、併せて関係機関等とネットワークの構築などを行う」ものとされた。2020年時点では、札幌市子育て支援総合センターと各区保育・子育て支援センター（ちあふる）、区役所の担当窓口および各区の保健センターの市内40か所で利用者支援事業が実施されている（厚生労働省、2021b）。

　以下では2019年3月に札幌市子育て支援総合センター（以下、センターA）において実施した事例調査（事業視察と職員へのインタビュー）から、札幌市における拠点事業と利用者支援事業の実施内容と課題について考察する。

（3）札幌市における地域子育て支援の事業事例

　札幌市の中心部にあるセンターAは、小学校・保育所・子育てサロン・学童保育の四つの機能を備える総合的な子育て支援施設であり、全市対象・年中無休の常設子育てサロン（拠点事業）が毎日朝9時から夕方5時まで開催されている。土日祝休日にも開かれているため、在宅子育て家庭の母親と子どものみならず、就業している母親や父親、祖父母の姿もみられる。施設内は非常に広く、木製のボールプールやおもちゃがあるプレイルームのほかに、乳児室や製作コーナー、絵本や育児本とパソコンが設置された図書・情報コーナー、屋外には芝生や砂場の設備もある。

　センターAでは、複合施設内にあるという「地の利」を活かして、0〜2歳児の親子向けに、保育所の見学ツアーや保育所の利用児童と一緒に遊ぶイベントを開催しているほか、保育園児や小学生と交流するイベント、小学生が乳幼児親子と触れ合う総合学習の授業なども実施している。このような施設間・世代間交流は、センターAの利用者親子にとっては、保育所や小学校での生活を事前に見学・体験でき、自分の子どもが成長したイメージを持って子育てをできるという効果があり、保育園児や小学生にとっては、異年齢の子どもとの交流による学びや成長の機会となっている（職員C氏のインタビューより、2019年

３月）。また、専門職員による子育て相談や情報提供のほか、ボランティアによる読み聞かせや音楽演奏、折り紙講座などのイベントも行われている。

　2015年度からは国全体で子ども・子育て支援新制度が開始されたことにより、市独自の取り組みだけでなく、「国の動きともあわせながら」事業が実施されるようになった（職員C氏のインタビューより、2019年３月）。例えば、2015年度から利用者支援事業を開始するにあたり、保育士の職員も「子育て支援員」の資格を取得し、従来チラシなど紙ベースで行われていた情報提供も、2017年度以降新たに導入された「情報サイト」や「アプリ」を活用して実施されるようになっていった。さらに、札幌市の雇用推進課の事業の一環として、就業を希望する女性のために就労支援の担当者（カウンセラー）がセンターAを月に１回３時間ほど出張訪問し、ひろばのスペースで一人ずつ、予約不要で相談できる事業も行われるようになった。

　職員へのインタビューでは、従前より利用者のニーズに合わせて「この困りごとはここへ」と紹介するという形で相談対応を行っており、利用者支援事業の開始によって職員側の対応のスタンスが大きく変わったということはない、ということであったが、利用者支援事業が利用者に周知されたことで「こんなこともセンターで聞いてよかったんだ」という反応があり、相談内容の幅が広がったという。このため、以前と比べてより広く、より多くの情報を収集することが必要になり、市内の他の担当部署からパンフレットをもらって情報収集をしたり、情報のファイリングや掲示を工夫するようになったといった変化もあった。また、区によって情報や必要な支援のニーズも異なるため、２か月に１回は各区の利用者支援事業の担当職員で情報交換を行っていた。

　このように従来拠点事業の実施が中心であったセンターAでは利用者支援事業の導入により、利用者からの相談内容に応じた対応ができるように職員が情報収集や各部署との連携をより工夫して行うような変化がみられていた。利用者への相談対応では、それぞれ適切な部署につなぐことがより重視されるようになったが、札幌市は行政組織が大きいため関連部署も多く、実施には時間がかかるなど、連携には課題もみられた。また、毎年のように制度の変更・更新があるため、事業制度の内容やその担当者が変わってしまうことで全体的な把握やノウハウの蓄積が難しいという側面もうかがわれた。加えて、情報提供や

利用者支援機能は強化されていたものの、調査時点では札幌市の取り組みについて知らない利用者が依然多いことが課題としてあげられていた。また、新たに導入された子育てアプリの活用においても、「必要な時に、必要な人に、必要な情報が伝わるようにしていく」ための情報発信の「タイミング」や「機動性」に課題があることや、職員は保育士であるために、こうしたツールの活用に負担や大変さも感じているといった問題もみられた（職員Ｃ氏のインタビューより、2019年3月）。

　以上のように、札幌市では1990年代の早い時期から地域子育て支援の事業が開始されており、現在まで、官民双方による「子育てサロン」や拠点事業が全市的に、数も多く実施されている。一方で、近年全国的に普及が進められている利用者支援事業については、各区の保健センターや役所窓口のほか、市内の拠点事業施設ではセンターＡをはじめとする公営の支援機関での実施にとどまっており、その内容もアプリ等での情報発信や施設ごとで行われるその都度の情報提供が中心となっていた。このように調査時点では、「日本版ネウボラ」や包括支援センターの導入において目指されている、妊娠期からの個別的・継続的なワンストップ支援や、民間組織も含めた地域の関係機関の連携、ネットワーク体制の構築には課題がみられた。

6　千歳市──「日本版ネウボラ」の先行導入事例

（1）千歳市の概要と子育て世帯の状況

　北海道の中南部、石狩平野の南端に位置する千歳市は、札幌市、恵庭市、苫小牧市などの4市4町と隣接している。面積は594㎢で、市域は東西に長細く、市の西部には78㎢の広大な面積に湖や火山を含む国立公園があり、東部は丘陵地帯で自然豊かな農業地帯が広がっている。市の中央部には、商業施設や住宅地などの市街地と空港、工業団地のほか、自衛隊駐屯地があり、人口の83.7％が市域面積の5.6％を占める人口集中地区に居住している（2015年）。札幌市中心部へのアクセスは鉄道で40分弱、高速道路で1時間程度で通勤圏内である。千歳市の産業別人口構成は、第一次産業が3.0％、第二次産業は11.4％、第三次産業が80.0％であり、卸売・小売業や医療・福祉、宿泊・飲食などのサービス

業従事者が多い（千歳市、2021b）。

　工業団地への企業誘致や空港・自然資源を活かした観光産業などの都市機能に加えて、子育て支援の充実等を背景として、上述のように千歳市は道内でも少数の人口増加自治体となっている。国勢調査での人口増加率は2010〜2015年は2.2％、2015〜2020年は2.5％に伸長し、2020年の人口は約9.8万人で、道内第10位の人口規模を有する。生産年齢人口比率は63.5％で減少傾向にあるものの、北海道全体（57.2％）や札幌市（61.3％）よりは高く、年少人口比率（13.3％）も北海道全体（10.7％）や札幌市（10.9％）より高い（2020年）。合計特殊出生率は2019年時点で1.46であり、北海道（1.24）や、全国（1.36）と比べても高い水準にある（千歳市、2021b）。出生数は、以前は減少傾向にあり、2018年には776人で自然減－4人となったが、2019年には出生数が812人に増えたことにより、道内の市町村で唯一の自然増(49人)を記録し、2015年以降続いている社会増(442人）と合わせた人口増加は491人のプラス水準となった。

　上述のように千歳市は、札幌市を含む道央圏に位置し、新千歳空港からも近い工業団地に多くの企業が立地していることに加えて、自衛隊の主力基地が3か所あり、自衛官とその家族等が人口の4分の1を占めていることなどから、企業や自衛隊関係者の異動により毎年約6千人の市民が新住所に入れ替わるという転入転出の多い地域である（鈴木、2018；松本、2018；千歳市、2021a）。2015年の国勢調査によれば、千歳市の6歳未満の子どもがいる世帯の核家族率は93.3％で、札幌市と同様に高い。とくに就学前の子どもがいる世帯の約35％は居住年数が5年未満であるという特徴があり、「住民が短期間に入れ替わるとともに近所に知り合いや親せきがおらず、孤立しやすい状況にある」ことについて、行政および公的支援機関も問題として認識している（鈴木、2018；松本、2018）。

　また、図5-8に示されるように、千歳市は20歳代後半から30歳代以降の女性の労働力率が全国や北海道と比べて低く、いわゆる「女性労働力率のM字カーブ」におけるくぼみが札幌市以上に深い。「転勤族のまち」であることからも、夫の転勤に伴って市内に転居し、就業せずに在宅で幼い子どもの子育てに専業している既婚女性の割合が高いと推察される。一方で近年は、工業団地や空港、宿泊業などにおける雇用の増加で女性就業率が上昇し、保育所等に子どもを預

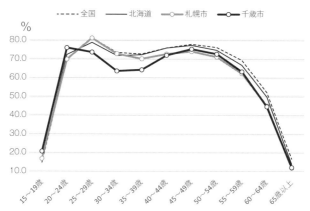

図 5-8　年齢別の女性労働力率（2015 年）
総務省統計局「国勢調査」より筆者作成

けることを希望する家庭も増えていることから、未就園児の利用が多い子育て支援センターの利用者の低年齢化に対応する必要があったとされ、それが千歳市における子育て支援の重点化の背景の一つにあるとされる（一般財団法人児童健全育成推進財団、2018）。

(2) 千歳市における地域子育て支援

　千歳市では、2003年に成立・施行された「次世代育成支援対策推進法」に基づき、2005年に「千歳市子育て支援計画（千歳市次世代育成支援対策推進行動計画)」の前期計画（2005〜2009年度）が策定され、2010年には同・後期計画（2010〜2014年度）が策定されるなど、「すべての子どもと家庭を対象とした次世代育成支援を総合的かつ計画的に推進」することが掲げられてきた（千歳市、2015）。2008年には、乳幼児を持つ親とその子どもが気軽に利用し交流や育児相談ができる場、子育て情報の提供の場として支援拠点の整備に関する市民から要望を受けて、後述の地域子育て支援センターを含む子育て支援複合施設が開設され、「ちとせ子育て支援ネットワーク会議」も設置された（内閣府、2013）。また、2012年には「子育てに関する事務事業を一元的に把握し、部署間の連携を強化するため」に、保健福祉部内に子育て推進課、保育課、子育て総合センター、子ども療育課で

構成される子育て支援室が設置され、内閣府が2012年度に実施した全国の自治体における子育て支援の調査の報告書では、先駆的取り組み事例としても紹介されている（内閣府、2013）。

　千歳市では、2014年度から定住促進策の一つとして、先進的な子育て支援に取り組む"子育てするなら、千歳市"の施策が開始され、まちづくりの主軸に子育て支援が位置づけられてきた。2012年に成立した「子ども・子育て支援法」（2015年4月施行）の「基本理念」および「子ども・子育て支援の意義」を踏まえて、2015年度からの5年間計画で策定された「千歳市子ども・子育て支援事業計画」では、「すべての子どもが健やかに育つまち」（子どもの視点）、「すべての家庭が安心して子育てできるまち」（子育て家庭と地域の視点）、「子育て世代に選ばれるまち」（千歳の将来の視点）の三つの基本理念（および視点）を掲げ、その「主要施策」として全20の主要事業が推進されてきた。このうち、主要事業9では、2013年度時点で市内に3か所ある地域子育て支援センターに加えて、市内7か所の児童館に地域子育て支援拠点事業（連携型）を展開し、「地域子育て支援センターの拡充」に取り組むことが盛り込まれている。また、主要事業10では、利用者支援事業として、子育て支援中核施設（地域子育て支援センター）2か所に「ちとせ子育てコンシェルジュ」をそれぞれ配置し、教育・保育施設や幅広い子育てサービスの情報収集・提供を行うなど、きめ細かな支援を実施することが掲げられている。さらに主要事業13では、平日働いている親子や祖父母が、日曜日や祝日に子どもや孫と楽しい時間を過ごす場所として、子育て支援中核施設2か所を休日に開館することなど、拠点事業の拡充に関わる内容が数多く盛り込まれている。

　上述の"子育てするなら、千歳市"政策として、千歳市では2014年からの7年間で60事業が開始されているが、その一環として、全国的にも早い2016年10月から市をあげて「ちとせ版ネウボラ」事業が実施されている（千歳市、2021a）。この背景にも、「年間約6千人の市民が転出入するという地域特性があり、孤立する子育て家庭や妊娠・出産に対する不安を抱える母親も多くいる」との問題認識がある（松本、2018）。「ちとせ版ネウボラ」は、妊娠期から周産期までの支援事業である「妊婦ネウボラ」と、出産後から子育て期までの支援事業である「こどもネウボラ」、支援が必要な家庭に対して専門家がチームで

表5-3　「ちとせ版ネウボラ」の事業内容

① 妊婦ネウボラ
（随時支援）総合保健センター1階に個室の相談室を整備し、母子保健コーディネーターが親との会話を通して、「傾聴」、「対話」、「助言」を行います。 　（子育てコンシェルジュとの連携）妊婦全員に妊娠期支援プランを作成します。 　（定期開設）総合保健センター1階に個室の相談室を整備し、月1回予約制の相談日を開設し助産師が相談に応じます。また、月1回は予約なしの相談日を開設し、こどもネウボラと同時に開催します。 　（小集団支援）母親学級の子育て支援センター見学コース終了後に座談会を開催し、妊婦さん特有の悩みを共有し、話し合いながら心配ごとや不安の軽減を図ります。
② こどもネウボラ
（定期開設・巡回支援）総合保健センター1階に個室の相談室を整備し、予約制での相談に応じます。また、月1回は予約なしの相談日を開設し、妊婦ネウボラと同時に開催します。総合保健センター保健師、助産師、栄養士等が市内の子育て支援センター（11か所）を巡回し、妊産婦や子育て中の親が相互に交流しながら、気軽に相談できる機会をつくります（週1回程度）。必要時、支援プランを作成します。
③ 個別ケア会議
心理社会的問題、家庭内暴力、望まない妊娠、ネグレクト、育児不安や孤立感など、支援が必要な家庭に対して複数の専門職による「個別ケア会議」を開催し、チームで支援します（月1回定期開催）。
④ ちとせ版ネウボラ会議
総合保健センター、子育て支援センター、家庭児童相談室、産前産後ケア担当主幹、こども療育課などが、顔の見えるネットワークを構築し、定期的に「ちとせ版ネウボラ会議」を開催します。

千歳市（2021b）に基づき筆者作成

　支援を行う「個別ケア会議」、関係機関が定期的に開催する「ちとせ版ネウボラ会議」の4事業で構成されている（表5-3）。制度的には子どもが18歳になるまでの期間、継続的な支援が行われ、そこでは「対話」により「丁寧に話を聞き、親子に寄り添うことで、信頼関係を構築」することが重視されている。このように「ちとせ版ネウボラ」では、「親を指導するのではなく、ともに考え、寄り添い、必要な連携機関につなぐことを通して、妊娠・出産や子育ての不安を解消し、マタニティブルー、産後うつ、育児ノイローゼ、児童虐待を予防」することが目的として掲げられている（千歳市、2017：2021b）。

　そこで次に、千歳市の地域子育て支援センター（以下、センターB）で2017年

6 月に実施した事例調査（事業視察、職員へのヒアリング）から、「ちとせ版ネ
ウボラ」をベースとした千歳市の拠点事業と利用者支援事業の実施内容と特徴
を考察する。

(3) 千歳市における地域子育て支援の事業事例

　センターBは、市営団地や住宅街の中にある大型の子育て支援複合施設（2008
年開設）に立地しており、この施設の 1 階には認定こども園、2 階にはセンタ
ーBと児童館、児童クラブが併設されている。センターBは、市直営の地域子
育て支援拠点事業（一般型）であり、親子交流の場であるひろばスペース（つ
どいの広場）は市民団体との協同で運営されている。開催時間は月曜日から土
曜日の午前 9 時から午後 5 時30分まで（つどいの広場は 4 時30分まで）である
（調査時点）。センターBでは、親子向けのプログラムや子育て相談（子育てコン
シェルジュ）、子育て講座、子育ての情報提供、子育てサークル支援、地域の
町内会館などで実施されている「地域子育てサロン」の支援、子育て支援ボラ
ンティアの募集、地域の高齢者とセンターを利用する児童との世代間交流事業
などを実施している。

　センターBのひろばスペースの入り口には「こどもネウボラ」と書かれた
「のぼり旗」が設置されており、内部は広々と開放的で明るい。訪問した日に
は、ままごと遊びの道具が置かれたコーナーを中心に15組ほどの親子があちこ
ちで遊んでおり、エプロンをつけたスタッフ 3 名ほどが部屋全体の様子を見守
りながら、時おり親子に話しかけたりしていた。前述のようにこのひろばは市
民団体が運営しており、子育て経験者や幼稚園教諭の経験者などがスタッフを
している（職員へのヒアリングより、2017年 6 月）。千歳市の保健センターで実
施されるネウボラ相談は個室で行われているのに対して、センターBではひろ
ばスペースの一角に、パーテーションで仕切られたネウボラ相談コーナーがあ
り、ここで保健師などによる利用者支援事業が実施されている。訪問した際も、
間隔を空けて 3 台設置された小ぶりのローテーブルで親子数組が個別に相談支
援を利用していた。

　また、ひろばスペースには、「パパのベビーマッサージ」「子育てスキルアッ
プ講座（祖父母編）」「マタニティ・ランチデー」「産後ママ相談」などの案内

物が掲示されており、妊婦向け、産後向け、父親向け、祖父母向けなど、特定
の対象者向けの催しが実施されていた。さらに、市内に転入して3年以内の就
学前親子を対象に、市の多目的バスを利用して親子同士がふれあい、知り合う
きっかけづくりを目的とする事業として、「転入親子ウェルカム交流ツアー」
が実施されており（職員へのヒアリングより、2017年6月）、Bセンターにもその
案内チラシが掲示されていた。このように、千歳市では妊娠期からの施設利用や、
父親によるネウボラ相談の利用、父子だけでのひろば利用など、母子以外の多
様な利用者層へのアプローチが行われていた。Bセンターの職員や市役所関係
者へのヒアリングでも、とくに父親の支援利用を促す取り組みについて度々言
及があったほか、転入・転出が多い地域であることから子育て家庭の孤立問題
の解消を目指した取り組みに力を入れているといった説明が何度か聞かれ、こ
れらについて関係機関が共通認識を持って事業が行われていることがうかがわ
れた。

　「ちとせ版ネウボラ」では、妊娠期には保健センターで母子健康手帳が交付
されるのに合わせて、「母子保健コーディネーター」等の専門職が「妊婦ネウ
ボラ」を実施し、妊娠・出産・子育て等に関する個別の相談に応じる。また、
産後・子育て期には、保健センター等の母子保健コーディネーターによる相談
支援（こどもネウボラ）だけでなく、上述のようにBセンターなどの拠点事業施
設に市のネウボラ担当者が派遣される形で実施されているアウトリーチ型の相
談支援（利用者支援事業）が行われている。保健センターでのネウボラ相談は、
予約した日程または予約なしの相談日に専用の個室で実施されるが、拠点事業
施設におけるネウボラ相談は、母子保健コーディネーターが定期的に巡回し、
ひろばスペースの一角で行われるため、遊びに利用しに来たついでに相談する
こともできる。さらに、Bセンターには「子育てコンシェルジュ」の担当者も
常駐しており、その都度、子育て家庭の相談に対応し、保育や子育て支援の制
度・施設等についての情報提供や関係機関との連携による支援が行われていた。

　このように「ちとせ版ネウボラ」では、妊娠期からすべての妊婦・乳幼児家
庭を対象にした継続的な個別支援が実施されており、またそのために地域の関
係機関の連携が図られていた。表5-3にもある通り「ちとせ版ネウボラ」の特
徴としては、「個別ケア会議」や「ちとせ版ネウボラ会議」の定期開催により、

地域の関係者が「顔の見えるネットワーク」を構築するという点があげられている。本調査においても、市が抱える子育て支援の課題や事業の重点について、各支援機関の関係者の間で共通の認識（説明）が示されていたことは、そうした連携の証左であると考えられる。

7　北海道の都市部における子育て支援の現状と課題

　本章では、北海道地域における人口変動・家族変動の状況を概観した上で、北海道の中枢都市であり少子化や都市的な子育て環境の問題が顕著な札幌市と、札幌圏に位置しながらも高い出生率や人口増加率がみられる千歳市における事例調査から、地域子育て支援の事業内容の特徴を提示した。両市はともに、子育て家庭の核家族率の高さや転入・転出を背景とした社会的孤立のリスクなどといった共通の課題を抱える都市地域であるが、全国でも先駆的に「日本版ネウボラ」制度を導入していた千歳市と比べると、札幌市では妊娠期からの支援施設の利用促進や、支援担当者と利用者の継続的な関わり、母子保健と子育て支援の連携による切れ目のない支援、地域の関係機関の連携などの面に課題がみられた。調査時点では、札幌市においても利用者支援事業として子育てアプリの導入など、新しい形での情報提供が実施されるようになっていたが、利用者の身近な場所でのワンストップの相談や情報提供、当事者に寄り添った切れ目のない支援を実現する上では改善すべき点も多くあるとみられる。今後は施設職員間での情報共有だけではなく、千歳市のように保健センターと市の各拠点事業施設での連携や、さらに札幌市の各地域に多数ある民間の支援施設・団体との間のネットワーク構築や情報共有などもより一層求められる。

　日本では子育て世代包括支援センターの導入後、妊娠期からの切れ目のない支援を提供するために、従来分かれていた母子保健と子育て支援の事業のいくつかを一体的に運用し、各支援機関の連携を強化する動きが進められつつある。子育て家庭の孤立予防や虐待防止という意味でも、支援施設や制度を利用していない／できていない層へのアプローチやアウトリーチが今後より一層重要となってくるであろう。また、家族の多様化や子どもを持つ女性の就労化が進む中では、地域子育て支援がカバーすべきターゲットやニーズも広がってい

る。千歳市のように、妊娠期からの支援利用を促すような取り組みや男性・祖父母に対する育児支援、新規転入者など、多様かつ特定の層をターゲットとして、既存の制度・支援施設の利用を促進するアプローチはますます必要となる。都市部における子育て環境を改善し、子育てしやすい地域社会を実現する上でも、地域における妊娠期からの切れ目のない予防的・包摂的な子育て支援の体制づくりとその実践の推進は、北海道における喫緊の課題であるといえる。

[注]

1　例えば、0歳6か月〜6歳11か月の子どもを持つ母親を対象としたベネッセ教育総合研究所（2016）の調査では、子どもの面倒をみてくれる人（機関・サービス）が「いない（ない）」という回答が21.8％を占めている。また、「いる」場合も、「父親」は66.7％、「祖父母等」が75.6％で8割未満であり、「ママ友等」（11.0％）、「近所の人」（4.9％）などの非親族からの育児援助は限定的である。

2　利用者支援事業、地域子育て支援拠点事業、一時預かり事業、乳児家庭全戸訪問事業、養育支援訪問事業等、子育て短期支援事業、子育て援助活動支援事業（ファミリー・サポート・センター事業）、延長保育事業、病児保育事業、放課後児童クラブ、妊婦健診、実費徴収に係る補足給付を行う事業、多様な事業者の参入促進・能力活用事業の13事業である。

3　国立社会保障・人口問題研究所（2015）の調査では、「第1子が3歳になるまでに利用した子育て支援制度や施設」に関する回答として、「子育て支援センター・つどいの広場など地域の親子交流や相談の場」（拠点事業や子育てひろば・サロンなど）は49.5％と最も高く、乳幼児家庭では産前・産後休業（26.3％）や認可保育所（24.1％）、育児休業制度（22.7％）などよりも利用経験が高い制度となっている。

4　一つ目の「基本型」は、地域子育て支援拠点等の身近な場所で、相談・ニーズ把握・情報の収集・提供、保育所等の利用にあたっての助言や支援を、「当事者の目線に立った、寄り添い型の支援」として行う「利用者支援」と、地域の関係機関との連絡調整や連携・協働の体制づくり、地域の子育て支援資源の育成や社会資源の開発等、「地域における、子育て支援のネットワークに基づく支援」を行う「地域連携」の二つの柱で構成される。二つ目の「特定型」（いわゆる「保育コンシェルジュ」）は、主として市区町村の窓口で子育て家庭等からの保育サービスに関する相談に応じ、情報提供や利用に向けての支援を行う。三つ目の「母子保健型」は、主として市区町村保健センター等で保健師等の専門職が、妊娠期から子育て期にわたるまでの母子保健や育児に関する相談に応じ、継続的な状況把握・情報提供・支援プランの策定等を行う（厚生労働省、2019）。

5　6歳未満の子どもがおり、夫が有業者である夫婦と子ども世帯（三世代同居世帯も含む）

のうち、妻が無業者の割合は、全国では 42.0％であるのに対し、札幌市は 48.4％とやや高い。一方、年間 200 日以上勤務している男性雇用者のうち、一週間の就業時間が 60 時間を超える者は 17.9％で、全国平均の 13.9％を上回り、政令指定都市でも最も高い水準である（総務省統計局、2017）。「長時間勤務や転勤を当然とする男性中心の働き方等を前提とする労働慣行により、男性に正社員が多く、女性にパートタイム、派遣・契約社員が多いほか、勤続年数、職階の違いなどから、男性に比べて、女性の賃金が低い現状」があること、「雇用等の分野においても固定的性別役割分担意識は根強く、女性が、結婚・出産により離職する場合が多く、一度離職してしまうと、再就職等をすることは容易なことでは」ない（札幌市、2018：28-30）ことは、日本の全体の傾向であるが、全国と比べても札幌市はそれが鮮鋭化してあらわれている地域であるといえる。

付記　本稿は、博士学位論文（工藤、2020）の一部を大幅に加筆・修正したものである。

［参考文献］

朝日新聞デジタル（2018）「待機児童問題『見える化』プロジェクト」https://www.asahi.com/special/taikijido/（2022 年 1 月 25 日閲覧）

吾田富士子・山田りよ子・甲斐仁子（2006）「札幌市『仲よし子ども館』の果たした役割と今日への示唆―地方行政と子育て支援の視点から―」『保育士養成研究』24：19-28

一瀬篤（2016）「『妊娠・出産包括支援事業』とは」『保健ジャーナル』72（1）：8-13

一般財団法人児童健全育成推進財団（2018）「平成 29 年度　子ども・子育て支援推進調査研究事業報告書　児童館を中心とした社会的ニーズへの対応及び必要なネットワーク構築に関する調査研究」https://www.mhlw.go.jp/content/11900000/000520415.pdf（2022 年 1 月 25 日閲覧）

NPO 法人子育てひろば全国連絡協議会（2016）「地域子育て支援拠点事業に関するアンケート調差 2015　地域子育て支援拠点における『つながり』に関する調査研究事業　報告書」https://kosodatehiroba.com/new_files/pdf/away-ikuji-hokoku.pdf（2022 年 1 月 25 日閲覧）

金子勇（2003）『都市の少子社会―世代共生をめざして―』東京大学出版会

工藤遥（2020）「地域子育て支援の施策と課題―子育ての私事化／社会化をめぐって―」北海道大学大学院文学研究科令和元年度博士学位論文

厚生労働省（2017）「子育て世代包括支援センター業務ガイドライン」（平成 29 年 8 月）https://www.mhlw.go.jp/file/06-Seisakujouhou-11900000-Koyoukintoujidoukateikyoku/kosodatesedaigaidorain.pdf（2022 年 1 月 25 日閲覧）

厚生労働省（2018a）「『地域子育て支援拠点事業の実施について』の一部改正について（子発 0627 第 2 号、平成 30 年 6 月 27 日）」https://www8.cao.go.jp/shoushi/shinseido/law/

kodomo3houan/pdf/h300813/chiiki_jigyo.pdf（2022 年 1 月 25 日閲覧）

厚生労働省（2018b）「『保育所等関連状況取りまとめ（平成 30 年 4 月 1 日）』を公表します」https://www.mhlw.go.jp/content/11907000/000350592.pdf（2022 年 1 月 25 日閲覧）

厚生労働省（2019）「『利用者支援事業』の概要」https://www.mhlw.go.jp/file/06-Seisakujouhou-11900000-Koyoukintoujidoukateikyoku/riyoshasien.pdf（2022 年 1 月 25 日閲覧）

厚生労働省（2020a）「令和 2 年 (2020) 人口動態統計月報年計（概数）の概況　第 9 表」https://www.mhlw.go.jp/toukei/saikin/hw/jinkou/geppo/nengai20/dl/h9.pdf（2022 年 1 月 25 日閲覧）

厚生労働省（2020b）「平成 25 年～平成 29 年人口動態保健所・市区町村別統計の概況」https://www.mhlw.go.jp/toukei/saikin/hw/jinkou/other/hoken19/index.html（2022 年 1 月 25 日閲覧）

厚生労働省（2020c）「地域子育て支援拠点事業」https://www.mhlw.go.jp/content/000666540.pdf（2022 年 1 月 25 日閲覧）

厚生労働省（2020d）「子育て世代包括支援センターの実施箇所一覧（2020 年 4 月 1 日時点）」https://www.mhlw.go.jp/stf/seisakunitsuite/bunya/0000139067.html（2022 年 1 月 25 日閲覧）

厚生労働省（2021a）「（地域子育て支援拠点事業）令和 2 年度実施状況」https://www.mhlw.go.jp/content/000846146.pdf（2022 年 1 月 25 日閲覧）

厚生労働省（2021b）「（利用者支援事業）令和 2 年度実施状況」https://www.mhlw.go.jp/content/000846148.pdf（2022 年 1 月 25 日閲覧）

国立社会保障・人口問題研究所（2015）「第 15 回 出生動向基本調査（夫婦調査）」

笹谷春美（2013）「北海道の高齢者介護—『介護の社会化』・『脱ジェンダー化』は進んだか」札幌女性問題研究会編『北海道社会とジェンダー——労働・教育・福祉・ＤＶ・セクハラの現実を問う—』明石書店 :138-165

札幌市（2004）「さっぽろ子ども未来プラン（前期計画）」https://www.city.sapporo.jp/kodomo/jisedai/index.html（2022 年 1 月 25 日閲覧）

札幌市（2015）「新・さっぽろ子ども未来プラン」https://www.city.sapporo.jp/kodomo/jisedai/kodomokeikaku.html（2022 年 1 月 25 日閲覧）

札幌市（2017）「札幌市産業振興ビジョン改定版（平成 28 ～ 34 年度）」https://www.city.sapporo.jp/keizai/top/keikaku/vision.html（2022 年 1 月 25 日閲覧）

札幌市（2018）「第 4 次男女共同参画さっぽろプラン」https://www.city.sapporo.jp/shimin/danjo/sankaku/keikaku/index.html（2022 年 1 月 25 日閲覧）

札幌市（2020a）「令和 2 年人口動態統計」https://www.city.sapporo.jp/hokenjo/f9sonota/eiseinenpou.html（2022 年 1 月 25 日閲覧）

札幌市（2020b）「第 4 次さっぽろ子ども未来プラン」https://www.city.sapporo.jp/kodomo/
　　jisedai/kodomoplan2020/index.html（2022 年 1 月 25 日閲覧）

鈴木秀洋（2018）「平成 29 年度　子ども・子育て支援推進調査研究事業　市区町村子ども
　　家庭総合支援拠点の設置促進に向けた支援手法に関する調査研究報告書」https://www.
　　mhlw.go.jp/content/11900000/000520498.pdf（2022 年 1 月 25 日閲覧）

総務省統計局（2017）「平成 29 年就業構造基本調査」

総務省統計局（2020）「国勢調査」

髙橋睦子（2015a）「フィンランドのネウボラとは」『地域保健』46（1）：66-71

髙橋睦子（2015b）『ネウボラ　フィンランドの出産・子育て支援』かもがわ出版

髙屋大樹（2018）「子育て世代包括支援センターに関する一考察―センターの創設過程、自
　　治体の取組と今後の課題―」『都市問題』109（2）：94-121

千歳市（2015）「第 1 期千歳市子ども・子育て支援事業計画」https://www.city.chitose.
　　lg.jp/_resources/content/84789/20150407-161804.pdf（2022 年 1 月 25 日閲覧）

千歳市（2020）「第 2 期千歳市子ども・子育て支援事業計画」https://www.city.chitose.lg.jp/
　　fs/1/8/3/7/5/2/_/_____2.pdf（2022 年 1 月 25 日閲覧）

千歳市（2021a）「子育てするなら、千歳市【第 13 版】」https://chitose-kosodate.net/wp-
　　content/uploads/2021/06/6b8b5940671c4a80204a81772a49384a.pdf（2022 年 1 月 25 日閲覧）

千歳市（2021b）「要覧ちとせ　令和 3 年版　第 2 章（人口）」https://www.city.chitose.lg.jp/
　　fs/3/6/4/9/1/8/_/_2_.pdf（2022 年 1 月 25 日閲覧）

千歳市母子保健課（2017）「ちとせ版ネウボラ　妊娠・出産から子育てまで切れ目のない支援」
　　https://www.city.chitose.lg.jp/_resources/content/96420/20170131-130413.pdf（2022 年 1
　　月 25 日閲覧）

駐日フィンランド大使館（2022）「フィンランドの子育て支援」https://finlandabroad.fi/
　　web/jpn/ja-finnish-childcare-system（2022 年 1 月 25 日閲覧）

内閣府（2013）「平成 24 年度『全国自治体の子育て支援施策に関する調査』報告書 全体版」
　　https://www8.cao.go.jp/shoushi/shoushika/research/cyousa24/jichitai/index_pdf.html
　　（2022 年 1 月 25 日閲覧）

中山まき子（2020）「日本への『ネウボラ』導入過程と『母子結構包括支援センター』の設置―『切
　　れ目のない支援』政策とは―」『同志社女子大学　学術研究年報』71：63-82

ベネッセ教育総合研究所（2016）「第 5 回　幼児の生活アンケート　レポート　第 3 章　父親
　　のかかわりと子育て支援」https://berd.benesse.jp/up_images/textarea/jisedai/reseach/
　　yoji-anq_5/YOJI_chp3_P59_65.pdf（2022 年 1 月 25 日閲覧）

北海道（2018）「平成 30 年度道民意識調査」https://www.pref.hokkaido.lg.jp/ss/tkk/ishiki/
　　H30chosakekka.html（2022 年 1 月 25 日閲覧）

北海道（2021）「北海道人口ビジョン（改訂版）のオープンデータ」https://www.pref.
　　hokkaido.lg.jp/ss/csr/jinkou/senryaku/jinkouvisionopendata.html（2022 年 1 月 25 日閲覧）
松田茂樹（2013）『少子化論—なぜまだ結婚・出産しやすい国にならないのか—』勁草書房
松本純子（2018）「子育て世代包括支援センターと支援拠点の連携を強化—北海道千歳市の
　　取り組み—」『地域保健』49（4）：32-35

第6章　母子生活支援施設の役割と課題
——北海道の母子生活支援施設における調査より

吉中季子

1　母子生活支援施設の変遷と背景

　2020年からのコロナ禍は、それまで社会が覆い隠していた格差や潜在的問題を炙り出すことになった。災害と感染症は人を選ばないとされるが、これまで見えにくかった弱者の不安定な生活が足元から崩れ、その困難が一気に露呈した。母子世帯の生活においても、ぎりぎりで持ちこたえていた状態のうえにさらに衝撃を与えた。

　母子世帯の脆弱性は今にはじまったことではなく、母子世帯の生活を支える育児支援や貧困を防止するための福祉制度や社会保障は古くからある。そのなかに母子世帯の居住と暮らしを包括的に支援する福祉的資源として、母子生活支援施設がある。

　母子生活支援施設は、様々な困難を抱えた母子世帯が入所する施設である。入所の理由は、経済的困難のみならず、「特別なニーズ」も増えている。こうした状況に対応するために、母子生活支援施設は専門的なケアと住居提供などを通じて重要な役割を担っている。

　しかし、母子世帯の数は年々増加傾向にありながらも、その一方で、施設数、入所世帯数とともに減少傾向にある。それはなぜか。この傾向は、母子生活支援施設が貧困対策あるいは子育て支援としての役割を果たしていないからなのか、あるいは利用者の期待とはどこか乖離しているからなのだろうか。このような関心の下、本章では母子生活支援施設の利用者である母親に焦点をあて、現在のニーズと母子生活支援施設の役割について再検討する。以下では、2015年に実施した北海道に所在する10の施設とその入所者を対象にしたアンケート調査結果を利用しながら、全国との比較も視野に入れてみていく。

（1）母子生活支援施設の変遷

　母子生活支援施設は、児童福祉法に規定された、様々な困難を抱えた母子世帯が入所する第一種社会福祉事業に位置づけられた施設である。1929年に「母子寮」という名称で救護法に規定されて以降、1937年には母子保護法、戦後は1947年の児童福祉法を根拠法として現在に至っている。

　母子寮の創設から半世紀が経過した1997年の児童福祉法改正時には、それまでの母子寮に「自立の促進のためにその生活を支援する」ことが求められるようになり、名称も「母子寮」から「母子生活支援施設」へと改称された。それは、いわゆる社会福祉基礎構造改革のなかで、母子世帯に限らず自立支援が強められる流れを捉えてのものであった。とくに母子世帯に対しては、それまでの「保護」される対象から「自立」が求められる対象へと支援の位置づけも変化した（湯澤、2007）。さらに2002年に公表された「母子家庭等自立支援対策大綱」において、母子生活支援施設には、子育て相談、保育強化、サテライト型などの多様な機能強化、あわせてＤＶ防止法に基づくＤＶ被害者の緊急一時保護施設の役割も求められるようになった。それに伴い入所の理由も、経済的困難、ＤＶ、虐待、多重債務、障がいなど、特殊なニーズが加わり、それらを複合的に抱えた母子世帯が増え、母子生活支援施設の機能は多様化してきた。

（2）母子世帯数の増加と様相の変化

　母子世帯の様相も変化してきた。厚生労働省（旧厚生省）はおおむね5年ごとにひとり親の調査（「全国ひとり親等調査」）を実施しているが[1]、調査開始時の1952年では、「母子になった理由」は母子全体のうち85.0％が死別であった。しかしその後、死別に代わり離婚によって母子世帯となる世帯が増え続け、1978年には死別が49.9％と5割を割った。直近の2016年調査では、死別が8.0％、離婚79.5％、未婚の母が8.0％であった。母子世帯数も1988年には84.9万世帯だったものが、2016年には123.2万世帯と約30年で1.5倍となった（図6-1）。

　このように、戦後まもなくは夫と死別した困窮対策が中心であったが、時代の変化に伴い離婚が増え、世帯の抱える課題、入所者の質や施設ニーズも多様化してきた。それらの影響も受けて、上記で述べたように母子生活支援施設の体制や役割も変化してきた。

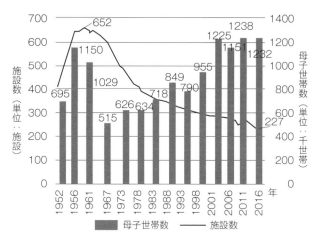

図6-1　全国の母子生活支援施設数と母子世帯数の推移

「国民の福祉の動向」、「全国母子世帯等調査」、「全国ひとり親等調査結果報告」各年度により筆者作成

（3）全国の母子生活支援施設数の推移

　一方で全国の母子生活支援施設数は、1959年の652施設のピーク時から減少し続け2016年には227施設となった（図6-1）。表出していないが、入所世帯数も2006年の4,092世帯から2016年は3,288世帯と、この10年間だけでも大きく減少した。そのため、認可定員を満たさない場合に設定される暫定定員数[2]となる施設も少なくなく、施設存続自体にも影響を及ぼしかねない状況にもある。

（4）北海道の母子生活支援施設数

　北海道内にある母子生活支援施設に関しては、北海道母子生活支援施設協議会が発行している『北海道の母子生活支援施設のすがた』からその概要がわかる。まず施設数の推移をみると、戦後は全国の動向と同じく戦災母子が増加したことから、母子への支援が急務になり、1940年代後半から母子寮の設立が相次いだ。1950年には8施設（各施設の定員数総計は152人）であったのが、1958年には31施設（同595人）にまで増加し（図6-2）、これは当時、東京、愛知に続

く全国３位の多さであった。運営主体は、ほとんどが各市町村による公設公営であり、各施設の受け入れ可能世帯数は20世帯前後の規模であった。

　この時代のニーズは、全国的に、敗戦後の各種援護対策や社会情勢の変化による母子世帯の増加によるものである。北海道ではそうしたことにくわえ、樺太地からの引き揚げによる貧困世帯の増加（稚内市）、石炭産業による人口増加とその炭鉱罹災者の未亡人対策（歌志内市・芦別市）、1954年に起こった洞爺丸沈没による需要拡大による増設など（函館市）、道内の地域の特殊事由により母子世帯が増加し、設立・増設されたところもあった。

　1960年代以降は、徐々にそれまでの役割を終え、施設の老朽化や住宅事情の変化などから全体的な縮小傾向が続き、1980年代からは一定数を保ちながら多様なニーズに対応してきた。2022年現在では、札幌市内で５施設、函館市内２、旭川市内１、小樽市内１と、道内において相対的に人口集中している地域での施設が継続して運営されている。最近の動きとしては、札幌市内の一つの施設が2018年の胆振東部地震により建物が損壊したために業務を停止した後に廃止となった。

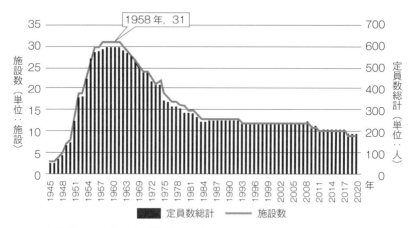

図6-2　北海道の母子生活支援施設数・定員数総計の推移

『北海道の母子生活支援施設のすがた』により筆者作成

2　女性の貧困・住居喪失と母子生活支援施設

　一般に、母子生活支援施設に入所する前の母子世帯は、様々な事情を抱え「行き場を失っている」状況であり、住居喪失の危機にある状態といえる。これは、路上生活をしている人だけでなく、ホテル住まいや知り合いの家を転々とする事例も含み、広い意味での「ホームレス状態」である（吉中、2021）。そうした状況の人たちが施設に入所するのは、単に居住の場の確保だけを意味するものではない。それは、施設側からは多様な支援を包括的に提供する場としての「住むところ」の提供であり、利用者側からは「ワンストップ」で支援が受けられる生活の場の確保でもある。そこでの様々な内容を含む居住支援の役割は大きく、とくに母と子どもの世帯にとっては、落ち着いて「ともに」生活できるところがなければ、家族としての再出発も難しいのは言うまでもない。

　ところで、母子や女性が入所可能な施設は、ここで取り上げている母子生活支援施設以外にもいくつかある。しかし、対象が誰か、住居喪失に陥る「理由」は何かにより、機能する支援や制度が異なるといった実態がある。このような背景のなかで、母子生活支援施設の特徴を概観しておくために、行き場のない女性が利用する施設などを関連する法ごとに整理したのが表6-1である。これを参考にしながら、母子生活支援施設の位置づけに関して少し説明を加えたい。

　まず関連する解決すべき課題が生じた場合、それらの多くは福祉事務所などを通じ、抱える問題やニーズに応じて施設入所や一時保護を受けることとなる。しかし、そこで各法律の「縦割の壁」で支援が分かれることもある。例えば、母子で行き場を失った場合は、子どもの保護とともに児童福祉法が優先され、母子生活支援施設への入所となることが多い。また、ＤＶ被害者が避難する場合には、相談窓口（福祉事務所、警察など）から、都道府県設置の配偶者暴力相談支援センターにつながる。ＤＶ被害を受けたということが認められてはじめて緊急一時保護となり、ＤＶ防止法に基づく対応となる。その後、ＤＶ防止法による緊急一時保護として、一時保護所や一時保護委託の施設・シェルターへの入所となる。また別のケースとして、売春のおそれがある場合には、売春防止法による保護となり、婦人保護施設への入所となる[3]。

表 6-1　住居が不安定な女性が利用する主な施設

法に基づく事業・施設	施設等	根拠法	施設概要
【売春防止法】婦人保護事業	婦人相談所（一時保護所）	売春防止法	各都道府県に設置され、要保護女性に関する各問題について相談に応じ、必要な指導、一時保護を行う。
	婦人保護施設	売春防止法	要保護女子を入所させる施設
【DV防止法】緊急一時保護事業	一時保護所	DV防止法	ＤＶ被害者等の状況に応じて、婦人相談所が民間シェルター等の適切な委託契約施設へ一時保護を委託し、自立に向けた支援を行う。
	緊急一時保護施設（委託）	DV防止法	
	母子生活支援施設	児童福祉法	
	婦人保護施設	売春防止法	
	民間シェルター（主に女性専用）	（NPO法人・任意団体等）	
	その他福祉施設	各福祉法	
【児童福祉法】児童福祉施設	母子生活支援施設	児童福祉法	配偶者のない女子と監護すべき子どもを入所させて、保護し自立促進のために生活を支援し、相談その他の援助を行う。
【生活保護法】保護施設	救護施設	生活保護法	身体上または精神上に著しい障害があるため、日常生活を営むことが困難な要保護者を入所させて生活扶助を行う。
	更生施設	生活保護法	身体上または精神上の理由により養護および生活指導を必要とする要保護者を入所させて生活扶助を行う。
	宿所提供施設	生活保護法	住居のない要保護者の世帯に対して、住宅扶助を行う施設
【社会福祉法】その他	無料低額宿泊所	社会福祉法	生活困窮者のために無料又は低額な料金で貸し付ける簡易住宅、又は宿泊所その他の施設
【生活困窮者自立支援法】一時生活支援事業	民間シェルター等	（NPO法人・任意団体等）	生活困窮者のうち住居に不安を抱えている者に対し、一定期間（おおむね３か月）、衣食住の提供を行う。
【老人福祉法】老人福祉施設	養護老人ホーム	老人福祉法	65歳以上の者であって、環境上の理由および経済的な理由により居宅において養護を受けることが困難な者を入所させ、養護するとともに、自立して日常生活を営み、社会的活動に参加するために必要な指導、訓練、その他の援助を行う。

筆者作成

　婦人保護施設や母子生活支援施設は女性専用の施設であるが、女性の住居喪失者が利用する施設は、必ずしも女性専用の施設ばかりではない。生活が困窮した場合や身体的な支援が必要な場合などは、生活保護法による救護施設や更生施設、高齢であれば老人福祉法による養護老人ホームなどの入所もある。このように、それぞれの課題に応じた施設への入所ということになり、そのうえで個別の施策が機能することになる。このほかに、表出していないが、民間や自治体独自による母子世帯のシェアハウスの取り込みなども増えている（葛西、2017）。

　これらの専門的な機能を備える制度や施設においては、対象者の抱える問題が比較的明確で単純な場合の居住支援は、それに応じた個別の専門的対応を受けることができるという有利性もある。しかし個別であるがゆえに、いわゆる縦割り制度のなかで、支援が必要な人びとや問題が制度から漏れ落ちることもある。例えばＤＶ防止法による支援は、家庭内の暴力を配偶者間（事実婚、同居のカップルを含む）のみに限定し、親子間の暴力（成人間、子からの暴力など）は対象にしていない。また、社会福祉関係の施設は、単身での入所を扱うのがほとんどであるなか、「世帯」として支援する施設は、母子生活支援施設と婦人保護施設内の一部の母子世帯専用の居室のみに限定されている。しかも法的には、母子生活支援施設は児童福祉法による施設で子どもと同伴であるのが前提であるため、妊婦は（出産したら母子家庭になる予定であっても）原則対象外となっている[4]。また、母子以外の家族、例えば、親子・父子・きょうだい・夫婦などが「世帯」で住むところを失った場合は該当する施設はなく、生活保護による住居確保が中心となっている。

　以上のように、多様な対象の居住支援において、その属性ごとの施設の縛りが対象者を選別したり、世帯を分離させたりすることがある。ときに、それは利用者のニーズや支援に影響を及ぼしかねない。また、女性や母子の施設の運用に関する全体的な課題として、施策の種類は多様に用意されつつも、現実的な受入数やそもそもの「入所希望」対象者の数の少なさから、支援のマッチングが限定的あるいは偶然的になりがちといったこともある。この点は後に詳しく述べる。

　なお、あらためて確認しておくと、母子生活支援施設は、児童福祉法23条に

おいて「都道府県等は、（中略）保護者が配偶者のない女子又はこれに準ずる事情にある女子であって、その者の監護すべき児童の福祉に欠けるところがある場合において、その保護者から申込みがあったときは、その保護者及び児童を母子生活支援施設において保護しなければならない」となっている。さらに同38条では「これらの者を保護するとともに、自立の促進のためにその生活を支援し、あわせて退所した者について相談その他の援助を行うこと」としている。

　こうしてみると母子生活支援施設は、母子に対する「保護」という用語の使い方は法成立当初から現在まで変わっていないが、当事者主体や利用者参画の尊重といった流れのなかで、その意味するところも変化してきた。とくに「自立の促進」などが強調されながら、その支援も退所後まで拡大され、包括的かつ専門的な役割を担うことになった。

3　北海道内の施設の実態と利用者のニーズ

（1）施設と利用者の概況

　母子生活支援施設は、現在どのような課題があるのか、また、北海道に所在することでの地域的な特徴はあるのか、といった問題意識を踏まえ、2015年に北海道内の10の母子生活支援施設を通じて調査を実施した[5]。この調査では2種類の調査を実施した。一つは施設概要や入所者に関する情報を施設側に尋ねた調査で、全国と比較可能にするために、全国母子生活支援施設協議会が定期的に実施している調査に準じて調査票を作成した（以下、施設調査）。もう一つは独自に、施設に入所している母親に直接アンケートを実施したものである[6]（以下、利用者調査）。それらの結果に基づいて、母子生活支援施設の利用者である母親に焦点をあて、具体的な要望、入所後の変化をみることにより、入所者数の減少にみられる施設のありようと利用者のギャップを考察した。なお以下では、「全国母子生活支援施設実態調査」（以下、全国調査）との比較も念頭に置いた。

①　施設の体制(施設調査)

　はじめに、施設の職員体制や運営などについて触れておくと、入所施設であ

るための夜間管理として、宿直などを行うなどの24時間体制をとっているところは、10施設中４施設であった（全国調査平均は58.4％）。

　また、母子生活支援施設は女性専用の施設であることから、緊急一時保護の委託となることが多く、北海道では10施設中４施設が受託していた（全国調査平均は73.4％）。その内訳は、配偶者暴力相談支援センターからの委託が２、市単独事業１、無回答１であった。

　居住施設の設備については、北海道母子生活支援施設協議会（2012）によれば、調査時の直近である2011年の統計では、共同風呂となっている施設は４か所（全国16.7％）、共同トイレは４か所（全国39.4％）であった。その後施設の老朽化による建て替えをした施設もあるが、2020年でも共同風呂・トイレのままである施設は２か所存在した（北海道母子生活支援施設協議会、2021）。

② 利用者の属性・状況（施設調査）

　母子生活支援施設を利用している母親の年齢は、30歳代が一番多く42.4％、次いで40歳代27.8％、20歳代21.5％、10歳代、50歳代はごくわずかである。全国との比較においても大きな差はない（表6-2）。

　次に、母子生活支援施設に入所した理由は何か。北海道の入所者で特徴的なのは、全国との比較で「住宅事情」（63.5％）と「経済事情」（64.0％）といった、物理的で現実的な事情による入所理由の割合が高くなっていることである。「夫などの暴力（ＤＶ）」(29.2%)、「児童虐待」(13.8%)、「母親の心身の不安定」(14.3%)などは全国との比較からみても低くなっている（表6-3）。

　入所者の入所期間については、入所年数「１年未満」は北海道が16.5％、全国が35.8％、「３年未満」で合計してみれば、それぞれ45.2％、74.7％となっていた。また「３年以上」を合計してみれば、北海道が54.8％、全国が25.3％であった。明らかに北海道の施設利用者の入所期間は長期傾向にあることが特徴としてみられた（図6-3）。

③ 仕事・経済状況（利用者調査）

　母親たちの仕事の状況について、北海道・全国の施設入所者、一般の母子世帯をそれぞれ比較してみたのが表6-4である。まず就労状況について、母子生

表 6-2　入所している母親の年齢（%）

	北海道	全国※
10歳代	1.4	1.1
20歳代	21.5	20.9
30歳代	42.4	44.4
40歳代	27.8	29.1
50歳代	1.4	4.5
無回答	5.6	0.0

※「平成28年全国母子生活支援施設実態調査報告書」
筆者作成

表 6-3　入所理由　　　　複数回答　（世帯数、%）

	北海道		全国※	
夫などの暴力（DV）	53	29.2	1,868	54.0
児童虐待	25	13.8	916	26.5
入所前の家庭環境の不適切	52	28.7	795	23.0
母親の心身の不安定	26	14.3	705	20.4
職業上の理由	2	1.1	74	2.1
住宅事情	115	63.5	1,661	48.0
経済事情	118	64.0	1,724	49.9
その他	2	1.1	260	7.5
利用世帯数	181	―	3,458	―

※「平成28年全国母子生活支援施設実態調査報告書」
筆者作成

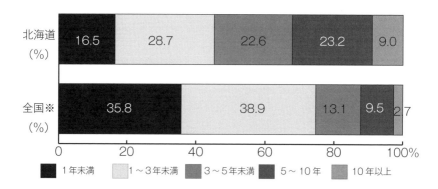

※「平成28年全国母子生活支援施設実態調査報告書」
筆者作成

図 6-3　入所年数

活支援施設利用者の母親は、全国平均が68.2%に対し、北海道はそれより高く83.4%であった。この割合は、一般の母子世帯の就労率（81.8%）とほとんど差がない。

　就労している母親の雇用形態では、一般母子の正規労働は44.2%、全国の施設利用者平均は16.2%、北海道の施設利用者の母親は22.5%であった。一般母子に比べ施設利用者の雇用形態は、非正規などのいわゆる不安定労働の割合が高いが、北海道の施設利用者は全国の施設利用者に比べ正規労働がいくぶん高くなっていた。

　さらに、収入についてはどうか。それぞれ調査方法が異なるため比較には注意が必要であるが、一般母子の母親の収入が200万円未満である割合が58.1%に対し、北海道の施設利用者の収入200万円未満は68.8%となっていた。なお、全国の施設利用者は180万円未満の収入が94.3%と非常に高い割合であった。このようにみると、北海道の施設利用者の母親の収入水準は、全国の施設利用者からみても、相対的には低くはないものだった。

　ではその収入は何から得ているのか。ここでは北海道の施設利用者のみであるが、該当割合が高い順にみると（表6-5）、児童扶養手当（88.9%）、児童手当（86.1%）、就労収入（80.6%）、生活保護費（20.1%）、養育費（19.4%）とつづき、

表 6-4　母子世帯の母親の仕事の状況（就労状況・雇用形態・収入）

		北海道の母子生活支援施設入所者（2015年）		全国の母子生活支援施設入所者（2016年）		一般母子全国ひとり親世帯等調査（2016年）	
母親の就労状況	就労世帯	151	83.4	2,360	68.2	1,685	81.8
	未就労世帯	30	16.5	1,098	38.2	193	9.4
	不明	—		—		182	8.8
	計		100.0	3,458	100.0	2,060	100.0
就労している母親の雇用形態	正規雇用	34	22.5	383	16.2	745	44.2
	非正規雇用	101	66.9	1,967	83.3	940	55.7
	無回答	16	10.6	10	0.4	—	—
	計	151	100.0	2,360	100.0	1,685	100.0
母親の収入	200万円未満	99	68.8	180万円以下	※ 94.3	200万円未満	58.1
	200万円以上	35	24.3	180万円以上	※ 5.7	200万円以上	41.8
	無回答	10	6.9	—		—	
	計	144	100.0		100.0		100.0

※「平成28年度全国ひとり親世帯等調査」の就労世帯の月収入より換算　　　　筆者作成

表6-5　収入の内訳（北海道・利用者調査）　複数回答

n＝144		(%)
本人の就労収入	116	80.6
他の家族の就労収入	2	1.4
児童扶養手当	128	88.9
児童手当	124	86.1
遺族年金	0	0.0
他の年金・手当	11	7.6
子の父からの養育費	28	19.4
親・きょうだいからの仕送り	1	0.7
生活保護費	29	20.1
家賃・利子・地代等	0	0.0
その他	4	2.8
全体	151	—

筆者作成

表6-6　生活保護の保護率（施設調査）

北海道 の母子生活支援施設入所世 帯の保護率（2015年）	全国 の母子生活支援施設入 所世帯の保護率(2016年)	一般母子の 世帯保護率※ （2016年）
24.8.%	50.7%	13.9%

※厚生労働省「被保護者全国一斉調査」
筆者作成

　ほとんどの母子世帯が複数の社会保障給付と就労収入の合算によって生活していることが推測された。
　なお生活保護についても確認しておくと（表6-6）、一般母子の世帯保護率は13.9％で、7世帯に1世帯が生活保護を利用していることになる。施設利用者の母子世帯の保護率は、全国では50.7％と実に2世帯に1世帯の割合で生活保護を受給している。それに対し北海道の施設利用者は24.8%と、一般母子よりは高いが全国の施設利用者よりも大幅に低かった。

（2）入所者の自由記述による意見（利用者調査）
　以下では、入所者の自由記述の回答を分析したものである。同様の回答を分類したうえで代表的な意見を取り上げて紹介する。

① 施設に期待したこと

　施設に入所するときは、何かしら思いや期待したことがあり、入所を決心しているはずである。「母子生活支援施設を利用しはじめたときに、施設に対して何を期待」したのだろうか。

　1）子育てに関するニーズ（37人、うち病児保育12人）

　入所時に期待したことで一番多かったのは、子育てに関するニーズ・子育てへの対応であった。その背景には、入所前からの子育てに関する不安や孤立を経験していたとも思われる意見がみられ、その意味も含んだ子育てに関するニーズである。必要な時に頼ることのできる体制の存在が子育ての精神的な軽減となっている様子がうかがわれた。

　　・子ども達の育て方とかのアドバイス（48歳 子14歳10歳）
　　・保育園の送迎、学校の休みの日の過ごし方など（40歳 子9歳）
　　・気軽に私用で子どもを預けられるであろうこと（26歳 子3歳1歳）
　　・子どもが寂しい思いをしなくなる（35歳 子13歳12歳10歳9歳）

　なかでも、利用の条件に制限があったり、母親自身も躊躇しやすい「病児保育」についての期待が大きかった。

　　・子どもが小さかったため、病気やけがの時みてくれること（42歳 子9歳）
　　・病児保育をしてくれることで、職が探しやすくなる（24歳 子4歳）

　2）家賃などの経済的効果（19人）

　現実的な生活の経済的効果のメリットを理由とした人も多かった。家賃負担が軽減、あるいは無料であるため、その分節約や貯金に回すことが可能になる。

　　・家賃など生活費の負担の軽減（34歳 子10歳）／家賃が安いこと（45歳 子16歳12歳）
　　・節約できる（29歳 子5歳）
　　・家賃がかからないこと（安いこと）、貯金できること（27歳 子3歳）

3）住居の確保（5人）

　そうした計画的な自立のためというより、ともかく入所時は住む場所を確保する必要があった人も一定数存在した。頼る人がおらず、広い意味でのホームレス状態で緊急で保護されるべき状況だと思われる事例もあった。

- ・住む場所が必要でした（31歳 子5歳2歳）
- ・住む場所があることがありがたかった（38歳 子12歳 10歳）（31歳 子5歳）

4）ＤＶからの保護を含む安心・安全の確保（17人）

　住宅の確保と合わせて、ＤＶによる避難が重なっていることが多い。加害者である夫から逃れて不安がなくなることや、子どもとの新しい生活に期待する声もある。しかしそこにも、頼る人がいないということも前提としてあり、背景に暴力と貧困、さらに何よりも孤立状態にあったと思われる。

- ・子の父からの追跡からの安全確保（48歳 子12歳9歳）
- ・夫から離れて安全に暮らせること（45歳 子16歳12歳）
- ・得体の知れない恐怖から自分達を守ってもらいたい。（不明）
- ・子どもと2人で生活できること（23歳 子3歳）

5）相談機能・精神的サポート（10人）

　当然ながら、それまで孤立していた母親は相談や支援を望んでいる。常に誰かに相談できる体制や、施設のなかにいることで安心感を得ている様子がうかがわれた。

- ・相談、カウンセリング、日々の会話、あいさつ、保護（元夫や侵入者からの）などの精神的な支え（32歳 子6歳）
- ・自分や子ども達に対しての生活の支援（31歳 子6歳3歳）
- ・いろいろと相談できること（45歳 子4歳）
- ・心配や不安がなくなること、安心できる環境（29歳 子9歳7歳）

② 母子生活支援施設に入所していることへの不満・嫌な思いをしたこと

　次に否定的な思いとして、施設に入所していることへの不満や嫌な思いをしたことがある人に、具体的な内容を尋ねた。それらから大きく、施設のハード面、生活の規則、職員、入所者、社会からの偏見といった意見に分かれた。

　1）部屋の狭さや設備の古さなどのハード面（15人）

　施設内の部屋が狭いこと、建物の古さ、水回りの環境の悪さなど、そもそも施設開設以来の建物で、現代の設備環境との差による不便さを感じていた。また、風呂が共同のところも存在し、自由に利用できない不便さと気遣いも生じる様子がうかがわれた。

　　・部屋が狭い（48歳 子14歳10歳）（37歳 子10歳）（30歳 子7歳）
　　・今はまだ古い建物なので、お風呂やトイレが共同なところ（34歳 子1歳）
　　・お風呂が少なく、秋から冬は寒すぎる（43歳 子15歳）
　　・子どもが大きくなり、部屋が狭いこと（40歳 子13歳）（33歳 子13歳）
　　・排水口のにおい、流れが悪い、水がなかなか流れていかない（35歳 子8歳）

　2）施設内の規則・体制など（19人）

　施設での生活は安心感がある反面、規則や体制になじまないと感じている母親もいる。施設の規則で最も不満の多いのは門限である。その他、来客の制限、掃除当番、外出届などへの不満もみられた。

　　・門限があること、来客の入室制限があること（27歳 子3歳）（24歳 子4歳）
　　・施設外の人を家に呼ぶことはしにくいため、交流をしにくい（32歳 子6歳）
　　・掃除当番があること（33歳 子10歳）（39歳 子12歳）
　　・外泊時に、紙（届）を提出すること（17歳 子0歳）
　　・留守中の巡視、決まり事がある（27歳 子4歳）

　3）職員の対応や言葉使い（27人）

　母親のなかには、それまでに傷つき母子生活支援施設に辿りついたものの、問題を抱えたまま精神的に弱っている人もいる。母親が神経質になっている場

合もあり、職員の態度や言葉に敏感になってしまい、職員側と利用者の説明不足や捉え方などの離齬によって傷ついてしまっている例もみられた。

・職員からの差別、いじめ、態度の違い（32歳 子8歳6歳）
・施設職員の方の対応が、親身ではないと思う（34歳 子11歳）
・1人だけを待遇するのではなく、みんな同じ待遇をしてほしい。ここの職員にはもうなにも期待してない。信用してない（31歳 子5歳）
・職員が若すぎる。子どもが小学生以上で子育てに苦労した人が職員の半分を占める施設であってほしい。子の気持ちがわかっても母親の気持ちや家庭環境が理解できない、または理解し難いと思う（39歳 子11歳）

4）規則やマナーを守らない入所者への不満（11人）

また、居住空間は独立しているとはいえ、多くの人と同じ建物内で一緒に暮らすこと、あるいは見えない対人関係に窮屈さを感じたりしていた。

・共同生活が息苦しく感じてきた（23歳 子3歳）（46歳 子4歳）
・集団生活のため、他の方とのコミュニケーションや気を遣う。挨拶をしてもしない人がいたり何かと大変で、嫌な思いをすることが何度もある（34歳 子6歳）
・他の居住者の子のしつけ、トイレの使い方、手洗い場の使い方、ドアの開閉音、態度など（39歳 子11歳）
・掃除が当番制だが、しない人がいる（29歳 子1歳）
・人間関係や騒音（29歳 子5歳）
・親同士の交流（25歳 子4歳）

5）母子生活支援施設に対する偏見・スティグマ（11人）

施設に入所していること自体、周囲から悪く評価されたりスティグマを感じるという意見も一定数みられた。また、子どもたちも社会や大人からの対応で少なからず影響を受けていることがうかがえた。施設が地域社会の一つの資源ではなく、何かしら異端なものとしてみられているまなざしを感じとっている。

・表に施設名の看板があるので、冷ややかな目で見られたり、お金がない人などと言われたことがある。看板をはずしてほしい（31歳 子5歳）

・（施設に住んでいると知られて）まわりの目が冷たく感じた（43歳 子15歳）

・「母子寮」に対して世間の偏見が多く、子どもたちに影響している（38歳 子13歳9歳）

・興味本位でいろいろ聞かれること（40歳 子13歳）

・話し相手に、気をつかわせてしまうこと（30歳 子7歳）

③ 母子生活支援施設への要望

　施設での生活を経験しているなかで、施設への要望を尋ねたところ、退所後の支援の継続の要望とともに、支援への満足感と感謝の気持ちも語られた。

　1）退所後の支援の継続（12人）

　これまでの支援を退所しても受けられるように、関係性を継続したいという要望が多かった。これは、そもそも頼る人がいないために退所後に再び孤立することへの不安の表れでもある。

・退所しても今までどおり、子どもの預かりをしてくれたらいい（42歳 子6歳）

・病児保育には本当によくお世話になっています。退所後や両親のいる世帯でも、気軽に利用できるようになると安心です（27歳 子3歳）

・退所後に困った時のアフターケアを整えてほしい。私は、身内に助けてもらえる人がいないため、何かあった時に不安です。保証人がいないので、困っています（34歳 子6歳）

　2）十分である・満足している（5人）

　また「要望はない」としながら、やや感情的な部分も含めて、職員の対応などへの感謝や満足感が語られていた。

・入所の時は建物の古さにためらいを感じたが、今は職員の気遣いや残業の際の子どもの居場所、数々の行事など、居心地が良すぎてできるだけ長くいたいと思ってしまうくらいです。逆に、自立する意識が薄れることがあってはいけないと思います（45歳 子16歳12歳）

・病気の時や仕事でどうしても遅くなる時など、とても助かっています。朝と帰宅時に先生方が明るく挨拶してくれて、私も子どもも楽しく過ごしています。皆様には本当に感謝しております。退所までよろしくお願いしたいです（26歳 子2歳）

4　利用者のニーズから見えてきたこと

（1）母子生活支援施設の運営体制および利用者の特徴

　北海道内の施設の運営体制においては、24時間の相談体制ではなかったり、宿直の職員を置いていない施設が相対的に多いという実態が浮かび上がってきた。このことは一般的にＤＶからの避難のための緊急一時保護の機能としては不十分ともいえる。ただこれは、「夫からの暴力」による入所理由の割合が低いことと、同時に北海道内の入所・保護施設の多様さともかかわって言えば、北海道のＤＶシェルターの体制との関連でさらに検討する必要があろう。

　次に入所者の傾向についてである。全国との比較でみれば、北海道の入所者の入所期間は長期であることが明らかとなった。また入所者の収入状況も、一般母子世帯よりも低位であるが、施設利用者の全国平均からすれば高く、その限りでは生活困窮度は低いようにみえる。事実、生活保護受給については、全国の施設入所者の2分の1が受給しているのに対し、北海道の施設入所者は4分の1程度と低くなっていた。

　こうした特徴の背景として、入所期間の長期化傾向に関して言えば、道内の施設が10施設とも道外の都市部の施設でみられるような厳格な入所期間の制限を設けていないことが要因として大きい。このことは、施設側にも入所者の退所に向けた自立支援を促しながら、期限にとらわれずに当事者に丁寧に向き合うことを可能にさせる基盤となっているだろう。また利用者側からすれば、入所期間中に時間をかけて正規労働などの仕事を探すことを可能にさせ、自立に向けての準備を可能にしているとも言える。さらにこうしたことが、全国の施設入所者よりも就労率や正規雇用が高いことに影響していると推測できる。これらを合わせて考えてみると、北海道では、母子生活支援施設の一定期間の住居機能の役割が相対的に強いとも考えられる。ただしかし、それも自由記述でみたような施設設備の不満も考慮すると、地域の賃貸可能な住宅条件との関係、

あるいはまた地域社会のなかの施設の立地条件の影響も踏まえて考える必要がある。

（2）入所前の社会的資源の欠如と施設へのニーズ

　自由記述の母親らの施設へのニーズ（期待したこと）をみてみると、母親の入所前までに置かれていた状況が垣間みることができる。ニーズとして挙げられていたことは、主に、子育てに関するニーズ、相談機能、経済的なこと、住居の確保、ＤＶからの保護などである。これらからは、その背景に母親自身のインフォーマルな関係も含んだ、入所前の社会的資源の欠如があったことが推測できる。

　そのなかで、子育てニーズからは、一般的に母親が保育機能を求めるのは当然であるが、子どもに不測の事態が起こったとき、とくに病児保育の必要があるときには、子どもを看てもらえる人がいない、という問題は大きい。例えば離婚後の就職活動やその面接などの母親にとっての必要なときに休むことができず、場合によっては重要な機会も逃すことになる。

　また、相談機能や精神的サポートへのニーズは、それまで頼れる人が「いなかった」ということを意味している。すなわち、母親自身の周囲に普段から繋がっている人がおらず（家族・友人など）、孤立していた状況がみてとれる。

　さらに、経済的なことに関する家賃の低位性へのニーズや、住居確保のニーズも、その母子家庭にとって「住む場所」がなかったということである。子どもと一緒に安心して住む場所を何らかの理由により失ってしまい、自分で家を探す力（経済力）や頼る場所（実家など）がなかったと推察できる。住む場所がなかった理由として、ＤＶによって加害者の暴力から避難せざるを得ないケースもあり、そこから逃れて母子生活支援施設に辿りついている例もあった。このように、母子生活支援施設に入所する母子の多くが、地域社会で暮らす母子世帯よりも収入が低く生活保護受給率も高いことにもみられたように、より貧困で社会的にも深い孤立状態にあったことが推測できる。

　あらためて母子生活支援施設は、ＤＶ対応なども含め、従来からの貧困で社会的孤立状態にある母子に対する福祉的支援の役割を持っていることが確認できる。それは、利用者の「助かっている」「感謝」などの声にもあらわれ、入

所前の深刻な課題のすべてではないにせよ、入所したことによってある程度の部分は解決していると解釈しても間違いない。

(3) 現在の生活ニーズとの乖離

しかし、「安心して住める場所」を求めながら「福祉施設」に入所することによって、現実的に生活環境は大きく変化する。そこでは、それまでの母親のライフスタイルの変化、子どもの保育環境の変化、学校の転校、働いている母親の就業先との距離など、それぞれのニーズとのマッチングの問題がしばしば引き起こされてくる。

①ハード面の整備の遅れ

利用者の自由記述にみられるように、入所者が現実的に感じる母子生活支援施設の不満は、日々の生活の細部にわたる。トイレ、風呂、水回りから空間の問題（狭い＝「空間貧困」）といった生活水準、成長していく子どもとの窮屈さなどが語られている。少なくなったものの、時代遅れともいえる共同風呂や共同のトイレもいまだに存在する。

②管理に対する息苦しさ

また共同生活への門限、規則、掃除当番など、「管理」に対する息苦しさも感じている。利用者の期待や要望から多機能性を求められる共同生活の場としての「施設」と、「個人の生活」との間に生まれるギャップもある。ソーシャルワークは、主に個人に焦点を合わせて実践されるものであるが、母子生活支援施設に限らず福祉施設の実践は、個人が施設に合わせていかなければならない側面を持つ。そこには施設側と利用者との間の「施設観」の違いが推測できる。この点での乖離は大きい。

こうしたことは、職員に対する不満や批判として表出される。それは、直接的であり、利用者の受け取り方に離齬が生じ、職員の注意の真意や背景が理解されていない面もあるとも思われる。一方で、満足・感謝しているなどの回答も一定数あり、利用者と職員との間の信頼関係の構築と日常的なコミュニケーションがよりよい支援に結びつくのは言うまでもない。

③「母子であること」と「母子生活支援施設」のスティグマ

　利用者の声のなかには、スティグマを感じている現状があった。それは、そもそも母子世帯であることの負い目であったり、母子生活支援施設の入所後に受ける外部の者からの言動により、施設に対する偏見を目の当たりにすることからである。女性のみが入所する母子生活支援施設においても、貧困に陥ったのは、その人たちの努力が足りなかったからとする自己責任の意識が高いとの報告もある（青木、2009：221）。

　以上のような、外からみえる問題（古さ・狭さ）や、入所者に対する「管理」、無言で伝わってくる偏見やスティグマなどの負の要因は、また別の負の要因を引き寄せることになる。すなわち、入所者の減少、暫定定員の設定、運営費の減額、支援力の低下につながり、全国母子生活支援施設前会長の大塩孝江氏がいう「負のスパイラル」に陥っていることが現実としてある[7]。

5　今日的意義と今後の課題

　母子生活支援施設は、1960年代より利用の減少、施設の減少が問題となっていた（武藤、2015）。しかしその動向を反転させることがこれまでできなかったのは、一つの大きな要因として、このような福祉施設が「ハコモノ」であり、措置費を基礎に運営されるものだということと、老朽化を理由に廃止をしてきた経緯をみれば、自治体行政側・国もまた財政上の理由などから積極的な政策をとってこなかった、と解釈しても間違いではないだろう。また、住居確保という点においても、公営住宅確保の優先、福祉住宅利用あるいは最近のシェアハウスなど、選択肢としての母子世帯への多様な居住支援形態もあるからであろう。

　だからと言って、母子生活支援施設の存在意義はなくならないし、新たな役割を担ってきているのはこれまでみてきた通りである。母子生活支援施設は、母子というジェンダーバイアスがあるが、家族で入所できる唯一の貴重な施設である。実際また、ＤＶ対応など緊急一時保護にとどまらずに、相談機能、保育機能、住機能などを集約化した場を提供し、入所前にはそれらの環境もサポ

ートもなかったことを踏まえれば、たとえ数年でも入所し自立に向けた生活を
したことによる、その後の母子の生活基盤を固めた施設の役割は大きい。その
ような今日的意義を強調したうえで、いくつか課題を指摘しておきたい。

　第一に、2001年のＤＶ防止法施行以降、ＤＶ被害経験を持つ入所者が増えた。
このことから当該施設は、緊急一時保護委託を受けると、加害者の追跡を逃れ
るために安全性が求められることになり、地域の資源としての機能と、シェル
ターの機能としての施設のジレンマを抱えることになる。すなわち、一方で全
国的に母子世帯が増加するなかで、母子生活支援施設はその機能として保育、
相談、住居、子どもの学習支援など、地域社会に今後のあり方を開こうとする
にしても、他方で緊急一時保護的なシェルターや特別な困難を抱えた母子を中
心にすればするほどセキュリティ機能を高めなければならず、そこに利用をめ
ぐるギャップや難しさも生まれる可能性もあるからである。

　第二に、そのことにも関連して、母子生活支援施設の「管理」をめぐっては、
利用者たちの不満も含めていくつか問題が垣間見える。この場合、ハード面の
諸課題も含めて、どこに母子生活支援施設の機能の重点を置くか、そのありよ
うも再検討されていくべきではないかということである。それは、先にも示唆
したが、最近の多様な支援を伴う住居確保形態が展開していることからすると、
それらに対するニーズの精査とマッチングの課題とも関わってくる。さらに関
連して言えば、施設の認知度の確認にとどまらずに、施設の「利用期待」に関
するニーズの量と質の検討をおこなう必要がある。戦後から一貫した母子世帯
を限定とする利用者の枠組みから、家族のあり方の多様性や、家族が抱えるニ
ーズの複雑性に対応して、柔軟性を持たせるなどの見直しもふくめて検討して
いく時期にきているのではないだろうか。

[注]

1　厚生労働省（厚生省）が1952年より、戦後の母子世帯の実態を把握するために行った
　　もの。おおよそ5年ごとに実施している。2011年度まで「全国母子世帯等調査」だったも
　　のを2016年度からは「全国ひとり親世帯等調査」と名称変更した。
2　暫定定員とは、認可定員を満たさない場合に、暫定的に設定される定員のこと。暫定定
　　員が設定されると年度当初から支弁されていた措置費を返還することになるため、施設経

営にも直接的に影響する。

3　売春防止法をめぐっては、売春に応じた男性は処罰されないこと、困難に直面する女性の人権を擁護し支援するという概念に欠けるとして、実態とかけ離れ、時代にそぐわないことなどから、法律の抜本的な見直しを求める声が根強い。

4　2011年度より、特定妊婦については、婦人相談所による母子生活支援施設の一時保護委託が可能となっている（厚生労働省通知「母子生活支援施設運営指針」2012年3月29日）。しかし、医療機関などの相談機関が、母子生活支援施設の一時保護で妊婦の受け入れが可能なことについて周知が十分にされていないとの指摘がある（社会保障審議会第4回新たな社会的養育システム構築検討ワーキンググループ資料、2015年11月11日）。

5　調査時点の道内の施設数である。2019年に発生した胆振東部地震より札幌市にあった施設は廃園となり、現在は9か所となっている。

6　施設調査は、毎年実施される全国母子生活支援施設の調査に準じて調査票を作成した。調査時点での道内所在の10のすべての施設から回答を得た。

　利用者調査も同じ10の施設を通じて、2015年9月1日現在の全入所世帯171の母親すべてに調査票を配布し、回収は145票であった。うち有効回答数は144票、回収率は84.2％であった。本調査は、「北海道大学大学院教育学研究院における人間を対象とする研究倫理審査」の承認を得て実施した（2015年8月26日承認）。

7　厚生労働省　第1回児童養護施設等の社会的養護の課題に関する検討委員会資料「母子生活支援施設の現状と課題」（2011年1月28日）

　本稿脱稿後の2022年5月19日に、超党派の議員立法「困難な問題を抱える女性への支援に関する法律」が衆議院本会議で成立し、2024年4月に施行されることとなった。本法は、これまでの売春防止法に規定されていた婦人保護事業を見直し、より様々な困難を抱える女性を包括的に支援するものとして策定された。今後、法施行までの制度整備に注目したい。

［参考文献］

青木紀（2009）『現代日本の貧困観―「見えない貧困」を可視化する―』明石書店

岩田美香（2004）「母子生活支援施設の評価とソーシャルワークに関する研究」『教育福祉研究』（北海道大学教育学部）10(2)：41-129

大山典宏（2017）「母子生活支援施設入所の阻害要因」『住民と自治』652：23-25

葛西リサ（2017）『母子世帯の居住貧困』日本経済評論社

全国母子生活支援施設協議会（2017）「平成28年度全国母子生活支援施設実態調査報告書」

中澤香織・鳥山まどか（2016）「調査報告―北海道の母子生活支援施設の現状―」『教育福祉

　研究』（北海道大学大学院教育学研究院・教育福祉論研究グループ）21：107-141

北海道母子生活支援施設協議会（2012）『北海道の母子生活支援施設のすがた』

――――（2021）『北海道の母子生活支援施設のすがた』

武藤敦士（2015）「施設数減少からみた母子生活支援施設の研究と実践の課題―戦後母子寮
　研究からの示唆―」『立命館産業社会論集』51（3）：105-124

湯澤直美（2007）「日本における母子家族政策の展開―福祉と労働の再編―」埋橋孝文編著
　『ワークフェア－排除から包摂へ？』法律文化社：143-169

吉中季子（2021）「女性の住居喪失と生活困窮者自立支援制度――一時生活思念事業の有効性
　と課題―」神奈川県立保健福祉大学社会福祉学科監修、西村淳編集代表『地域共生社会と
　社会福祉』法律文化社：138-155

第IV部

北海道から
旧弊を打ち破る

第7章　　堕胎の刑事規制と優生思想

岡田久美子

1　問題の所在

　2018年1月、優生保護法の下で不妊手術を受けた女性が、個人の尊厳および自己決定権を害されたとして、国家賠償を求めて仙台地裁に提訴することが報道された。この女性は、10歳代の時に遺伝性精神薄弱との理由で、卵管を縛る不妊手術を受けたという[1]。

　不妊手術は、1948〜1996年に存在した優生保護法の下で、「不良な子孫の出生を防止する」ためになされたものであり、この提訴の前後から、マスコミで大きく取り上げられるようになった。優生保護法に定める不妊手術は、同意に基づく場合もあり得たが、優生保護審査会（法律制定当初は優生保護委員会という名称）の審査により強制され手術を受けた者は、上記報道によると全国で16,475人。都道府県別では、北海道が2,593人と突出して多く、次いで宮城県が1,406人、岡山県が845人であるという。

　2018年5月には、東京都の男性、宮城県の女性、北海道の男性も各地裁に対し、子どもを産み育てるかどうかを決める権利を害されたとして提訴し[2]、その後も同様の提訴が続いて、強制不妊手術に対する一連の優生保護国賠訴訟が始まった。このころ、超党派の国会議員らが被害者救済制度の立法化へ向けて動き出し、その後与党ワーキングチームとの協議を経て、一本化した救済法案を2019年4月に通常国会に提出した。生存している強制不妊被施術者に、一時金320万円を支払うなどの内容が盛り込まれており、同月に救済法が可決・成立した。

　一連の国賠訴訟については、2019年に仙台地裁、2020年以降は東京地裁、大阪地裁、札幌地裁、神戸地裁で判決が出された。優生保護法が違憲であるとす

る判決もあったが、いずれも賠償請求については斥けられた。2022年2月22日、一連の訴訟で初めて大阪高裁が国に賠償を命じる判決を出し、3月11日には東京高裁もこれに続いた。ただし、これら二つの高裁判決に対して国は上告しており、今後の裁判所の判断が注目されている。

　強制不妊手術を受けた者が、結婚できない、自らの子どもをもてない、体の痛み等後遺障害に悩まされたなど、人生を大きく傷つけられたことは、被施術者たちのことばで伝えられるようになった（毎日新聞取材班、2019）。北海道は、これらの傷を負う人間を、最も多く生み出した地である。

　本章は、次のような構成になる。第一に、北海道で多くなされた強制不妊手術の根拠となる優生保護法が、どのような法律であるかを確認する。第二に、北海道が強制不妊手術件数において他の都府県から突出しているのは、なにゆえであるかを探る。同時に、人工妊娠中絶件数にも目を向ける。優生保護法の大きな柱が、不妊手術と人工妊娠中絶だからであり、この人工妊娠中絶もまた、戦後の短期間、優生保護審査会が適否を判断していたからである。第三に、現代において適用されることがほとんどない堕胎の罪について、どのように評価すべきかを論じる。中絶は、母体保護法（優生保護法が改正された法律）に則らずになされれば、堕胎罪に該当する行為であり、堕胎罪規定と母体保護法は表裏の関係にあるからである。

　以上をみたうえで、最後に、優生保護法の下で多くの傷を受けた北海道の地から、問題を提起していく。

2　優生保護法

（1）法律の制定

　優生学の語は、1883年のフランシス・ゴルトンの著書において使われ、一般の生物と同様に人間の優良な血統を速やかに増やす学問的立場をいうとされた（米本、2000）。優生思想は、日本では文明開化の思想として紹介され、1910年代になると政策に反映させる段階に入り、産児調節運動にも影響した。1930年代の戦時体制下において、弱い国民を作らないための優生政策が具体化し、1940年に国民優生法が成立した（藤野、2021：8-21）。

　国民優生法は、遺伝性疾患の素質を有する者の増加を防ぐとともに、健全な素質を有する者の増加を図ることで、国民素質を向上させることを目的としていた。この法律によって、断種は一般的に禁止され、遺伝性疾患の素質を有する者については、優生保護のために断種が許可または強制されることになった（石井、1982）。「断種」は、管を縛るなどして行う不妊の処置であり、性腺（睾丸または卵巣）を除去する「去勢」とは異なる（岡田、2002）。国民優生法の下では、強制断種の規定は存在していたものの、施行が延期されていたため、実施は0件であった[3]。

　その後、敗戦を迎えて優生保護法が成立すると、国民優生法は廃止された。優生保護法として成立することになる法案は、1948年の第2回国会に議員立法として提案された。6月19日に産婦人科医である谷口彌三郎議員が、提案理由を説明している[4]。「我が国は敗戦によりその領土の4割強を失いました結果、甚だしく狭められたる国土のうえに8千万からの国民が生活しておるため、食糧不足が今後も当分持続する」とし、人口の自然増加および敗戦後の引き上げによる急増に対処する方法の一つとして、産児制限が挙げられた。

　産児制限については、「余程注意せんと、子供の将来を考えるような比較的優秀な階級の人々が普通産児制限を行い、無自覚者や低脳者などはこれを行わんために、国民素質の低下即ち民族の逆淘汰が現れて来る虞があ」るから、「先天性の遺伝病者の出生を抑制することが、国民の急速なる増加を防ぐ上からも、亦民族の逆淘汰を防止する点からいつても、きわめて必要である」とした。

　法案は、第1章総則、第2章優生手術、第3章母性保護、第4章優生保護委員会、第5章から第7章は優生結婚相談所や届出、罰則の規定となっている。谷口の説明によると、第2章の優生手術については、任意の優生手術もあり得るものの、「いわゆる強制断種の制度は社会生活をする上に甚だしく不適応なもの、或いは生きていくことが第三者から見てもまことに悲惨であると認めらるものに対しては、優生保護委員会の審査決定によつて、本人の同意がなくても優生手術を行おうとするもの」であり、「悪質の強度な遺伝因子を国民素質の上に残さないようにするためにはぜひ必要である」。

　第3章母性保護は、母性保護の見地から必要な限度において合法的な妊娠中絶を認めるものであり、「客観的にも妥当性が明らかな場合には本人および配

偶者の同意だけで行い得ることとし、その他の場合には同意の外に地区優生保
護委員会の判定を必要と」する。第4章の優生保護委員会は、中央、都道府県、
地区の三種となっている。

　この法案は、7月13日に原案どおりに可決・成立し、9月11日に施行された。
優生学上の見地から不良な子孫の出生を防止するとともに、母性の生命健康を
保護する目的の下、本人の同意を得て、第3条任意の優生手術ができるのが、
次の五つの場合である。①本人または配偶者が遺伝性精神変質症、遺伝性身体
疾患などを有している、②本人または配偶者の4親等以内の血族が遺伝性精神
病、遺伝性精神薄弱、遺伝性精神変質症、遺伝性身体疾患などを有し、かつ子
孫に遺伝するおそれがある、③本人または配偶者がらい疾患にかかり、かつ子
孫に伝染するおそれがある、④妊娠または分娩が母体の生命に危険を及ぼすお
それがある、⑤現に数人の子があり、かつ分娩ごとに母体の健康度を著しく低
下するおそれがある場合である。

　第4条強制の優生手術については、一定の疾患にかかっている者に対し、遺
伝防止のため優生手術を行うことが公益上必要だと判断した医師が、都道府県
優生保護委員会に手術の適否に関する審査を申請することができるとした。一
定の疾患については、別表に掲げられ、遺伝性精神病、遺伝性精神薄弱、強度
かつ悪質な遺伝性精神変質症、強度かつ悪質な遺伝性病的性格、強度かつ悪質
な遺伝性身体疾患、強度な遺伝性畸型という六つの項目各々の下に、2～37の
疾患等が挙げられた。

　人工妊娠中絶は、胎児が母体外で生存できない時期に人工的に胎児およびそ
の附属物を母体外に排出することである。これについては、第12条において、
上記第3条の①から④に該当する者に対して、本人および配偶者の同意を得
て、医師会の指定する医師が行うことが可能であった。第13条では、次のいず
れかの場合に、本人および配偶者の同意を得て、指定医師が地区優生保護委員
会に審査を申請し、中絶を行うことができるとした。①別表にある遺伝性精神
病、遺伝性精神薄弱に掲げられた疾患にかかっている、②分娩1年以内に妊娠
し、かつ分娩が母体の健康を著しく害するおそれがある、③現に数人の子があ
り、分娩によって母体の健康度を著しく低下するおそれがある、④暴行等によ
って姦淫され妊娠した場合である。

　優生保護委員会が三種あるうち、都道府県優生保護委員会は優生手術の適否
を審査し、中央優生保護委員会は都道府県優生保護委員会の決定に対する異議
を受けて再審査を行い、地区優生保護委員会は審査を要する人工妊娠中絶の適
否を審査する。中央の委員会は30名以内、都道府県の委員会は10名以内、地区
の委員会は5名以内で組織されることになった。

　優生保護法の下での断種、つまり不妊手術の対象は、国民優生法のそれより
も広く、遺伝性疾患の素質を有する者に限らず、不良な子孫の出生を防止する
ことが目指された[5]。この法律によって、中絶の実行は、指定医師である産婦
人科医に独占されることになった。指定医師の資格を審査し、指定するのは、
都道府県医師会である。優生保護法の円滑な運営のため、指定医師によって組
織された母性保護医協会が都道府県に結成され（横尾、1999）、1949年には日本
母性保護医協会が法案提出者の谷口によって作られた。医師会に指定権限が与
えられ、医師集団が特権化されたものと評価される（ノーグレン著、岩本監訳、
2008：76-82）。

（2）法改正と時代の趨勢

　優生保護法が1996年に母体保護法になるまでの間、1949年第5回国会と1952
年第13回国会において、主要な改正が行われている。

　1949年5月6日、谷口は改正の提案理由を、「同法が施行せられまして以来
の実績と、社会情勢の急激な変化にかんがみまして、人工妊娠中絶の施行範囲
を拡げる必要に迫られ」たとして、次の内容を説明した。「医師が診察の結果
強制優生手術を行うことが公益上必要であると認めますときは、審査を……『申
請しなければならない。』と医師に義務づけるようにいたしたい」。

　審査を要する人工妊娠中絶については、優生保護のための適応事由を拡大す
ること、妊娠・分娩が母体の健康を著しく害するすべての場合に人工妊娠中絶
を認めること、経済的理由による人工妊娠中絶を認めることが提案された。経
済的理由からの中絶を求める声が強く、「これが要望に応えますことは、他面
急激なる人口の増加を抑制するためにも必要である」と説明された。

　この提案は、ほぼ受け入れられた。第4条強制の不妊手術は、一定の疾患に
かかっている者に対し、遺伝防止のため優生手術を行うことが公益上必要だと

判断した医師が、都道府県優生保護委員会に手術の適否に関する審査を申請しなければならないことになった。第13条地区優生保護委員会の審査による中絶については、三つの提案のうち、第二の提案と第三の提案が合併され、結果として次のいずれかの場合に中絶を行い得ることとなった。①本人または配偶者が精神病、精神薄弱である、②妊娠の継続または分娩が身体的または経済的理由により母体の健康を著しく害するおそれがある、③暴行等によって姦淫され妊娠した場合である。

　1949年改正法は、6月24日に成立し、公布の日から施行された。これにより、日本は世界で初めて、経済的理由での中絶を認める国になった。なお、これと同じ年に、優生保護委員会の名称が優生保護審査会に変更されている。

　1952年に提出された改正案の内容は、優生上の目的と母体保護の目的を達成するため、人工妊娠中絶の手続の適正化を図ることなどである。3月25日、谷口は提案理由において、「優生保護法施行以来の実績に徴しますと、同法によらない人工妊娠中絶が後を絶たない実情で……闇による人工妊娠中絶があり……この闇の手術は、拙劣な技術によりますところの中絶手術の結果母体の健康を害します。……闇の人工妊娠中絶が行われざるを得ないという理由は、……優生保護法の要求する手続があまりにも煩雑に過ぎるということもその大きな理由の一つになつている」と説明し、人工妊娠中絶を「審査会の審査を要せずに指定医師の認定だけで行い得る」とする提案をした。

　1952年改正法では、人工妊娠中絶は第14条の下、五つある適応事由のいずれかに該当する場合に、指定医師の認定によって行い得ることになった。適応事由のうち三つは、本人または配偶者が精神病、精神薄弱等を有しているなどの優生学的事由であり、ほかは、妊娠の継続または分娩が身体的または経済的理由により母体の健康を著しく害するおそれがあるという事由、暴行等によって姦淫され妊娠したという事由である。人工妊娠中絶の審査制が廃止されたことにともない、地区優生保護審査会もなくなった。

　1952年改正法は5月17日、原案通りに可決・成立し、公布から10日後に施行された。以降、48年間にわたり、字句等の改正はあっても、内容について改正のないまま、この法律が使われることになる。ただし、1991年までの約40年間に、未熟児医療が進歩したことを理由に「胎児が母体外で生存できない時期」、

すなわち人工妊娠中絶の可能な期間が、厚生省の通知によって満22週未満まで短縮されるという変化はあった。

　優生保護法が制定され、主要な改正が行われたこの時代は、優生学に対して一般にはネガティブな見方がされておらず、国家が国民の質の管理と向上のために政策的に介入するのは自明で正当なこととされていたという（荻野、2008：172）。1949年に約25万件だった中絶件数は、翌年には倍増し、1953～1961年の9年間にわたり100万件を超え、1966年まで80万件以上を数えることになる[6]。逆に、堕胎罪の検挙人員は3桁から2桁台に減少し、1959年からは1桁になっていく[7]。1950年代から1960年代は中絶がもうかる時代であったとし、強大な力をもつ医師集団が、自らの利益を高めるため、まず中絶を合法化し、後に自由化をはかったとの指摘もある（ノーグレン著、岩本監訳、2008：83-87）。そこでは、専門家集団の利益と国益が一致した政策過程の副産物として、中絶が正当化されたという。

（3）母体保護法への改正

　1970年代および1980年代、中絶の適応事由から経済的理由の削除を目指すなどの動きはあったものの、大きな転機が1990年代にやってくる。1994年の国連国際人口・開発会議（カイロ会議）の成果としてのカイロ宣言・行動計画にて、リプロダクティブ・ライツが定義された。リプロダクティブ・ライツは、すべてのカップルと個人が、自分たちの子どもの数、出産間隔、ならびに出産するときを、責任をもって自由に決定でき、そのための情報と手段を得ることができるという基本的権利、ならびに最高水準の性に関する健康およびリプロダクティブ・ヘルスを得る権利であり、「リプロダクションの自己決定権」と「リプロダクティブ・ヘルスケアへの権利」が含まれる（辻村、2011：94）。この内容は、1995年の北京女性会議における行動綱領でも再確認され、「性と生殖に関する権利」が「女性の人権」とされた（辻村、2016：122-123）（【コラム5】参照）。

　この国際世論が大きな要因になり、優生保護法改正案が1996年の第136回国会に、議員立法として提案された（藤野、2021：264-272）。6月14日に和田貞夫議員が述べた提案理由は、「現行の優生保護法の目的その他の規定のうち不良な子孫の出生を防止するという優生思想に基づく部分が障害者差別となってい

ること等にかんがみ、所要の規定を整備するもの」であった。

　提案内容は、①法律の名称を母体保護法に改め、法律の目的のうち「優生上の見地から不良な子孫の出生を防止するとともに」を「不妊手術および人工妊娠中絶に関する事項を定めること等により」に改める、②「優生手術」の語を「不妊手術」に改め、遺伝性疾患等の防止のための手術および本人の同意なき手術に関する規定を削除する、③遺伝性疾患等の防止のための人工妊娠中絶に係る規定を削除する、④都道府県優生保護審査会などを廃止することである。

　6月26日に原案どおりに可決・成立した母体保護法が、公布3か月後から施行された。この法律には付帯決議があり、リプロダクティブ・ヘルス／ライツの観点から、女性の健康等に関わる施策を総合的に検討し、適切な措置を講ずることが、政府に求められた。

　優生保護法の内容に対し、現代の視点からの批判は多くあり得ようが、ここでは優生保護法および母体保護法の立法過程にみる問題を指摘しておく。優生保護法は生殖の問題について扱う法律であったにもかかわらず、人口操作という国家の利益が考えられ、胎児の生命に関する議論が全くなされなかった（伊佐、2008）。母体保護法に大きく変わるときにも、優生保護法の何がどう問題であったのか、優生思想をどうなくしていくかが議論されず、障害者に対する謝罪もなかった（松原、1997；横尾、1999；藤野、2018；藤野、2021：272-273）。

　上記の経緯をたどって母体保護法となるまでの優生保護法の変遷について、本章に関連する内容を表7-1に示す。この優生保護法が、北海道においてどのように運用されていたか、次にみていく。

3　北海道における法の運用

（1）強制不妊手術と精神医学教室

　優生保護法第4条強制不妊手術の件数について、確認していく。統計上確認できたのは、1949〜1965年の全国における実施数、1949〜1951年、および1953〜1993年の北海道における実施数、そのうち1951年、1953〜1954年、および1958年以降における被施術者の性別である。1973年以降、北海道における実施数は1桁または0件であるため、1972年までの数値を、表7-2に示す。

表 7-1　優生保護法の変遷

制定・改正年		1948年制定	1949年改正	1952年改正	1996年改正
法律の目的		優生上の見地から不良な子孫の出生を防止、母性の生命健康を保護	同左	同左	母性の生命健康を保護（名称を「母体保護法」に変更）
不妊手術	同意によるもの	優生保護を理由とする場合など五つの場合（3条）	優生保護を理由とする手術の範囲を拡大（3条）	優生保護および母性保護を理由とする手術の範囲を拡大（3条）	優生保護を理由とする手術の規定を削除
	都道府県優生保護審査会の審査を要するもの	遺伝精神病など一定の疾患ある者の手術が公益上必要と判断した医師は、審査を申請できる（4条）	遺伝精神病など一定の疾患ある者の手術が公益上必要と判断した医師は、審査を申請しなければならない（4条）	同左（4条）遺伝性以外の一定の精神疾患ある者につき、保護義務者の同意あるとき、医師が審査を申請できる（12条）	削除、都道府県優生保護審査会の廃止
人工妊娠中絶	同意によるもの	優生保護を理由とする場合など四つの場合（12条）	同左（12条）	優生保護を理由とする三つの場合、経済的理由を含む場合の母性保護を理由とする場合など（14条）	優生保護を理由とする中絶の規定を削除
	地区優生保護審査会の審査を要するもの	遺伝性精神病など一定の疾患ある場合ほか三つの場合に指定医師が審査を申請できる（13条）	優生保護を理由とする中絶の範囲を拡大、経済的理由を母性保護のための中絶に含める（13条）	審査制および地区優生保護審査会の廃止	

筆者作成

表7-2　強制不妊手術の実施件数

	全国	北海道（男・女）
1949年	130	17
1950年	273	10
1951年	480	166（86・80）
1952年	560	未確認
1953年	832	37（22・15）
1954年	840	46（26・18）
1955年	1,260	225
1956年	1,208	312
1957年	1,029	272
1958年	1,027	277（123・154）
1959年	898	255（75・180）
1960年	770	209（45・164）
1961年	814	246（74・172）
1962年	656	92（16・76）
1963年	626	80（23・57）
1964年	479	81（23・58）
1965年	436	48（16・32）
1966年	[358]	25（5・20）
1967年	[321]	13（6・7）
1968年	[249]	22（0・22）
1969年	[233]	19（0・19）
1970年	[271]	21（1・20）
1971年	[227]	27（0・27）
1972年	[184]	31（2・29）

厚生省『衛生年報』、北海道衛生部『北海道衛生統計年報』、精神衛生課（1967）より、筆者作成。1966年以降の［　］で示した全国における実施数は、筆者が統計にて確認しておらず、稲田（1997）から転載した数値である。

　北海道の数値は、資料によって違いがみられる。表7-2における1950年北海道の件数は厚生省『衛生年報』によるが、別の資料では52件となっている（北海道、1951）。北海道衛生部と北海道優生保護審査会は、1956年に『優生手術（強制）千件突破を顧りみて』という冊子を作成している（北海道衛生部・北海道優生保護審査会、1956）。そこでは、北海道優生保護審査会において強制不妊手術「適」とされた件数として、後掲表7-3に示す数値が掲げられる。表7-2と表7-3では、集計されたのが年と年度という違いがあるがゆえに、数値のズレは生じるであろう。審査で「適」とされた後に手術が実施されるため、審査年度の翌年の実施数に計上されることもあり得るし、あるいは審査で「適」とされても何らかの事情で手術が実施されないケースもあるだろう。それでも、例えば1953年37件と1953年度228件、1954年46件と1954年度314件など、表7-2に示した公式統計上の数値と表7-3に示した上記冊子における数値の乖離は、大きすぎる。

　北海道大学に入学し、1965年に医学部に進学して精神科医となった野田正彰は、公式発表よりもはるかに多くの不妊手術が行われていたであろうとし、全国で北海道の数が突出していることについて、考えられる原因が学閥のネットワークにあり、北大の精神医学教室が権威をもっていたという（野田、2018）。北大医学部の初代精神科教授が後に東京大学教授となり、大きな影響力をもっ

ていたことも、指摘される。これらの点について、みていきたい[8]。

　北大医学部は1921年に設置が決まり、1924年に精神科の助教授が赴任したものの、講義も診療も行われなかった（西、1996）。精神医学教室が発足したのは、1927年に内村祐之が助教授として北大に赴任してからである。内村は、東京大学医学部出身で、1924年に北大助手になったものの、すぐにドイツに留学しており、1927年に帰国して札幌に赴任し、翌1928年には教授になった（内村、1968：33-34, 124-125）。

　当時の精神医学の大学教授らについて、明治期の医学教育制度が東京大学を頂点とする中央集権型を採っていたため、教授らのほとんどは東京大学出身者であって、彼らが全国の医学校や医学専門学校へ散らばり、日本の精神医学教育を担っていったという（小俣、2018）。1931年には、東京大学精神科教授三宅鉱一が精神病者の断種に対する積極的賛成論を述べ、三宅の弟子である吉益脩夫は国民優生法の起草に寄与し、中央優生保護審査会などの委員を歴任した。1936年、内村は三宅の後任として東大医学部教授になる。

　内村は、どのような立場の人物であったか。1940年の帝国大学新聞に、国民優生法が行き届いた内容の法律であり、全体としてわが国厚生政策の一大進歩であると評価する文章を寄せている（内村、1940：287-291）。評価の理由として挙げるのは、法律の適用対象となる病的状態に「強度なる」など病症の程度が記されていること、当人に悪質の形象がなくても子孫にそれを出現させる可能性の高い遺伝素質所有者に断種を許容していること、優秀な素質の併存する場合を特別に扱っていること、断種の申請は任意を核心とし、必要に応じて強制断種を許容していること、優生審査会を地方と中央に置いて手術決定に慎重を期していること、比較的簡単な「優生手術」のために委（くわ）しい規程を置いていることである。内村にとって、不妊手術は比較的簡単なものだったようである。

　内村が北大にいた間、講師として石橋俊実がおり、のちに助教授、教授になる。内村が東大に移ると、後任になったのは岡山大学にいた大熊泰治であった。大熊が北大に移って2年半を経ずして死去すると、石橋が精神科教室を率いた（内村、1968：124-125, 162）。石橋は1948年に東北大学に転出し、1949年から諏訪望が教授となる。諏訪は、東京大学医学部出身で、内村の下で精神医学を学んできた。諏訪が北大に赴任した時に助教授だった中川秀三は、1950年に札幌

医科大学教授になっている（諏訪、1998：35）。諏訪は1976年に北大名誉教授となり、その後は山下格が北大教授となった。

（2）北海道優生保護審査会のはたらき

優生保護法の下での都道府県優生保護審査会は、10名以内で構成される。冊子『優生手術（強制）千件突破を顧りみて』には、1956年1月現在の北海道優生保護審査会の委員10名の肩書と氏名が記されている。それによると、委員長は北海道衛生部長兼民生部長、医師以外の委員は、北海道地方更生保護委員会委員長、北海道教育委員、札幌家庭裁判所判事、札幌家庭裁判所調定委員の肩書をもつ。医師は、北海道医師会長松本剛太郎、民間の病院院長太田清之、札幌医大精神科教授中川秀三、北大精神科教授諏訪望、北大産婦人科教授小川玄一の5名である。太田は、北大医学部精神科教室内村の門下生である（石井、1962：182）。北海道庁衛生部の精神科行政について、野田は、北大精神科出身の精神科医によって指導されていたという（野田、2020：141）。

この冊子では、各層の有識者10名が優生保護審査会を構成しているとし、強制不妊手術の審査回数等が紹介されており、その内容は表7-3のようになる[9]。審査の結果は、「適」「否」のほか、「保留」とされることもある。

この実績について、同冊子は「最近2、3年来審査件数は急激に増加し、昭和30年12月で回を重ねること59回、その数は1,012件に及んだ。件数においては全国総数の約5分の1を占め他府県に比し群を抜き全国第1位の実績を収め

表7-3　北海道優生保護審査会における強制不妊手術審査件数

	審査回数	申請数	適	否
1949年度	10	32	31	1
1950年度	10	76	76	―
1951年度	6	83	82	1
1952年度	8	99	98	1
1953年度	7	229	228	1
1954年度	11	317	314	3
1955年度	7	176	172	2

北海道衛生部・北海道優生保護審査会（1956）より、筆者作成

ている。これは他府県に比べ多数の対象となる患者を有することに依るもので
なく、申請に対する医師、審査委員その他関係各位の協力に他ならない。申請
者は精神科医が圧倒的に多く、又極めて積極的にこのことに協力されている」
とし、被施術者について「そのすべてが精神疾患であり……申請者の93％以上
が精神科医であつて見れば当然のことである」としている[10]。

　同冊子には、1954年度都道府県別強制優生手術件数表が掲載されており、そ
れによると人口比（10万人）が高い都道府県は、岡山11.70、北海道6.81、山形
4.81、大阪4.15、大分3.77、宮城3.57の順である。強制不妊手術件数が多いこと
が判明した北海道、宮城県、岡山県が、いずれも上位にある。

　筆者は、公文書開示の制度を利用し、北海道に優生保護審査会に関する資料
および1952年までの優生保護法関連資料の開示を請求した。そのうち、北海道
優生保護審査会会議録として開示された資料は、1962～1966年度の５か年度分
であった。北海道優生保護審査会は、優生保護法第４条および第12条の不妊手
術に関する審査を行っていた。当時の優生保護法第４条は、一定の疾患の遺伝
を防止するため公益上必要と認めたときに、医師が申請する強制不妊手術を定
めており、第12条は、遺伝性以外の一定の精神病または精神薄弱の者について
保護義務者の同意があった場合に、医師が申請する不妊手術を定めている。そ
れらの審査回数、申請数と対象者の性別、申請数のうち第４条に該当する数、
申請数に対する審査結果を、表7-4に示す。

　この５か年度において、「保留」「その他」という審査結果はみられたものの、
「否」の判断がなされたのは０件であった。表7-4における手術「適」の件数を
見ても、表7-2にある公式統計上の強制不妊手術実施の数値をはるかに上回る。

表 7-4　北海道優生保護審査会における不妊手術審査件数

	審査回数	申請数（男・女）	第4条該当	適
1962年度	5	262（ 55・207）	255	256
1963年度	5	185（ 63・122）	177	178
1964年度	7	134（ 36・ 98）	126	131
1965年度	6	122（ 41・ 81）	117	114
1966年度	5	104（ 22・ 82）	92	91

北海道により開示された北海道優生保護審査会会議録より、筆者作成

また、表7-2における1958年以降の公式統計上の被施術者の性別、表7-4におけ
る手術を申請された者の性別をみると、常に女性の数値が男性のそれを上回っ
ている。

　1962〜1966年度の５か年度の北海道優生保護審査会の会議録には、審査委員
の氏（時に氏名）が記されている。会議の出席者は少ないときで４名、多いと
きには９名である。北海道により開示された資料の中には、1952〜1961年度の
北海道優生保護審査委員委嘱解嘱に関する資料、1965年12月〜1972年２月の審
査会名簿が含まれていた。それらをみると、審査会は９名または10名の委員に
よって構成され、医師が４名程度おり、うち２名以上が精神科医であることが
ほとんどである。上記冊子に掲載された1956年１月現在の委員のうち、北海道
教育委員（のちに道議会議員）の人物は1968年まで、札幌家庭裁判所調停委員
の人物は1972年まで委員を務めている。人は代われども北海道衛生部長の肩書
をもつ人物が審査委員長になっており、札幌家庭裁判所判事（補）の肩書をも
つ人物が委員に含まれていた。

　精神科医については、会議録の1963年度に「諏訪」の氏が、1962年度と1963
年度に「中川」の氏が記される。1950年代にも審査委員を務めた諏訪望と中川
秀三である可能性が高い。審査会名簿をみると、中川秀三は1966〜1972年に委
員を務めている。会議録の５か年度にわたって「佐々木」の氏がある。すべて
同一の佐々木氏であるとするならば、1965〜1972年の審査会名簿にある佐々木
高光であり、北大出身で岡山にいたこともある精神科医である[11]。会議録には、
1965年度から「山下」の氏が記され、1966年度に「西堀」の記載がある。審査
会名簿をみると、山下格が1966年まで、西堀恭治が1969年まで委員を務めている。
山下はのちに諏訪の後任として北大教授になっており、西堀は1960年代後半に
北大の講師であった[12]。上記人物がすべて精神科医であるとしたとき、1962〜
1966年度の５か年度28回の審査会中、精神科医である委員が不在の回はなく、
３名の精神科医が出席する回もあった。

　開示された北海道優生保護審査会会議録等にある上記人物をみると、北大精
神医学教室の存在の大きさ、また強制不妊手術件数が多い地域との繋がりが見
えてくる。北海道の精神科医には、内村の下で修業をした者が複数いて、東大
を出て北大精神科で長く教授を務めた諏訪もその一人であった。北大卒業の精

神科医が札幌医科大学教授になり、岡山から北大や病院付属精神科施設へ招かれた者がいて、北大からは東北大学へ転出した教授がいた。

　こうしてみると、野田による先の指摘、すなわち、全国で北海道の強制不妊手術数が突出している原因が学閥のネットワークにあるという指摘は重要であり、宮城県や岡山県において強制不妊手術件数が多いことの一つの説明にもなる。北大の精神医学教室が権威をもち、北海道庁衛生部の精神科行政が北大精神科出身の精神科医によって指導され、北海道内の精神科医たちは強制不妊手術の申請に積極的に協力していた。優生思想を実現する装置が存在し、その機能を果たしていたといえよう。このことが、北海道の強制不妊手術件数の突出している唯一の理由とまでは、いい切れないにしても。

　北海道優生保護審査会は、この時代の知識人たちによって構成され、公益上必要とされた手術の適否を審査していた。審査において、「否」と判断されることはほとんどなかった[13]。国家が国民の質の管理と向上のために政策的に介入することが否定されなかった時代に、精神科の教授・医師を首脳とした知識人たちが、悪意なしにしていたことであろう。

（3）人工妊娠中絶と地区優生保護審査会

　人工妊娠中絶についてはどうか。中絶の審査制があったのは、1948年9月〜1952年5月であり、そのうち1949年6月までは、適応事由が優生保護法第13条第1項の1号から4号に規定された。1949年の法改正により、同年6月以降は第13条第1項の1号から3号に、審査を要する中絶の規定が置かれた。これは、優生保護を理由とする1号中絶、母性保護を理由とする2号中絶、社会問題を考慮した3号中絶として分類され、1949〜1952年の全国の件数は、表7-5のようになる。

　北海道の数値は部分的に確認できたのみであるが、1949年の審査中絶件数は9,120件であり、1号中絶50件、2号中絶8,883件、3号中絶187件であった[14]。1952年の審査中絶の合計は20,728件であり、全国第1位であった（公衆衛生局庶務課、1953）。

　人工妊娠中絶の審査は北海道優生保護審査会ではなく、地区優生保護審査会においてなされたものではあるが、そこでの審査結果として表れた数値をみて

表 7-5　地区優生保護審査会の審査に基づく中絶の実施件数（全国）

	1 号中絶	2 号中絶	3 号中絶	審査中絶計
1949年	856	98,619	1,608	101,083
1950年	767	317,141	2,242	320,150
1951年	628	457,059	1,070	458,757
1952年	未確認	未確認	未確認	205,439

公衆衛生局庶務課（1953）、精神衛生課（1967）より、筆者作成

　も、全国の中で高い割合を示している。地区優生保護審査会は、5 名以内の委員で構成された。地区によっては、裁判官、検察官、医師、学識経験者 2 名が委員になっていたようである（荻野、2008：170）が、北海道内の地区優生保護審査会についてはどうか。

　北海道より開示された1952年までの優生保護法関連資料によると、地区優生保護審査会は保健所区域ごとに設置されていた。1949年 3 月時点および 7 月時点で、北海道内に38の保健所と地区優生保護審査会が存在した。地区優生保護審査会が廃止されて間もない1952年 9 月時点で、北海道内に45の保健所があったことが日本衛生統計協会北海道支部『北海道衛生統計』に示されている。これら二つの資料を見比べると、1949年 7 月〜1952年 9 月の間に、八つの保健所が設置され、一つの保健所がなくなっている。北海道における地区優生保護審査会は、38か所から46か所のいずれかの数だけ置かれていたと推察される。

　北海道から開示された資料の中に、1952年の地区優生保護審査会廃止にともなう委員解嘱が北海道に報告された文書など、地区優生保護審査委員委嘱解嘱に関する資料がわずかに存在し、そこに審査委員の肩書について記載されたものがある。保健所長、事務吏員、技術吏員、民生委員、医師、簡易裁判所判事等である[15]。北海道優生保護審査会にみられたような特定の診療科医師の強い影響がみられるのか、北海道優生保護審査会とのつながりがどの程度あったのかについては、確認することができない。

　この人工妊娠中絶をめぐって、今、法学分野ではどのような議論があるのか、この点を次にみていく。

4　人工妊娠中絶と堕胎罪をめぐる議論

　優生保護法が母体保護法に改正され、第14条第１項人工妊娠中絶の条文に示される適応事由は、１号「妊娠の継続又は分娩が身体的又は経済的理由により母体の健康を著しく害するおそれのあるもの」、２号「暴行若しくは脅迫によつて又は抵抗若しくは拒絶することができない間に姦淫されて妊娠したもの」となった。１号前段が医学的適応、１号後段が社会経済的適応、２号が倫理的適応になる。

　母体保護法の内容に対する批判を、３点挙げておく。まずは法律の名称である。母体保護法は、不妊手術と人工妊娠中絶について規定している。不妊手術については、女性に限らず男性も受ける可能性があるし、不妊手術を受け、または中絶をする女性は母体になるのを避けようとしているのに、それらについて定める法律の名称に母体保護とあるのは、矛盾している。

　人工妊娠中絶可能期間については、条文上は「胎児が、母体外において、生命を保続することのできない時期」と定められる。この期間が満22週未満であるとされたのは、厚生省の通知による。妊娠22週の胎児については、子どもを欲する親が最大限の医療的措置を施すことにより母体外で生存するのであり、この22週を法的に、母体外での生存可能な時期とするのが妥当であるか、検討すべきである。

　とくに批判が強い点は、配偶者が知れないときなどを除き、中絶に配偶者の同意を必要とする点である。出産を拒む女性の配偶者が中絶に不同意であるとき、女性は出産を強いられることになる。妊娠・出産によって身体・生活への負担を受けるのは女性であり、当の女性の意思に優越する判断権限を、配偶者にもたせるべきではない。

　上記のような批判のある母体保護法の下で、どれだけの人工妊娠中絶が行われているか、そして近年の出生数がどれだけであるかを、表7-6に示す。

　人工妊娠中絶を定める母体保護法と表裏の関係にあるのが、刑法の堕胎罪規定である。母体保護法の適応事由を充たさない中絶行為は、堕胎の罪に該当する。適応事由を充足すれば、違法性がなくなるので、堕胎罪の成否は母体保護

表 7-6　人工妊娠中絶件数および出生数（全国）

	人工妊娠中絶件数	出生数
1995年	343,024	1187,064
2000年	341,146	1190,547
2005年	289,127	1062,530
2010年	212,694	1071,305
2015年	176,388	1005,721
2016年	168,015	977,242
2017年	164,621	946,146
2018年	161,741	918,400
2019年	156,430	865,239

厚生労働省『衛生行政報告例の概況』、厚生労働省『人口動態統計』より、筆者作成

法次第であるといえる。

　刑法の基本書をみると、各罪について法が守ろうとしている利益、すなわち保護法益が何であるかが、必ず記載されている。犯罪は利益侵害行為であり、ある行為を犯罪として刑罰を科すときには、必ず法が守ろうとする利益が想定されるからである。例えば、殺人の罪は人の生命を保護法益とするし、窃盗の罪は人の財産を保護法益とする。

　刑法は、第212条から第216条にかけて、堕胎の罪を置いている。妊娠している女性自身が堕胎する場合（第212条）、妊娠している女性の同意を得て他人が堕胎させる場合（第213条）、医師などが行う業務上堕胎（第214条）の三つが、妊娠している女性の同意がある場合の堕胎であり、女性の同意を得ずして堕胎させた場合（第215条）、それによって女性に傷害を負わせるなどした場合（第216条）が、不同意堕胎の罪として規定される。

　堕胎罪の保護法益は、自己堕胎の罪については「胎児の生命」、同意堕胎と業務上堕胎の罪については「胎児の生命」と「女性の生命・身体」、不同意堕胎については「胎児の生命」「女性の生命・身体」に加え「女性の自己決定権」が挙げられている。古い時代には、人口維持に対する国の利益、性風俗頽廃の防止という社会の利益も、副次的にあるとされていた。

　堕胎罪の処罰件数は、どのくらいあるのか。妊娠している女性が中絶に同意

している場合の堕胎罪での有罪は、ほぼない。1980年に中絶可能期間を過ぎた胎児を未熟児として出生させ、放置して死亡させた医師について、業務上堕胎の罪が成立すると最高裁が1988年に判断した例はある[16]。最高裁判所『司法統計年報』を確認すると、1984〜1998年の間、1993年に有罪人員が1とあり、男性であることが記されている。この統計は、女性の同意がある堕胎と不同意堕胎を分けて記していないので、この1名は、不同意堕胎の罪で有罪とされた可能性が高い。1999年以降は、『司法統計年報』の中の「通常第一審事件の終局総人員—罪名別終局区分別」表の罪名欄から、堕胎罪の記載が消えている。

　刑事法研究者は、自己堕胎・同意堕胎に関してはこれを犯罪視する社会の法意識も薄れ、国もこれを訴追する意欲を失っているという（石原、1997：27）。堕胎罪規定がもはや空文化しているという者も、少なくない。刑法の基本書をみると、女性が同意する堕胎を非犯罪化する方向で検討してよいとする見解が、複数ある。堕胎が合法とまではいえないにしても、不可罰としてよいとする論者は、例えば次のようにいう。「厳密に医師の助言を受けて妊婦が妊娠中絶を希望する場合は、正当かどうかの問題は別として、刑法上不可罰としてよいのではなかろうか。……刑法上の自己堕胎罪については刑法上の犯罪目録から除外する方向で検討する余地もあろう」と（甲斐、2010：39）。

　女子差別撤廃条約を批准している日本は、条約締約国として第2条（g）「女子に対する差別となる自国のすべての刑罰規定を廃止すること」をしなければならない。堕胎罪規定は、これに該当するのか。ジェンダーの視点から法律上の問題を検討している論者は、ニューヨークにおける女性2000年会議の成果文書に、「違法な妊娠中絶を受けた女性に対する懲罰措置を含んでいる法律の見直しを考慮する」とあることを受け、自己堕胎罪規定を削除する必要があるという（金城、2002：137）。さらに進めて、女性が生殖をコントロールする手段として中絶することについて、合法的なものとして承認されるべきとする論者もいる（角田、1991：46-78）。

　堕胎罪が空文化しているから削除あるいは不可罰にするという刑事法研究者、中絶を自らの生殖コントロールという観点から捉えるジェンダー法研究者、いずれの論が説得的であろうか。母体保護法の立法過程をみてきた今、そこからみえる堕胎罪の意味を考えよう。優生保護法は、国が人口を抑制する必要に迫

られた1948年に、合法的に中絶ができる要件を定めて誕生した。中絶件数を増やしたかった1949年には、経済的理由による中絶を認めて要件を緩和し、非合法的な中絶が問題であった1952年には、審査制を廃止して事実上の中絶自由化に踏み切った。1952年以降、中絶件数は飛躍的な伸びを見せ、逆に堕胎罪で検挙される人員は激減していった。

　国の人口政策において人口を抑制したいとき、中絶要件が緩和され、堕胎行為に刑罰が科されなくなった流れが確認できる。堕胎罪の保護法益は、人口維持に対する国の利益だったというのが、本音に近そうである。堕胎罪と連動して、女性の身体と胎児の生命を利用し、とくに障害をもつ人を犠牲にすることによって、人口を操作しようとしたのが、優生保護法である。母体保護法は、国の人口政策を提案理由とした優生保護法から名称を変え、優生条項を削っただけの法律である。優生保護法の何が問題なのか、個人またはカップルの権利や胎児の生命をどう考えるかについての議論がなされないままに成立した法律であり、リプロダクティブ・ライツを打ち立てた法律ではない。

　2019年の出生数が約86.5万人の現代において、もしも人口を増やす火急の必要性が生じた場合に、妊娠している女性が中絶を選択せずに出産するならば、年間約15.6万人の子どもを増やすことが可能になる。堕胎罪規定が存在する今、国が人口を増やしたいときに母体保護法の適応事由を書き換え、あるいは堕胎罪の運用を厳格にし、堕胎行為に刑罰権を発動して出産を促すことが、国策として推し進められる可能性は、あり得るだろう。

　刑法の基本書の中には、次のような見解を紹介するものもある。「堕胎のほとんどが母体保護法による正当化でまかなわれてしまっています。人工妊娠中絶の95％程度が社会経済的適応による母体の健康への危険を理由としたもので、しかもそれを判断するのは指定医師であって実質上のチェックは皆無という状況なので、運用上の濫用が懸念されています。これに対しては、中絶の正当化要件をもう少し厳しくして堕胎罪規定を実効性のあるものにしようという厳罰化論」がある、と（塩谷、2009）。

　リプロダクティブ・ライツが確立されていないままでは、このような使い方が現実のものとなるかもしれない。堕胎罪規定は、空文化したと捉えられているが、休眠状態であるといったほうがいいだろう。これに加え、次に述べるよ

うな事態も生じ得る。

5　北海道からの問いかけ

　母体保護法は、母性保護と不良な子孫の出生防止が抱き合わせだった優生保護法から、優生思想に基づく条項を削除した法律であり、優生保護法がどう問題であったか、個人またはカップルの権利や胎児の生命をどう考えるかを、議論したうえで制定されたものではない。

　優生保護法の問題について議論がないままに母性保護が強調されれば、事実上の優生思想が復活する可能性がある。これまで、優生保護法に胎児条項を導入するかどうかが、議論されたことがあった。胎児条項は、胎児に障害があるときに、その障害を理由として中絶を認めるというものである。これと同じ実質をもつ条項が、母性保護を理由として導入される可能性は否定できない。母性の生命健康を保護する目的の下、一定の胎児の妊娠・分娩が母体の健康を著しく害するおそれがあることを中絶の適応事由とし、一定の胎児に障害ある胎児を含ませる方法である。母性保護の名目が、優生思想を覆い隠すことになろう。

　リプロダクティブ・ライツが確立されず、性と生殖に関する個人またはカップルの意思決定に対する最大の尊重を欠いたままに、公益が強調されれば、犯罪予防・社会防衛の名目で、国が出産をやめさせる、あるいはそもそも妊娠させないことが起き得る。かつて日本で、公益上必要と認められるときに強制の不妊手術が認められた。今、国家による家族への介入があり得る憲法改正案が、国会に提出されようとしている。2012年に公表された自民党日本国憲法改正草案12条には、「国民に保障する自由及び権利は……濫用してはならず、……責任及び義務が伴うことを自覚し、常に公益及び公の秩序に反してはならない」とある。この案の通りに憲法が改正されるとすれば、憲法という最高法規にある公益・公の秩序を理由に、国が人権を制約してくる危険性がある[17]。

　ここで、近年の犯罪学における議論を紹介しよう。共感性や良心をもたず、不安や恐怖心を抱かないサイコパスと呼ばれる人がいる。行動の統制力が皆無で衝動性が顕著であり、粗暴な攻撃性が出ることもある。一般人口の1～3％が相当すると見積もられ、アメリカの刑務所人口の15～25％が診断を受けてい

る（原田、2018：36-37）。様々な理論が指摘するサイコパスの「障害」の根源
は、脳の中にあるという（原田、2018：150）。重要なのは、サイコパスやその
暴力、犯罪といった問題は、単に刑事司法の問題、道徳や社会規範の問題では
なく、生物学的病因、環境的病因によって発症し、予防も治療も可能な「公衆
衛生上の問題」である点だとされる（原田、2018：199）。

　アメリカでは、35年以上にわたって犯罪の生物学的研究をしてきたペンシル
バニア大学教授エイドリアン・レインが、神経犯罪学という領域を確立した。
かつて、犯罪者に特有の頭蓋骨の形があるなど、生来性犯罪人説を提唱し、20
世紀には否定されたロンブローゾの発想について、再考に値するという。レイ
ンは、前頭前皮質を始めとする脳領域の機能不全と攻撃性について、犯罪者等
幾多の事例を分析した結果、「犯罪は、脳の神経発生的な異常の産物である」
との仮説が支持されたとし、暴力犯罪者に見られる脳の構造的な異常の形成に
は、環境が重要であり、これら二つの要因が複雑に作用しあって暴力が形成さ
れるという（レイン著、高橋訳、2015：272）。

　レインは、暴力は、公衆衛生の問題、すなわち社会に悪影響を及ぼす疾病
の問題であるとし、未来における三つのプログラムを提案している（レイン著、
高橋訳、2015：500-545）。第一は、ロンブローゾ・プログラムであり、18歳以上
の男性全員に、病院で脳スキャンを行い、DNAテストを受けさせる。そこで
得られたデータと医療・教育・心理・居住地域等に関するデータを組み合わせ
て、バイオソーシャルな総合データセットを生成する。暴力犯罪、性犯罪、殺
人のいずれかの基準に対して陽性と評価された者には、特別施設への無期限の
収容が言い渡される。第二は、全国子ども選別プログラムであり、10歳の子ど
も全員を対象に、生理機能、心理、社会関係、行動の評価を行い、それらを幼
少期のデータと統合しながら分析し、将来の犯罪を予測する。

　第三に提案されるのが、子どもを産むのに免許取得を必要とする親免許制度
である。反社会的な両親は悪の遺伝子を子どもに受け渡すし、そのような親を
もつ子どもの負の社会的経験は、反社会的行動を引き起こす要因になり得るか
らである。無免許の母親が見つかった場合、子どもは一旦、養育施設に送られ、
母親は養育コースに参加し、免許取得試験を受ける機会が与えられる。DNA
バンクのデータに照合して割り出された父親が無免許なら、彼も罰せられる。

　例えば犯罪に走る可能性が79％ある人がいて、しかも対策を講じられるにもかかわらず、手を打たないでいることには、人権問題が関わる。実際には危険のない人が拘禁される可能性があるとしても、社会の利益と、その種の危険のバランスをとる必要性があろうとする。

　レインの上記提案は、人の脳検査結果と環境データを合わせて、そこから凶悪犯罪者に育つ人間が生まれる高度の可能性が見出されれば、出産を許可しないことが望ましいとするものである。レインは、現代の知識人たる脳科学研究者であり、最新科学にもとづいて、ある人から生まれ育つ人間が暴力的な危険性をもつようになる蓋然性を、計算することが可能になるという。

　かりに自民党の憲法改正草案がそのまま最高法規となり、暴力犯罪の予防、危険人物からの社会防衛を求める強い声が上がって、国家的要請が生じるならば、「公益」を理由とした中絶が認められ、あるいは親免許に類する制度が導入されても、不思議ではない。個人の自由・権利は公益・公の秩序に反しない範囲で認められるので、公益を害する妊娠・分娩を中絶の適応事由として新たに法定し、一定の身体的特徴が遺伝する蓋然性があるときを、そこに含ませることは、最高法規に反しないことになろう。公益・公の秩序を理由に、危険な人間になると最新科学にもとづいて計算された胎児の中絶を是とし、あるいは出産を許可制にするならば、事実上の優生保護法が復活する。死刑を存置させている日本において、死刑に相当する犯罪をする高度の可能性ある人間が、そもそも生まれないようにすべきだという主張は、なされ得るだろう。

　次のような刑事法研究者の見解が、上記提案を受け入れるものとして使われる可能性もある。出産には個人的意義と社会的意義があり、後者について「出産は個人的レベルにとどまるものではなく、新たな生命（子ども）の誕生に関わるので社会的に重大なできごとであり、個人のわがまま勝手は許されず、必要に応じて社会的ルールに服するべきだ」とする見解である[18]。

　振り返ってみよう。かつて、日本の知は優生政策を是としていた。国家が国民の質の管理と向上を図ることに抵抗がなかった戦後間もない時代、大学教授ら知識人たちが強制不妊手術「適」を決定していた。1970年代初め、中学、高校の「家庭一般」「保健体育」、文部省の「学習指導要領解説」、社会福祉系大学で使われている教科書には、精神病（とりわけ分裂病）が遺伝し、犯罪を犯

し、人格が荒廃する病であり、優生的処置を行う必要があると記載されており、執筆者の中には、国立大学の精神科教授もいたという（野田、2020：168-171）。1990年代、国が個人の自己決定に介入することへの批判、国際会議における議論が、優生保護法から母体保護法への改正の力になったが、時代の趨勢は常に変わり得る。

　野田は、1980年代以降は精神分裂病といった病名すら教科書に載らなくなったものの、「自分たちの行った過去を反省せずに、ふたをしただけである。白紙を装った社会の底で、精神病者抹殺の過去の教育の成果は小さく硬く燃え続けている」と指摘する（野田、2020：171）。優生保護法から名称を変えた母体保護法と堕胎罪規定がセットで存在し続ければ、国が人口を増やしたいときに母体保護法の適応事由を書き換え、あるいは堕胎罪の運用を厳格にし、堕胎行為に刑罰権を発動して出産を促すことが可能であるし、暴力犯罪予防・危険人物からの社会防衛の機運が高まっていれば、科学的に計算され危険とされた胎児を、公益・公の秩序のために切り捨てることもあり得よう。

　親免許制度は、今の時代の知識人たる脳科学研究者が、犯罪リスクを見積もられた人間の誕生を防ぐべく、提唱している制度である。日本の研究者も、暴力・犯罪は公衆衛生の問題であるという（原田、2018：199）。公益・公の秩序を理由として、親免許に類する制度がもしも実施されれば、子孫を残すのに不適格とされた者は、子どもを産み育てることができなくなる。

　かつて、時代の知を代表する者が優生保護法の運用に関わり、悪意なく、国家の後ろ盾の下でなした不妊手術「適」の決定が、結果として被施術者を長きにわたって苦しめてきた。手術を受ける当事者の視点・当事者の意思が入れられることはなく、子どもを産み育てるかどうかを選ぶことが、国によって否定された。とくに北海道は、その痛みを多くの者が受けてきた。子どもを産み育てるかどうかが、国によって決められるという同じ痛みをふたたび生じさせないために、何をすべきか。

　今なすべきは、リプロダクティブ・ライツの確立であろう。そのために、優生保護法の総括を行ったうえで母体保護法を廃止し、それと同時に母体保護法に代わる新たな法律を制定すべきである[19]。その際、女性が同意している堕胎を罪とする規定を削除することも、必要である（角田、1991：46-78；高柳、

1997)。堕胎罪規定が存在したままであれば、人口の増大という強い国家的要請が生まれたとき、休眠状態から覚醒して、積極的に運用される可能性が否定できないからである。人が自分の人生を自分で決めるという、当たり前に思えることを、時代の趨勢が変わったときに覆らせないため、不可欠な整備である。

［注］

1　『毎日新聞』2018年1月30日付朝刊

2　『毎日新聞』2018年5月17日付夕刊

3　断種政策に対する帝国議会の抵抗が強く、法案通過があやぶまれたなかで、厚生大臣が強制断種は当面実施しないと明言して、審議をきりぬけたことが理由であるという（松原、1997）。

4　本章における法案提出の理由については、いずれも衆議院法制局『国会制定法審議要録』より引用し、成立した法律の内容については、公布時の官報により確認している。

5　この点について、谷口の法案提出以前に加藤シヅエが作成した優生保護法案作成の影響を指摘する見解（松原、1997）に対し、谷口自身が断種や中絶の社会的適応条件の拡大に執心していたとする見解（横山、2015：254，276-280）がある。

6　精神衛生課（1967）、厚生省『厚生白書』による。

7　警察庁『犯罪統計書』による。

8　北海道の強制不妊手術の多さについて、知的障害児入所施設の多さを要因として挙げる者もいるという（吉田、2018）。それらの施設において、入所者同士で子どもができないよう集団で手術が進められたとしても、不妊手術を是とする判断があってこその手術実施であるため、本章では審査に関わった者の存在に着目する。

9　1951年度の審査回数・審査人員・適について、別の資料「都道府県衛生部長会議資料」では、それぞれ、審査回数7・審査人員101・適94の数値が示されている（公衆衛生局庶務課、1953）。

10　精神科医師の申請がほとんどであることについては、別の資料にも、同様の記述がある（北海道、1951）。

11　1934年につくられた札幌市立病院付属静療院に、岡山から1957年に赴任したのが、北大出身の佐々木高光である（西、1996）。

12　のちに北海道立緑ヶ丘病院長となった西堀恭治が、当時の北大にいた（野田、2020：113-115）。

13　1960年代後半に北海道優生保護審査会委員を務めた人物が名乗り出て、当時の記憶を述べている（毎日新聞取材班、2019：98）。「精神科医が手術を申請した内容に異論を述べたり、

議論が紛糾したりすることはなく、『スースー』と審査が進んだ。……『否』は滅多になかった。『道は否決を嫌がっていた』」という。

14　厚生省『衛生年報』、日本衛生統計協会北海道支部『北海道衛生統計』による。

15　優生保護法における審査会委員に関する規定によると、委員は「医師、民生委員、裁判官、検察官、関係行政庁の官吏又は吏員その他学識経験ある者の中から」命じられた。地方裁判所・家庭裁判所およびそれらの支部、あるいは簡易裁判所の所在地に存在した地区優生保護審査会には、裁判官または検察官が委員として含まれていた可能性が高いであろう。北海道によって開示された資料をみると、苫小牧地区および浦河地区の審査会に各簡易裁判所の判事が、帯広地区の審査会に釧路地方裁判所帯広支部長が、委員として含まれていた。

16　最高裁判所第三小法廷昭和63年1月19日決定判例時報1263号48頁

17　憲法改正草案12条について、不妊手術を強制してきた論理の再来を意味するとし、結婚しない生き方、子どもを生まない生き方を非難する自民党議員による発言からすると、新たな優生保護法が生まれるおそれがあるとの指摘がある（藤野、2021：64-65；藤野、2018）。

18　この論者は、性と生殖への国や社会の介入を認める立場にいるわけではないが、このような言説が利用される可能性はある（甲斐、2002：78）。

19　母体保護の名の下に、妊婦の意思から胎児を引き離し、その上で第三者のコントロール下で妊婦の身体から胎児を引き離す（中絶する）ことを認める母体保護法は、結果として、妊婦の主体性も、胎児の生命も尊重していない可能性もあると指摘する見解がある（齋藤、2002）。

［参考文献］

石井碩（1962）『我が産婦人科医史第1編』石井碩

石井美智子（1982）「優生保護法による堕胎合法化の問題点」『社会科学研究』34(4)：113-171

石原明（1997）『法と生命倫理20講』日本評論社

伊佐智子（2008）「出生前診断にかかわる法状況とその議論」丸山英二編『出生前診断の法律問題』尚学社：99-124

稲田朗子（1997）「断種に関する一考察─優生手術の実態調査から─」『九大法学』75：183-225

内村祐之（1940）「優生法の過去と将来」(1984)『精神医学者の滴想』中央公論社：287-293

内村祐之（1968）『わが歩みし精神医学の道』みすず書房

岡田靖雄（2002）「国民優生法・優生保護法と精神科医」齋藤有紀子編著『母体保護法とわ

たしたち―中絶・多胎減数・不妊手術をめぐる制度と社会―』明石書店：49-59

荻野美穂（2008）『「家族計画」への道―近代日本の生殖をめぐる政治―』岩波書店

甲斐克則（2002）「刑法と母体保護法―日本法の解釈をめぐって―」齋藤有紀子編著『母体保護法とわたしたち』明石書店：77-89

甲斐克則（2010）『生殖医療と刑法』成文堂

金城清子（2002）『ジェンダーの法律学』有斐閣

公衆衛生局庶務課（1953）「都道府県衛生部長会議資料」松原洋子編（2019）『編集復刻版　優生保護関係資料集成第1巻』六花出版：231-242

小俣和一郎（2018）「日本の精神医療と優生思想―日本精神医学史の再検討を含めて―」優生手術に対する謝罪を求める会編『［増補新装版］優生保護法が犯した罪―子どもをもつことを奪われた人々の証言―』現代書館：134-146

齋藤有紀子（2002）「母体保護法・人工妊娠中絶の現代的意味―問題を共有していくために―」齋藤有紀子編著『母体保護法とわたしたち』明石書店：11-33

塩谷毅（2009）「堕胎の罪」松宮孝明編『ハイブリッド刑法各論』法律文化社：40-43

諏訪望（1998）『精神医学とともに60年―新たな展開への期待―』世論時報社

精神衛生課（1967）「優生保護法について」松原洋子編（2019）『編集復刻版　優生保護法関係資料集成第3巻』六花出版：241-247

高柳美知子（1997）「性的人権に関する国内法規は」山本直英編著『セクシュアル・ライツ―人類最後の人権―』明石書店

辻村みよ子（2011）『憲法から世界を診る―人権・平和・ジェンダー［講演録］―』法律文化社

辻村みよ子（2016）『概説ジェンダーと法〔第2版〕』信山社

角田由紀子（1991）『性の法律学』有斐閣

西信博（1996）「北海道の精神医療」北海道医史学研究会編『北海道の医療　その歩み』北海道医史学研究会：289-299

ティアナ・ノーグレン著、岩本美砂子監訳、塚原久美・日比野由利・猪瀬優理訳（2008）『中絶と避妊の政治学―戦後日本のリプロダクション政策―』青木書店

野田正彰（2018）「強制不妊手術件数を競った精神科医たち　現代に息づく『優生保護法』の思想」『紙の爆弾』2018年10月号：18-22

野田正彰（2020）『社会と精神のゆらぎから』講談社

原田隆之（2018）『サイコパスの真実』筑摩書房

藤野豊（2018）「"公益"に奪われた人権―日本国憲法と優生保護法―」『世界』914：146-155

藤野豊（2021）『戦後民主主義が生んだ優生思想―優生保護法の史的検証―』六花出版

北海道（1951）「北海道精神衛生白書」松原洋子編（2019）『編集復刻版　優生保護関係資料

集成第1巻』六花出版：120-139

北海道衛生部保健指導課（1953）「優生保護関係法例規集」松原洋子編（2019）『編集復刻版
　　優生保護法関係資料集成第1巻』六花出版：243-265

北海道衛生部・北海道優生保護審査会（1956）『優生手術（強制）千件突破を顧りみて』

毎日新聞取材班（2019）『強制不妊―旧優生保護法を問う―』毎日新聞社

松原洋子（1997）「〈文化国家〉の優生法―優生保護法と国民優生法の断層―」『現代思想』25⑷：
　　8-21

横尾和夫（1999）「優生保護法から母体保護法へ」北海道医師会『北海道医師会史1999』社
　　団法人北海道医師会：264-271

横山尊（2015）『日本が優生社会になるまで―科学啓蒙、メディア、生殖の政治―』勁草書
　　房

吉田隆久（2018）「全国最多の『なぜ』開示資料で探る―1万枚が語る北海道の優生思想―」『新
　　聞研究』805：12-15

米本昌平（2000）「イギリスからアメリカへ―優生学の起源―」米本昌平・松原洋子・橳島次郎・
　　市野川容孝『優生学と人間社会―生命科学の世紀はどこへ向かうのか―』講談社：13-50

エイドリアン・レイン著、高橋洋訳（2015）『暴力の解剖学―神経犯罪学への招待―』紀伊
　　國屋書店

［謝辞］
　筆者は2021年11月から2022年2月にかけ、3回にわたり北海道に対して優生
保護法および優生保護審査会に関する公文書の開示を請求し、開示を受けた資
料は7,000枚近くに及んだ。文書開示にあたり、不妊被施術者等の個人情報に
ついてマスキングするという膨大な作業を、北海道保健福祉部子ども未来推進
局子ども子育て支援課職員の方々にしていただいた。コロナ禍にあって通常業
務だけでも多忙な中で、作業してくださった担当職員の方々に、深く感謝申し
上げます。

コラム5　リプロダクティブ・ライツ

　1994年のカイロ宣言・行動計画にて定義されたリプロダクティブ・ライツは、自己の生殖をコントロールし、性と生殖に関する健康（リプロダクティブ・ヘルス）を享受する権利だといえる。いつ妊娠し、何人の子を・どのような間隔を空けて産むか、自ら決めてよいし、それと同じように、妊娠・出産しないを選択できることが重要である。

　リプロダクティブ・ライツという概念が確立していなかった1970年代、アメリカの連邦最高裁は、中絶するか否かを決める権利が憲法上のプライバシー権に含まれるとし、胎児が母体外で生存可能になるまでは中絶の権利があるとした。アメリカは自由の国であるとの印象がもたれているかもしれないが、中絶の是非は大統領選挙における争点の一つになるし、連邦最高裁の上記判断が覆ることを望む州もあった。

　2021年には、性と生殖に関するサービスへのアクセス、妊娠中や出産後のケアへのアクセスを拡大する州法ができるなかで、中絶へのアクセスを拡大した州はごくわずかであり、中絶を制限する立法が多くみられた。この傾向は2017年以降のトランプ政権の時期から顕著であり、その代表的なものは、胎児の心音が確認される時期（妊娠6週ころ）以降の中絶を禁じるハートビート法である。ガットマッハー研究所（Guttmacher Institute）によると、2013～2021年に、12州がハートビート法を成立させてきた。ただし、この法を憲法違反だとする差し止め請求を受けた裁判所が、発効を止めるなどしてきた。2022年になっても中絶を制限する方向での各州の動きがみられるなかで、6月に連邦最高裁は、中絶が憲法上の権利であるとしたかつての判断を、約半世紀ぶりに覆した。連邦最高裁の判断が覆ったときには中絶を禁じるようにするトリガー法を定めていた州を始めとして、アメリカの半数以上の州が、中絶を（最大限に）禁止する可能性があるとみられている。

　では、日本ではこれから、なにが議論されるべきか。「妊娠する」「産む」を選択するとして、生殖補助医療を受けて妊娠・出産することも、リプロダクションの権利に含まれるかが問われる。生殖補助医療ごとに、具体的な問題も生

じてくる。例えば、出生前診断により胎児を選別することについては、倫理的議論があるだろう。精子バンクを利用して妊娠するとき、生まれる子の出自を知る権利を無視するわけにはいかないし、妊娠できないカップルが代理懐胎・代理出産によって子をもうければ、法的に親子となるのに手続が必要になる。妻が夫の子を出産するとしても、夫の死後に凍結精子を用いて妊娠・出産したならば、法律上の父子関係が問われるだろう。

　「妊娠しない」「産まない」を選択し実行するにあたっては、女性自身がコントロールでき、経済的にアクセス可能な避妊手段が確保される必要がある。避妊に失敗するなどして望まない妊娠をした場合には、安全な中絶の措置が受けられるべきである。日本で用いられている掻把が、身体を傷つける危険な方法であることについては、多くの指摘がある。

　望まない妊娠をして中絶ができなければ、多くの場合、カップルが授かり婚をするか、あるいは女性がシングルペアレントになるか、そのいずれかに行き着くであろう。授かり婚をしたとして、それが良好な関係で継続するか、あるいは継続しないとしても離婚して再スタートができればよいが、それらのいずれもできないとき、面前DVを含む子ども虐待や子殺しといった結果が生じることもある。1歳未満の子どもの殺人は、嬰児殺として犯罪統計に挙げられており、これはいつの年も圧倒的に女性の手によることが多い。

　リプロダクティブ・ライツを確立し、妊娠するもしないも、産むも産まないも決められるようにすることは、個人の好みを尊重するというだけにとどまらず、人の人生・生命を守るために必要なことだといえよう。

第8章　当事者参画によるGBV（ジェンダーベイスト・バイオレンス）根絶施策の展開

——北海道モデル

近藤恵子

1　痛みを力に——当事者が切り拓いた暴力根絶の道筋

　北海道のジェンダーベイスト・バイオレンス（性差別の構造による女性に対するあらゆる暴力、【コラム6】参照）根絶施策は、全国の自治体の中でも先駆的なものとして評価されている。北海道の施策を具体的に押し上げてきたのは、当事者をつなぎ目とする、緩やかではあるが、しなやかで、強くて、暖かい、女たちのシスターフッドとネットワークである。

（1）女性の人権ネットワーク事務所「女のスペース・おん」

　1993年の春5月、北海道札幌市に「女のスペース・おん」という女性の人権ネットワーク事務所が開設された。女たちの手による女たちのためのネットワーク事務所は、ジェンダー平等を目指す活動拠点として、道内初の試みといえるのではないだろうか。

　「女のスペース・おん」の開設を支え、ネットワークの中核を形成したのは、1970年代から動き出したフェミニズム運動の担い手たちである。1970年初頭から四半世紀の間、多様な分野で活動を展開してきた女たちが蓄えてきた経験、知恵、情報、人脈、………。それぞれのバックグラウンドは違っていても、ことあるごとに共同行動を積み上げてきた女たちが、パワーを一つにする拠点を持ちたいと集いあったのが「女のスペース・おん」である。

　「女（おんな）」から「名（な）」をとって「おん」。名無しの女、無名の女たちの連帯こそが世の中を創り変えていくのだという志が、スペースのネーミングに込められている。同時に、GO ON, KEEP ON,　START ON, のように用

コラム6　ジェンダーベイスト・バイオレンス

「ジェンダーベイスト・バイオレンス」とはジェンダーに基づく暴力のすべてをあらわす表現である。

※ジェンダーとは、生物学的性別や性差を意味するセックス（sex）に対して、「社会的、文化的な性差」と一般に訳される。先天的なものではなく、文化的に身につけた、あるいは作られた性差の概念をさす。

・「女性に対する暴力」とは、公的または私的生活のいずれを問わず、女性に対する身体的、性的、心理的な危害または苦痛をもたらす、若しくはもたらすおそれのある、ジェンダーに基づくあらゆる暴力行為をさし、そのような行為を行うという脅迫、強制、自由の恣意的な剥奪を含む。（「第4回国連世界女性会議（北京）」行動綱領）

・ジェンダーベイスト・バイオレンスは、男性と女性との間にある不対等な力関係、性差別の構造から不断に生みだされる暴力犯罪であり、性差別の存在するところでは、いつでも、だれでも、どこにでも起こりうる暴力犯罪である。したがって、DV・性暴力は特別なカップルに起こる特別な暴力犯罪ではない。

・ジェンダーの縛りが強い社会では、日々、暴力的な傾向が強まっていく。性差別社会における女性の人権状況を最も尖鋭に表現するのが暴力被害の実態である。ちなみに、日本女性のジェンダー・ギャップ指数は116位の劣位にとどまっている。

いられる英語のONから、現在活動中、24時間365日、いつもスイッチが入っている、という意味も重ねられている。

　自分たちが何者であろうとするのか、何を目指して活動を組織するのか、ネットワーク事務所の命名をめぐっては、20名を超える準備委員たちが、連日、侃々諤々の議論を交わした。この討論は、フェミニズムの核心をめぐる議論でもあったと思う。

　ネットワークを結ぶ会員数は初年度約300人。10代から70代まで、人権・教育・外国人問題・エイズ・環境・労働問題など、様々な市民運動を担う女たちや、研究者・議員・医師・弁護士・ソーシャルワーカー・カウンセラー・教員・自治体職員・自営業者などなど、多彩な顔ぶれのメンバーがネットワークをつないでいる。

　ここでは、女たちが直面するあらゆる問題に関わる相談業務、課題解決活動、会員によって企画運営されるプロジェクトの推進、独自の調査研究活動や、行政交渉及び政策提言などを日常的に取り組んでいる。

　開設以来、事務所の相談電話のベルが鳴らない日はただの一日もなかった。

　事務所が開くのを待ちきれず、朝早くから大きな荷物を抱えてうずくまっている当事者がいる。ゴミ袋に手回り品を詰め込み、ゴミだしに出るようにしてタクシーで逃げ込まれる方がいるかと思えば、着の身着のまま、バス代もなかったからと、子どもを背負って２時間も歩いてたどりつかれた方もいる。

　ＤＶ、セクハラ、性虐待、レイプ、ストーキング、性搾取、……。事務所開設以来、私たちは、女性に対する暴力の問題に真正面から否応なく向き合うこととなった。ここに女性運動の核心がある。暴力という問題がここまで女性たちを苦しめているのに、この女性たちの命を支えるシステムや法制度がこの社会には準備されていない。この現実に突き動かされて、「女のスペース・おん」は動き出した。

　開設当初の「女のスペース・おん」に持ち込まれた事例の中から、特徴的なケースを紹介する（個人が特定できないよう、一部情報を変更した）。

【事例１】長年にわたる夫からの暴力

　25年間、夫の暴力に耐え続け、下肢に障害を負わされた50代女性。逃げ出す

体力もなくなったことを自覚した当事者は、このままではゆるゆると殺される
しかないと思い、泥酔して寝込んだ夫を刺し殺した。６年の実刑判決。……Ｄ
Ｖによる究極の被害としての殺人事件であるとして、署名嘆願行動や裁判の傍
聴行動を行った。

【事例２】突然のレイプ被害
　帰宅途中、路上で近づいてきた車に引きずり込まれた20代女性。３人の男た
ちに力づくでホテルに連れ込まれた。抵抗する彼女の様子を見ていたホテルマ
ンは黙認して何もしない。明け方、車で郊外に放り出され、彼女は歩き続けて
ようやくみつけた交番に駆け込んだ。彼女が確認していた車のナンバーから男
たちは逮捕された。異口同音に「女が訴えるとは思わなかった」と言い、事実
を認めた。……警察署に同行し刑事告訴手続を支援した。

【事例３】外国籍女性の被害
　外国人女性。フィリピンから農村花嫁を斡旋する業者の仲介によって日本人
男性と結婚する。慣れない農作業、通じない日本語、思い通りにならない妻を、
夫は暴力で支配する。夫の留守に、舅が「お前を買った金は俺も出してやった。
権利がある。」と性行為を迫る。……教会を通じてシェルターにつながる。英
語を話せるスタッフと外国籍ケース専門の弁護士がサポートして離婚成立、無
事に帰国することができた。

【事例４】スクールレイプ
　道立定時制高校の女子生徒。放課後、トイレに連れ込まれ、クラスの男子生
徒に強姦される。見回り中の教頭に訴えたが、信じてもらえない。妊娠がわか
って母親とともに学校に訴えたが、学校はもみ消しを図り、担任の自主退学願
い偽造により退学を余儀なくされる。加害者の男子生徒は他校に編入。被害
者の女子生徒は進路を絶たれ、中絶、事件の後遺症に苦しみ続けた。……高校、
教育委員会、北海道に申し入れを行い、長期にわたって女子生徒の回復支援に
かかわった。

【事例5】職場の性暴力

　パート職場で働く30代女性。ローテーション管理をする男性主任が、特定のパート社員が更衣室に入る時間を見計らって入室。鍵を閉めながらズボンをずり下げ、性行為に及ぼうとする。口外するとクビにする、お前から誘惑されたと話して家庭をめちゃめちゃにしてやる、と脅す。……北海道ウィメンズユニオンで団体交渉を行い、セクハラの事実確認、謝罪、損害賠償を勝ち取った。

【事例6】PTSD

　公務職場の上司から執拗に関係を迫られ、心身に異常をきたした40代女性。職場の配置転換を求めるが聞き入れてもらえない。逆に、周囲から信頼されている上司の「うるさく付きまとわれて迷惑している。」という言動により孤立。夫から離婚を求められ、子どもとも引き離された。精神科の入退院を繰り返し、職場復帰の見通しは立たない。……公務職場への申し入れを行い、民事訴訟に取り組むが、本人の精神的ダメージは深刻であった。女性の精神科医、フェミニストカウンセリングルームにつなぐ。

【事例7】重複する性虐待

　中学生のころから実父による性的被害を受けてきた18歳女性。兄とその友人たちから輪姦されたこともあり、母親のいない家は地獄だった。ようやく高校を卒業して就職が決まり家を出ることになったが、一人残される中学生の妹が同じ被害にあうのではないかと心配でならない。……児童相談所と連携して妹を保護、メンタルサポートを中心に本人の自立生活を支えた。

【事例8】離婚後も続くDV被害

　離婚が成立し、あらたな地域で別居した40代女性。ようやく落ち着いて暮らせると思った矢先、夫に居場所を知られ、押しかけられて復縁を迫られる。必死に対応するうち、逆上した夫が灯油をまいて火をつけた。裏口から逃げた子どもが通報し、消防車が駆けつけたが、家は全焼し、隣の家も延焼した。……再度のシェルター対応で母子を支援する。刑事告訴をして夫は逮捕され、実刑判決を受けた。

一歩を踏み出す当事者の存在がすべてを拓いてきた。この人たちの命を守らなければならない。必要な手立てを尽くさなければならない。お一人お一人の困難にご一緒しながら、シェルターを準備し、女性のための労働組合を開設し、法整備のための活動を開始し、女性支援の制度改善を求める日々が始まった。

あなたの痛みは私の痛み、痛みをともにする女たちの連帯が、不可能とされてきたことを可能にし、被害者支援の道を少しずつ切り拓いてきたといえる。「女性に対する暴力」。　訴えようにもどこにも持っていきどころのない、あるいは、どこへ訴えても解決策の見えない多種多様な問題が津波のように押し寄せ続ける30年だった。暴力被害という形で女たちが直面する問題の多様さと、その苦しみの深さに向き合いながら、私たちの生きるこの社会に欠けているものを指し示し、女たちの困難を解決するために闘う日々が続いている。

(2)　国連主催第4回世界女性会議とシェルタームーブメント

1975年の第1回世界女性会議（メキシコ）から始まるジェンダー平等実現への動きは、世界中の女性たちを鼓舞した。日本国内においても、1970年代から1990年代にかけて、フェミニズムの運動の中に暴力根絶のムーブメントが胎動し、レイプクライシスセンターやDVシェルターが動きだす。

1995年に開催された第4回世界女性会議（北京）は、ジェンダー平等の実現に暴力の根絶が欠くことのできない最重要課題であることを「行動綱領」という形で宣言した。女性に対する暴力を以下のように定義し、暴力根絶に向かう戦略目標を明らかにした。

　　——女性に対する暴力とは、公的または私的領域のいずれかを問わず、女性に対する身体的・性的・心理的危害または苦痛が結果的に生ずる性に基づくあらゆる暴力行為をさす。また、そのような行為を行うという脅迫・強制・自由の恣意的剥奪を含む。——

4万人の女性たちで埋め尽くされたNGOフォーラムの開会式では、第1回世界女性会議で事務局長を務めたメキシコのヘルビィ・シビラさんが
「1975年の第1回メキシコ会議以来、女性たちは、平等・発展・平和につい

ての共通の認識を深め、行動を起こした。しかし、女性たちはいまだに主体た
り得ず、客体のままでいる。だからこそ、この北京に集まった。」

「女性たちよ、覚悟を決めて、不可能とされてきたことを可能なものへと変
えていこう。」と力強く呼びかけた。

このメッセージは四半世紀を超えた今も、世界中の女性たちへの励ましとな
って生きている。

「女のスペース・おん」からは26名のメンバーが参加し、「北海道における外
国人女性への人権侵害実態調査─救済支援のネットワーク作りに向けて」と題
したワークショップを開催した。このワークショップには100人を超える参加
者があり、アメリカ、アジア諸国、北欧諸国などからの参加者と国境を超える
シスターフッドをつなぐことができた。この縁が1996年の「国際シェルターシ
ンポジウム」開催へとつながっていく。

2　官民・地域・国境を越えてつながる暴力根絶の支援ネットワーク

（1）痛みを力に！「駆け込みシェルター国際シンポジウム」の札幌開催

北京から戻ったメンバーは、女性に対する暴力の根絶こそが、ジェンダー平
等の社会をつくり上げる最重要の課題であることを確信し、「女のスペース・
おん」開設以来の当事者の方々の顔を思い浮かべながら、国内初となるＤＶ根
絶国際シンポジウムの開催に向けて準備を始めた。

1996年4月、サンフランシスコを中心とするアメリカ西海岸スタディツアー
を実施。北京で出会った友人たちにコーディネートをお願いし、アメリカ合衆
国のＤＶ根絶施策・法制度・シェルターサポートの実際を学ぶことができた。
スタディツアーでの出会いを通じて、6か月後の10月10日から3日間、国内初
のＤＶ根絶国際シンポジウムの開催にこぎつける。

「駆け込みシェルター国際シンポジウム」にお招きしたゲストは

- ベッキー・マサキ（アジア女性シェルター代表、共同創設者。日系三世）
- ロレーヌ・ギャレット（カリフォルニア州サンタクルーズ女性委員会委員長、「フ
ァミリーズファースト」ソーシャルワーカー、アフリカ系女性）
- チャック・ターナー（マサチューセッツ州ケンブリッジに設立された、全米

初の加害者男性再教育カウンセリング実践団体「エマージュ」の創設者、議員、
アフリカ系男性）

- アン・ヤブサキ（カリフォルニア州コンコード、ローズブリッジ総合心理大学
学長、家族・女性・こどもカウンセラー、沖縄系3世）

の4名である。シンポジウムは、アメリカ領事館、北海道、札幌市、マスコミ
各社等の後援・協力を得て全国から延べ600人の参加者を数えた。
　七つの分科会の内容としては
　第1分科会　行政関連機関との協力連携
　第2分科会　被害者救済と法システム
　第3分科会　シェルター運営に求められるもの
　第4分科会　被害者サポートの在り方
　第5分科会　加害者再教育プログラム
　第6分科会　被害者カウンセリングの技法
　第7分科会　結婚・子ども・家族カウンセリング
が網羅され、シェルターサポート理念から法制度まで、現在も論議され続けて
いる課題が話し合われた。白熱したディスカッションのすえ、性差別禁止法を
軸とする法システムの整備をめざす大会アピールを採択し、ここから、ジェン
ダー犯罪としての暴力根絶をめざす実践が、シェルターの整備と法制定に向け
て具体的に広がっていくこととなった。
　この年の12月、北海道女性室からシェルター関連のヒアリングを受け、暴力
根絶施策に関する官民連携協力の道筋が拓かれた。
　「女のスペース・おん」は、1997年3月、念願のサポートシェルターを開設し、
本格的な支援活動を展開する。1995年以前には全国7か所しかなかった民間シ
ェルターは、北京会議後、全国各地に次々と開設が続いた。北海道内でも、帯
広、函館、室蘭、旭川と、お仲間のフェミニストたちがシェルター活動を開始し、
全道シェルターネットワーク交流集会を経て、北海道シェルターネットワーク
を設立し、ネットワークを駆使した支援活動が広がっていく（現在、北海道シ
ェルターネットワークは、札幌、旭川、函館、室蘭、苫小牧、帯広、北見、釧路の8
拠点都市をつないでいる）。
　1997年5月、札幌市は「女性への暴力」対策関係機関会議を開催した。こう

した連携会議の開催は全国的にも最も早かったのではないか。この会議の特徴は、ワーキングチームを作って、当事者を中心においたケースカンファレンスを随時開催できることにあり、その意味でも、先駆的な連携会議といえる。第1回のワーキングチームでは、ＤＶ家庭で実父から性暴力被害を受けた少女のサポートケースで、学校、福祉事務所、児童相談所、弁護士、児童カウンセラー、産婦人科医、シェルタースタッフが一堂に会して事例検討をおこない、迅速な対応を実現した。さらに、札幌市は、1998年1月「女性への暴力（家庭内暴力）」調査研究事業を駆け込みシェルター運営委員会に業務委託、被害実態調査と自立支援対応策の研究を共同で始めることになった。

　釧路で被害にあった当事者を札幌で迎える。札幌の被害者を神戸につなぐ。旭川から函館へ。そこから京都へ。シェルターサポートは、当事者の安全な再出発のために、支援理念を同じくする人々のネットワークなしには成立しない。シェルターサポートは、官民の壁を越え、地域を越え、時には国境を越えて展開される。

　北海道シェルターネットワークが形成されるのと時を同じくして、日本各地にＤＶ・性暴力被害者のためのサポートシェルターが動き始めた。北京世界女性会議が大きな風を巻き起こし、女性運動の核心に「暴力」の問題が位置づけられたのである。

　1997年、東京で「広がれ、日本のシェルタームーブメント」という集会が開催された。じわじわと数を増やしてきた草の根の民間シェルターを運営する女性たちが、情報交換しあい、支援理念を共有するために、緩やかなネットワークを作ろうと集まったものだ。この集まりは、「女性への暴力　駆け込みシェルターネットワーキング」と命名され、年に1回、持ち回りのシンポジウムを開催することを確認した。「全国女性シェルターネット」の前身である。

　「シェルタームーブメントの風よ起これ！」と呼びかけられたこの集いは、1998年、札幌を開催地とする第1回全国シェルターシンポジウム「拡がれ！シェルタームーブメント」へと結実し、その後今日まで毎年開催地を変えて、規模を拡大し、内容を充実させてきた。

　当事者はもとより、現場の支援スタッフ、研究者、弁護士、医療関係者、議員、行政関連機関職員、教育関係者、警察、司法関係者、関係省庁の官僚、マ

スコミ関係者等々、女性に対する暴力根絶にかかわる様々な領域の専門家が一堂に会して、その時々の最もホットな課題を討論しあう唯一の機会を提供してきたのが、全国シェルターシンポジウムである。

　第1回札幌シンポジウムの大会宣言からDV防止法制定運動が始まり、ここから、法制定、法改正、制度の運用改善と、女性と子どもの命にかかわる重要な政策提言活動が展開されてきた。北海道は、第1回札幌（1998）、第4回旭川（2001）、第9回函館（2006）、第21回札幌（2018）、第25回釧路（2022予定）と、最も多い開催地域となっている。

　2022年の釧路大会で25回目を迎える「全国シェルターシンポジウム」は、ゆっくりと、しかし、確実に社会を動かしてきたのである。

（2）　ＤＶ防止法と関連法整備に果たした当事者の役割

①市民立法、女性立法、当事者立法

　「配偶者からの暴力の防止及び被害者の保護等に関する法律」（ＤＶ防止法）が制定されたのは2001年、第4回シェルターシンポジウムが旭川で開催された年であった。1998年の法制定運動開始から3年、民間サポートシェルターの支援実績を原動力として、参議院共生社会調査会を舞台に超党派の女性国会議員が力を合わせ、当事者・支援者の声をつないでつくりあげた法律である。

　法制定に向けて、全国女性シェルターネットは、全国の当事者、支援者にアンケート調査を実施し、必要とされる法律の概要をまとめ上げた。札幌では、駆け込みシェルター運営委員会と札幌弁護士会の有志がチームを作り、ＤＶ防止法市民案を作り上げた。こうした動きが共生社会調査会の議論を具体的に押し上げることになったことは疑いがない。

　女性に対する暴力が重大な人権侵害であることをうたい、国・自治体の責務を定め、配偶者暴力相談支援センターを設置し、保護命令制度を柱とするＤＶ防止法の成立は、不十分ながらもジェンダー法としての性格を持つ初めての法律として画期的なものだった。

　しかし、残念ながら、あくまでも保護法、防止法の枠内にとどまるこの法律には最初から限界があり、その実効性が懸念されていたことも事実である。法律制定直後から、現場支援者たちは法の見直しと運用改善に着手することとな

った。

　未熟なままで誕生した法律を、当事者・支援者の声で育て上げよう。法の制定から実効性のある改正へ。支援現場から集まった改正要望項目は179に及んだ。全国女性シェルターネットを中心に「ＤＶ法を改正しよう全国ネットワーク」が結成され、当事者・支援者たちは直接国会へ乗り込むこととなる。顔を隠し、名前を隠し、居場所を隠して加害者からの追及をかわしながら生き延びてきた当事者が、政治の舞台に躍り出た。

　2003年５月から2004年２月まで計７回の議員・省庁「意見交換会」が開かれた。ひとつひとつの要望事項を関係省庁に投げかけ、具体的な事例を当事者が説明しながら率直なやり取りを通じて関係者が知恵を絞る。第一次改正までの約１年半に及ぶ過程を、戒能民江さん（お茶の水女子大学名誉教授）は「当事者参画によるジェンダー政策形成モデル」と評価した。

　当事者こそが政策決定の専門家である。ＤＶ防止法制定と改正の過程すべてが「市民立法」「女性立法」「当事者立法」と呼ばれる所以がここにある。

②通知通達の発令、ＤＶ施策の運用改善

　さらに、2004年５月の第一次改正までには多数の関連通知・通達が出され、その後の運用改善につながった。住民票のブロックシステム、離婚が成立していなくてもＤＶ被害者が母子支援制度を活用できる仕組み、公営住宅の優先入居、安全な生活保護受給手続、健康保険証の分離手続等、当事者の訴えに沿って、現在も様々な運用改善が図られている。現在に至るまで何百もの通知・通達を発出させたのは、まさに、当事者の力そのものである。

　この過程は『女性たちが変えたＤＶ法—国会が「当事者」に門を開いた365日—』（ＤＶ法を変えよう全国ネットワーク編著、新水社、2006）にまとめられている。全国女性シェルターネットの事務局長として国会に通い詰めていた遠藤智子さんは「国会は、ＤＶ被害という事実、民間支援団体の献身的な働き、そして、当事者を目の前にして、その門を開いた」とまとめ、「目に鮮やかな法改正への市民参画」とたたえる人々の声を紹介している。

3　北海道の先駆的取り組み

（1）女性支援の北海道モデル

　2002年4月からDV防止法が本格施行となり、北海道シェルターネットワークの構成4団体はすべて、北海道と一時保護事業の委託契約を結んだ。これまで、北海道に一か所札幌に設置されていた婦人相談所は、「北海道女性相談援助センター」と改称し、DV相談支援センターの機能をもつこととなり、その支援内容を拡充した。しかし、広大な北海道に1か所しかない道立女性相談援助センター（札幌市）がDV相談支援センターの業務をすべて抱え込むことは難しい。釧路や稚内から被害にあった当事者が、直接援助センターに逃げ込むことには大きな困難がある。法律の制定前から、全道8か所で先駆的な活動を展開していた民間シェルターとの連携協働体制がとられることになったのは、当事者の安全を確保するうえで当然のことであった。

　DV被害者の緊急一時保護事業については、当事者が駆け込んだ先の民間支援団体が北海道に連絡することで、ほとんどのケースについて保護の委託が成立する。つまり、当事者は飛び込んだ民間支援団体のシェルターでそのまま支援を受けられることになる。これは「北海道モデル」と呼ばれ、他の自治体ではほとんど実施されていない。基本的には、措置権を持った都道府県婦人相談所が、緊急一時保護ケースのうち、婦人相談所・公的なシェルターで保護できないケースについてのみ、民間支援団体等に委託する仕組みになっているからだ。

　着の身着のまま、ようやくの思いで暴力の現場から逃げ出してきた当事者が、あちこちたらいまわしにされたり、殺されそうになっているわけではないのだからもう少し様子を見てはどうかと自宅に戻されたりするようなことがあってはならない。シェルター対応を求める当事者は、即刻、適切な支援先でサポートされる必要がある。

　厚生労働省家庭福祉課調べ『一時保護委託の状況』（2019年4月1日現在）（表8-1）によると、2018（平成30）年度における全国の委託者数は、女性本人1,163人、同伴家族1,336人である。婦人相談所で一時保護された女性は4,052人、同伴家族数は3,536人であるから（図8-1）、一時保護委託率は、女性が28.7%、同

○婦人相談所により一時保護された女性は 4,052 人。同伴家族の数が 3,536 人で、
合計 7,588 人となっている。（一時保護委託を含む。）
○一時保護の人数は平成 13 年度から平成 16 年度にかけて増加し、その後は横ばい傾向が続い
たが、平成 27 年度からは減少している。

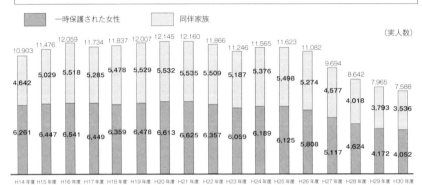

図 8-1　婦人相談所による一時保護者数の推移（厚生労働省子ども家庭局）

（厚生労働省家庭福祉課調べ）

表 8-1　一時保護委託の状況 （厚生労働省家庭福祉課、2019）

○平成 14 年度に一時保護委託制度を創設。
○委託契約施設数は、平成 31 年 4 月 1 日現在で 324 施設。
※各都道府県において委託契約を行っているため、同一施設が複数県から委託を受けていることがあ
り得る。
○平成 30 年度における一時保護委託人数は、2,499 人。
（女性本人 1,163 人、同伴家族 1,336 人）である。
○女性本人の平均在所日数 16.4 日となっている。（一時保護委託ケース）

一時保護の委託契約施設数（平成 31 年 4 月 1 日現在）

施設区分	母子生活支援施設	民間シェルター	児童福祉施設（注1）	障害者支援施設	婦人保護施設	老人福祉施設	保護施設	その他	合計
か所数（注2）	114（112）	74（74）	45（45）	29（25）	20（22）	23（22）	11（11）	8（10）	324（321）

（注1）母子生活支援施設を除く。　（注2）（ ）内は、平成 30 年 4 月 1 日現在（厚生労働省家庭福祉課調べ）

表 8-2　道内における配偶者からの暴力に関する状況

（北海道環境生活部暮らし安全局道民生活課女性支援室、2021）

1　配偶者暴力相談支援センターにおける相談件数（ＤＶ被害者本人からの相談）

機関名	H27年度	H28年度	H29年度	H30年度	R元年度 (前年度比)	備考
道立女性相談援助センター	621	637	755	743	702　(△5.5%)	センター指定 H14.4.1
※（ＤＶ被害者本人のほか、他機関等からの相談を含めた件数）	(1,403)	(1,435)	(1,540)	(1,445)	(1,390)　(△3.8%)	
道庁・14(総合)振興局	497	476	574	485	376　(△22.5%)	センター指定 H14.9.1
札幌市・札幌市配偶者暴力相談センター	938	1,124	1,153	1,107	1,326　(+19.8%)	センター指定 H17.11.15
旭川市配偶者暴力相談支援センター	86	71	86	69	72　(+4.3%)	センター指定 H22.4.1
函館市配偶者暴力相談支援センター	303	318	312	379	365　(△3.7%)	センター指定 H25.7.1
道内配偶者暴力相談支援センター　計	2,445	2,626	2,880	2,783	2,841　(+2.1%)	
※（道立女性相談援助センターにおけるＤＶ被害者本人のほか、他機関等からの相談を含めた件数）	(3,227)	(3,424)	(3,665)	(3,485)	(3,529)　(+1.3%)	

(参考)

全国の配偶者暴力相談支援センター相談件数	111,172	106,367	106,110	114,481	119,276　(+4.2%)	内閣府調べ

2　道内関係機関（配偶者暴力相談支援センター以外）における相談等件数

機関名	H27年(度)	H28年(度)	H29年(度)	H30年(度)	R元年(度) (前年(来)比)	備考
北海道警察本部	2,854	3,047	3,032	3,291	3,457　(+5.0%)	対応票作成件数 (暦年)
婦人保護事業実施市（札幌市・函館市・小樽市・旭川市・帯広市・夕張市・網走市・北見市・千歳市・室蘭市・苫小牧市・釧路市）	1,166	1,199	1,137	1,022	1,040　(+1.8%)	来所相談件数 (年度)
法務局（札幌法務局・(函館・旭川・釧路)地方法務局）	226	188	126	123	134　(+8.9%)	(暦年)
民間シェルター（道内8団体）	6,529	5,729	4,767	4,835	4,057　(△16.1%)	(年度)
道内関係機関　計	10,775	10,163	9,062	9,271	8,688　(△6.3%)	

道内の相談件数 合計（1と2の合計）	13,220	12,789	11,942	12,054	11,529　(△4.4%)	
※（道立女性相談援助センターにおけるＤＶ被害者本人のほか、他機関等からの相談を含めた件数）	(14,002)	(13,587)	(12,727)	(12,756)	(12,217)　(△4.2%)	

※注1）平成26年1月以降、生活の本拠を共にする交際相手からの相談件数を含む。
※注2）平成27年度の全国の相談件数は、111,630件から111,172件に修正された。

3　配偶者暴力被害者（被害者本人）の一時保護実人員数

機関名	H27年度	H28年度	H29年度	H30年度	R元年度（前年度比）	備考
道立女性相談援助センター	101	98	81	68	66 （△2.9%）	
民間シェルター（8団体）	156	135	129	111	112 （＋0.9%）	
NPO法人　女のスペース・おん	16	11	8	11	11 （±0）	H14〜
NPO法人　ウィメンズネット函館	55	47	42	35	37 （＋5.7%）	H14〜
ウィメンズネット旭川	4	2	1	0	2	H14〜
NPO法人　ウィメンズネット・マサカーネ	27	18	24	19	15 （△21.1%）	H14〜
駆け込みシェルターとかち	7	10	8	7	8 （＋14.3%）	H14〜
ウィメンズ・きたみ	8	6	5	1	3 （＋200.0%）	H14〜
NPO法人　ウィメンズ結	32	37	34	34	33 （△2.9%）	H16〜
NPO法人　駆け込みシェルター釧路	7	4	7	4	3 （△25.0%）	H19〜
母子生活支援施設（3施設）	14	9	8	9	5 （△44.4%）	H14〜
社会福祉施設（1施設）	2	4	1	2	0 （△100.0%）	H26〜
一時保護実人員（被害者本人）計	273	246	219	190	183 （△3.7%）	

4　配偶者暴力被害者（同伴児）の一時保護実人員数

機関名	H27年度	H28年度	H29年度	H30年度	R元年度（前年度比）	備考
道立女性相談援助センター	76	105	80	58	42 （△27.6%）	
民間シェルター等	260	179	152	144	152 （＋5.6%）	
一時保護実人員（同伴児）計	336	284	232	202	194 （△4.0%）	

5　配偶者暴力被害者（被害者本人）の一時保護日数（延べ日数）

機関名	H27年度	H28年度	H29年度	H30年度	R元年度（前年度比）	備考
道立女性相談援助センター	1,401	1,259	1,136	1,106	1,263 （＋14.2%）	
民間シェルター等	3,333	3,204	3,520	3,228	2,769 （△14.2%）	
一時保護日数（延べ日数）計	4,734	4,463	4,656	4,334	4,032 （△7.0%）	

伴家族が37.8％となる。全体の約3割程度の被害当事者が母子生活支援施設や民間シェルター等に一時保護委託されていることになる。

　北海道のデータによると、道立女性相談援助センターの一時保護人数は2019（令和元）年度が66人で一時保護実人員数183人のうち36％に過ぎない。民間シェルターの受け入れ人数は112人で全体の61％である（表8-2-3）。

　全国の委託状況は、公的センターから委託される割合は全体の3割程度であるのに対し、北海道の場合は民間が6割と逆転している。この数字は国内唯一北海道独自のものであると考えられる。

　また、同伴児童の保護実数を比較すると北海道の女性相談援助センターは全体の21.6％であるのに対し、民間シェルターの保護実数は78.3％である（表8-2-4）。男児や障害を抱えた子どもなどの多くは、民間シェルターでサポートされていることがわかる。

　さらに、一時保護日数について比較してみる。一時保護延べ日数を被害者実数で割り出し、平均保護日数を比較すると、2019（令和元）年度については、援助センターは19.1日、民間シェルターは24.7日である（表8-2-3、表8-2-5）。必要な回復支援を丁寧に進めていくために、民間シェルターの滞在期間はどうしても長くなる。それは民間支援団体の手厚いサポートを証明する数字でもある。

　全国女性シェルターネットに加盟する支援団体は62か所（2022年現在）であるが、県と委託契約を結んでいても、年間2～3件しか委託されないところが多く、県のDVセンターでシェルター対応を断られた当事者をサポート費用持ち出しで継続的支援を続けている事例などをよく聞くようになった。理不尽な被害にあった女性が、自らの人生を取り戻すために、どの制度を使い、どの施設を活用するか、どのような人生を再建するのか。これは、当事者本人が選択決断すべき事柄である。緊急一時保護という命に関わる選択を「措置」という権限で左右されることがあってはならない。

　当事者の選択が尊重・優先される「北海道モデル」が、一日も早く全国のスタンダードになってほしい。

（2）北海道及び関連自治体との連携

　緊急一時保護の委託実績が示すように、北海道及び民間シェルターが活動す

る道内８か所の関連自治体との連携協働の仕組みは、法律制定後の20年間に良好な実績を蓄積してきたと思う。

　前述した通り、札幌市は1997年から「ＤＶ対策関係機関会議」を発足させ、ＤＶ対策のための共同研究調査を実施するなど、緊密な関係の下に施策を展開してきた。

　北海道はもとより、札幌市、函館市、室蘭市、苫小牧市、旭川市、帯広市、北見市、釧路市、それぞれに、民間支援団体のメンバーが「男女共同参画審議会」や「暴力専門部会」の委員になり、座長を務め、地域自治体の女性人権施策、暴力根絶施策の拡充に貢献している。

　2002年から委託契約を結び、緊急一時保護を通じて当事者支援の連携を密にしている道立女性相談援助センターとは、関係機関会議の参加のほか、北海道シェルターネットワークとの合同ケースカンファレンスを実施している。

　各自治体の基本計画の策定や、職員研修の実施、ボランティアの育成、デートＤＶ講座の実施、被害当事者自立支援事業の推進、医療関係者対応マニュアルの作成、ＤＶ被害者支援ガイドラインの策定等々、ＤＶ被害者支援にかかわる個別施策の実施には、何らかの形で協働連携し、当事者・支援現場の声を施策に反映してきた。

　女のスペース・おんは、2005年から札幌市の「配偶者暴力相談支援センター」の相談業務を受託し、17年目を迎える。旭川市のＤＶ相談センター、函館市の性暴力被害者ワンストップセンター、釧路市の男女共同参画センターなどの業務をそれぞれのシェルターが受託し、また道内各地の総合振興局、自治体相談窓口に相談員を派遣するなど、連携の内容は年々充実の度を増している。

　北海道におけるＤＶ根絶施策の特徴は、施策展開の中心に当事者・支援者が位置づいていることである。

4　女性が直面する困難と暴力根絶への課題

（1）コロナ禍で示された女性が直面する困難と暴力根絶への課題

　２年間に及ぶコロナ禍で見えてきたものがある。戦争や災害など、社会が危機的な状況に陥った時、その社会でマイノリティとされる人々に困難が集中す

るということである。また、平常の社会で覆い隠されがちな差別の構造が暴力という形で顕在化するということだ。コロナ禍は、女性が直面する困難——貧困、疾病、暴力——が一体となって女性の生命を脅かし続けていることを浮き彫りにした。

　ジェンダー・ギャップ指数が116位という女性の人権最劣等国の日本社会。まともに暮らせる賃金は手に入らず、いつ職を失うかもわからない非正規労働者としてこきつかわれ、暴力におびえながら生活する女性たち。

　戦争や大災害など社会が正常な機能を失ってしまう時には、ジェンダーの縛りが強くなり、女性が直面する困難はさらに深刻化する。

　暴力被害当事者の支援現場に身を置いていると、いまや地域も家の中も戦時下にほかならないことを痛感させられる。殺されないこと、自ら死なないこと、生き延びることを最優先にしなければならない状況が日常としてあるからだ。

　ＤＶ、性暴力、性虐待などの被害当事者は、その多くが「だれにも相談できない」「訴えられない」「逃げられない」状況にある。

　ＤＶ・性暴力被害は深刻化し、相談件数はＤＶセンターも警察も増え続けているが、一時保護件数は低下し続けている。保護命令の発令件数も低減している。性暴力犯罪の認知件数も減っている。当事者は、暴力支配の日常から逃げ出すことができず、訴えることもかなわず、適切な回復支援につながることができずにいる。

（2）ジェンダー平等社会の実現のために

　女性に対する暴力は、性差別の構造から不断に発生するジェンダー犯罪である。暴力の根絶を目指すということは、性差別の構造を強固に維持してきた社会のありようを根こそぎ創り変えなければならないということだ。この大変な社会変革事業の一翼を当事者・支援者・痛みをともにする女たちのネットワークが担ってきた。

　日本の女性支援は、売春防止法を根拠法とする「婦人保護事業」としてすすめられてきた。業者及び売春に身を持ち崩す恐れのある要保護女子を刑事処罰し、被害女性を社会更生させるというこの法律は、およそ女性の人権施策には程遠いものである。しかし、この法律の下に設置された婦人相談所・婦人保護

施設・婦人相談員が、女性支援の専門中核機関として、矛盾と葛藤を抱えながら、日本のジェンダーベイスト・バイオレンス被害当事者を支えてきた。その婦人相談所にＤＶ防止法による保護機能が加わり、ストーカー規制法や入管法など、関連法制によって、困難を抱えたあらゆる女性の支援へとその枠組みが拡充してきたが、売春防止法を根拠法とする婦人保護事業の限界は、日々、明らかになってきた。

ジェンダーベイスト・バイオレンス、性差別の構造からもたらされる暴力という人権侵害は、保護、更生という枠組みではなく、女性の侵害された権利を回復し、当事者が持っていた本来の力をエンパワーする回復支援の枠組みでなければならない。当時者中心主義、サバイバーセンターアプローチ、民間シェルターが培ってきた支援理念こそが、女性支援の原理原則である。

ジェンダー平等社会の実現に向けて取り組まなければならないことは山積みである。ＤＶ防止法の成立はジェンダー法整備の幕開けではあったが、被害者支援に特化された防止法の限界がある。私たちは、女性の人権確立のための基本法を持たなければならない。

5　新たな女性支援の枠組み、法整備に向けて

売春に身を持ち崩す恐れのある要保護女子、転落女子を処罰し、保護し、更生させるという売春防止法を廃止して、新たな女性支援法を制定することは、長い間、この社会の懸案事項であった。「性暴力禁止法をつくろう全国ネットワーク」が結成されて活動を開始したのは、第10回全国シェルターシンポジウム国際大会（2007年）からである。また、全国婦人保護施設等連絡協議会や婦人相談員のネットワークなどもそれぞれ売春防止法廃案を目指す運動を展開してきた。15年の運動を経て、内閣府、厚生労働省も動き出し、何回かの検討会や実態調査を重ね、売春防止法に代わる新法の制定にようやく道が開かれようとしている。

婦人保護事業の見直し経過については以下の通りである。

2012年4月、全国婦人保護施設等連絡協議会およびNPO法人全国女性シェルターネットは、売春防止法の改正等に関する申し入れを行い、同年6月、厚

生労働省は「婦人保護事業等の課題に関する検討会」を設置した。筆者も委員として参加したこの検討会は、12月に「婦人保護事業等の課題に関する検討会のこれまでの議論の整理」をとりまとめ、売春防止法の改正・廃止を待たずに、運用上の改善で対応可能な施策の検討を推進することとなった。

　　2013年…「婦人相談所ガイドライン」の策定

　　2014年…「ＤＶ被害者等自立生活援助モデル事業」の実施

　　　　　　　「婦人相談員相談・支援指針」の策定

　　2015年…「婦人保護施設等の役割と機能に関する検討」

　　2016年…「婦人保護事業研修体系に関する調査・検討」

　　2017年…若年女性に対する支援の実態把握

　　2018年…「婦人相談員手当」の国庫補助金額引き上げ

　　　　　　　「若年被害女性等支援モデル事業」創設

と、この数年間に次々と具体的な施策が実現をみた。

　さらに、2016年12月には与党（自民党・公明党）の「性犯罪・性暴力被害者の支援体制充実に関するプロジェクトチーム」から「性犯罪・性暴力被害根絶のための10の提言」が公表され、売春防止法を根拠とする婦人保護事業の抜本的な見直しが提言された。2018年には「女性活躍加速のための重点方針2018」のなかで——社会の変化に見合った婦人保護事業の見直しについて有識者等による検討の場を設け、その議論を踏まえつつ、必要な見直しを検討する——という方針が打ち出され、2018年７月「困難な問題を抱える女性への支援の在り方に関する検討会」が設置されることとなる。

　厚生労働省子ども家庭局に設置された「困難な問題を抱える女性への支援の在り方に関する検討会」は2018年7月から2019年10月まで９回に及ぶ審議を重ねた。そのまとめが公表されたのは2019年10月のことであった（表8-3）。

　検討会の議論では、被害を受けた当事者が権利行使の主体となること、措置から申請へ、保護救済から人権擁護へ、という柱がすべての検討委員の間で確認了承された。このまとめが、新たな女性支援法にまちがいなく位置づくことを、検討委員だった一人として心から願っている。

　この原稿を執筆中の2022年４月12日、「困難な問題を抱える女性への支援に関する法律案」が議員立法として参議院予算委員会で審議され、採決の後、衆

表8-3　困難な問題を抱える女性への支援の在り方に関する検討会　中間まとめ

（厚生労働省子ども家庭局）

第1　婦人保護事業の現状と課題

○婦人保護事業は、昭和31年制定の売春防止法に基づき、売春を行うおそれのある女子を保護する事業として発足したが、その後支援ニーズは多様化。
○事業開始当初は想定されなかった、性暴力・性被害に遭った10代の女性への支援や、近年では、AV出演強要、JKビジネス問題への対応が必要。

第2　婦人保護事業の運用面における見直し

○婦人保護事業の運用面について、他法他施策優先の取扱いの見直しや、一時保護委託の対象拡大と積極的活用など、10項目の運用面の改善を行うこととされている。

第3　婦人保護事業の見直しに関する新たな制度の基本的な考え方

（1）困難な問題を抱える女性を支援する制度の必要性
○性差に起因して社会的に様々な困難な問題に直面する女性を対象とした包括的な支援制度が必要。
（2）新たな枠組みの必要性
○女性が抱える困難な問題は、売春防止法を根拠とした従来の枠組みでの対応は限界。法制度上も売春防止法ではなく、新たな枠組みの構築が必要。
○売春防止法の第4章の廃止のほか、その他の規定の見直しも検討すべきだが、時間を要するのであれば、新たな枠組みの構築を急ぐべき。
（3）新たな制度の下で提供される支援のあり方
○若年女性への対応など、専門的な支援の包括的な提供。
○行政・民間団体を通した多機関における連携・協働を通じた、早期かつ、切れ目ない支援。
○婦人相談所（一時保護所）、婦人相談員及び婦人保護施設の名称を見直し。利用者の実情に応じた必要な支援を柔軟に担える仕組みや体制。
○施設入所だけでなく、通所やアウトリーチなど、伴走型支援。未成年の若年女性に対する広域的な情報共有や連携。同伴する児童についての支援対象としての位置付けの明確化。
（4）国及び地方公共団体の役割の考え方
○国及び地方公共団体の役割や位置付けの明確化。
○基本的な方針のもと、都道府県と市町村の各々の役割や強みを活かし、地域の実情に応じた支援体制の計画的な構築。
（5）地方公共団体等と民間団体の連携・協働のあり方
○地方公共団体等と民間団体の連携・協働
（6）教育啓発、調査研究、人材育成等
○教育、啓発、調査研究、人材の養成、確保及び資質向上の推進
（7）関連する他制度との連携等のあり方
○関連する他制度に基づく支援との連携・調整等を推進する仕組みづくり、法的なトラブルを抱えている場合の専門的な相談窓口への連携等。

第4　今後の対応について

○新たな制度の構築に向けて、第3の基本的な考え方に沿って、検討を更に加速し、ＤＶ防止法当の既存の法体系との関係にも留意しつつ、具体的な制度設計等が進められ、できるだけ早く実現することを強く期待。

※「困難な問題を抱える女性への支援のあり方に関する検討会」は、厚生労働省子ども家庭局長が、有識者等の参集を求め、平成30年7月に設置。中間まとめは、本検討会により令和元年10月11日に取りまとめられたもの。

議院に送られた。

　第1章の目的には、――この法律は、女性が日常生活又は社会生活を営むに当たり女性であることにより様々な困難な問題に直面することが多いことに鑑み、困難な問題を抱える女性の福祉の増進を図るため、困難な問題を抱える女性への支援に関する必要な事項を定めることにより、困難な問題を抱える女性への支援のための施策を促進し、もって人権が尊重され、女性が安心して、かつ、自立して暮らせる社会を実現することに寄与することを目的とする――と書かれている。

　第2章の定義では、――この法律において「困難な問題を抱える女性」とは、性的な被害、家庭の状況、地域社会との関係性その他の様々な事情により日常生活又は社会生活を円滑に営む上で困難な問題を抱える女性（そのおそれのある女性を含む。）をいう。――とされている。

　さらに、第3章の基本理念には、①発見、相談、回復支援、自立支援等を包括的に提供する体制の整備、②関係機関及び民間団体の協働による切れ目のない支援、③人権の擁護、男女平等の実現に資すること、があげられている。

　また、現行の婦人相談所は「女性相談支援センター」に、婦人相談員は「女性相談支援員」に、婦人保護施設は「女性自立支援施設」と名称変更される。売春防止法に代わる新法の施行は2024年4月1日である。新法がジェンダー立法として機能し、女性の人権立法として日本社会の女性支援の枠組みを転換するものとなってほしい。

索 引

おわりに

　本書は、札幌女性問題研究会が2013年に上梓した『北海道社会とジェンダー
——労働・教育・福祉・ＤＶ・セクハラの現実を問う』の続編にあたる。研究
会のそれまでの歩みと活動内容については、前編の最後に笹谷春美代表がまと
めているので、そちらをご覧いただきたいと思う。本の出版は、北海道という
活動の足場を再認識させる機会となった。ジェンダー研やジェン研を会の愛称
としていたが、ジェンダーをおもてに出し、2015年、正式名称を「北海道ジェ
ンダー研究会」に改めることにした。

　私たちは、1990年代末から道が主催する「女性プラザ祭」で市民向けのワー
クショップを開催してきた。2016年からは「憲法カフェ」と名付けてシリーズ
化した。2016年から2021年のテーマは、「DV・性暴力の現状と憲法24条」「憲
法改正草案から家族と子ども・女性の人権を考える」「政治を変える、女性議
員を増やす」「『働き方改革』と労働」「何も変わっていなかった無償労働問題」「新
しい家族のあり方・離婚後共同親権について考えよう！」と多岐にわたる。今
日の日本社会において、ジェンダーをめぐるどのような問題が新たな論点とな
り、無視できない現実として立ち現れているかをとらえなおし、市民とともに
解決の方向を模索するよい機会となったと感じる。

　さて、「ジェンダー」とは、「男らしさ」や「女らしさ」が社会や文化によっ
て定義され、男性、女性それぞれに課せられる責任や期待、意思決定の機会が
異なることを示す概念として、社会科学や人文科学で用いられてきた。ジェン
ダーは、直接的には男女の不平等を意味する。

　ジェンダーをめぐる問題は、女性一人ひとりがその人生で直面してきた問題
であるからこそ、日本国内だけでなく、世界の女性をつなぐ連帯の輪ができる。
20世紀の初め、明治末に、平塚らいてうの「元始、女性は実に太陽であった」
の一節を載せた青鞜社『青鞜』（ブルーストッキング）という雑誌名称は、イギ
リスの18世紀中頃の教養ある上流婦人の文芸サロン（Bluestocking Society）（青
鞜派）に由来する。20世紀の後半、アイスランドでは、レッドストッキングの
名を持つ急進派が、「女性の休日」と銘打った女性ストライキをリードする女

性団体として登場するが、ファッションは闘いのスタイルを示す記号（象徴）
であった。日本でも、女性たちは赤い服や帽子を身につけて国会を取り囲み、
自衛隊の海外派遣に抗議している。本書第8章のタイトルにあるジェンダーベ
イスト・バイオレンス（GBV）の概念は、DV（家庭内暴力）から発展する、女
性への暴力への抗議のグローバルな共通認識を示す表現である。第4回世界女
性会議NGOフォーラムの翌年1996年に、日本の北海道に各国の活動家を招い
てシンポジウムが開かれるという記述があるが、そうした連帯が可能な時代に
私たちがいるということにこそ大きな希望がある。

　戦後、日本は経済大国となったが、ジェンダー・ギャップ指数からみた女性
の地位は、とくに経済と政治の領域で下位グループに置かれたままである。政
府も女性の活躍を政策課題とするが、職場と家庭にジェンダー関係が再生産さ
れる仕組みが温存されたままであることが、大きな原因である。

　本書の第1章から第4章で描かれているように、女性たちは自分のいるそれ
ぞれの場で持っている力を発揮してきた。しかし、本来の力を発揮するには、
ジェンダーの社会的枠組みに由来する制約を振りほどく必要がある。第5章と
第6章で扱われたような、多くの女性が担う家庭のケア負担や状況によって生
じる生活上の困難を軽減するサポート・システムの充実とともに、日本社会の
システムを、ジェンダー・センシティブに更新することが求められているとい
える。

　第7章で論じられているように、女性の人権を守る闘いは、男性の人権も守
る闘いとなる。私たちの求めるのは、男性も女性も、そして大人も子どもも、
人として尊重される社会である。

　研究会発足時は札幌婦人問題研究会の名称であった。1970年代、会は『前進
する婦人』という名のガリ版刷りの会誌を発行していた。あれから半世紀が過
ぎ、私たちはなお男女平等社会への途上にある。誇り高く生きるために、女性
は「前進」しなければならない。時代と空間をつなぐ女たちの連帯により、い
つの日か新しい社会の扉が開かれるであろうことを信じている。

　2022年9月1日

北海道ジェンダー研究会　　加藤喜久子

【執筆者紹介】

林美枝子（はやし・みえこ）第1章

所属：日本医療大学総合福祉学部介護福祉マネジメント学科　教授

専攻分野：性人類学、医療人類学、社会医学。現在は看取りのドゥーラとデスカフェの研究及び北海道入植後の公許女医第一号の荻野吟子研究をしている。

主要著作：『森林医学』朝倉書店（共著）、2006年。『医療人類学を学ぶための60冊―医療を通して「当たり前」を問い直そう―』明石書店（共著）、2018年。『介護人類学事始め―生老病死をめぐる考現学―』明石書店、2020年。

妙木忍（みょうき・しのぶ）第2章

所属：東北大学大学院国際文化研究科　准教授

専攻分野：社会学、ジェンダー研究、観光研究

主要著作：『女性同士の争いはなぜ起こるのか―主婦論争の誕生と終焉―』青土社、2009年。『秘宝館という文化装置』青弓社、2014年。「観光化する複製身体―マダム・タッソー蝋人形館をめぐって―」田中雅一編『フェティシズム研究3　侵犯する身体』京都大学学術出版会、2017年。

高島裕美（たかしま・ひろみ）第3章

所属：名寄市立大学保健福祉学部社会保育学科　准教授

専攻分野：教育社会学、労働社会学

主要著作：「『幼児教育の推進体制構築事業』の展開に関する一考察―北海道における『幼児教育アドバイザー』事業に焦点を当てて―」『拓殖大学人文科学研究所紀要 人文・自然・人間科学研究』（拓殖大学論集312）40、2018年。「北海道の女性教員の働き方の特徴とその変容―『両立』負担と同僚関係の変化に焦点を当てて―」北海道教育学会『教育学の研究と実践』15、2020年。「教員の働き方の改善に資する教職員集団の協働の可能性―生徒指導上の課題への組織的取り組みに着目して―」『北海道大学大学院教育学研究院紀要』138、2021年。

*加藤喜久子（かとう・きくこ）第4章、おわりに
所属：北海道情報大学　名誉教授
専攻分野：社会学（ジェンダー論、ライフスタイル論）
主要著作：「職業経歴と退職後のライフ・スタイル」『現代社会学研究』2、49-71、1989年。「職業経歴の形成条件に関するフェミニズム論的考察—スウェーデンにおける労働市場の女性化—」『北海道情報大学紀要』12(2)、11-28、2001年。「労働市場の女性化をめぐる問題—ワーク・ライフ・バランスと男女均等—」『北海道情報大学紀要』29(1)、57-73、2017年。

工藤遥（くどう・はるか）第5章
所属：拓殖大学北海道短期大学農学ビジネス学科　助教
専攻分野：家族社会学、福祉社会学
主要著作：「『子育ての社会化』施策としての一時保育の利用にみる母親規範意識の複層性」『福祉社会学研究』15：115-138、2018年。「都市部における地域子育て支援の利用実態—ひろば型支援の利用者と非利用者の母親の社会的・階層的属性—」『次世代人文社会研究』14：197-218、2018年。「地域子育て支援におけるNPOの役割—東京都世田谷区の事例から—」『拓殖大学論集　人文・自然・人間科学研究』45：45-64、2021年。

吉中季子（よしなか・としこ）第6章
所属：神奈川県立保健福祉大学保健福祉学部社会福祉学科　准教授、
　　　　特定非営利活動法人女性サポートAsyl（あじーる）理事長
専攻分野：社会福祉、社会保障、ジェンダー、貧困
主要著作：『あたりまえの暮らしを保障する国デンマーク—DVシェルター・子育て環境—』ドメス出版（共編著）、2013年。『「子どもの貧困」を問いなおす』法律文化社（共著）、2017年。『人生100年時代の年金制度—歴史的考察と改革への視座—』法律文化社（共著）、2021年。

*岡田久美子（おかだ・くみこ）第7章、はじめに
所属：札幌学院大学法学部法律学科　教授
専攻分野：刑事法学
主要著作：「ＤＶ殺人と正当防衛」浅倉むつ子ほか『比較判例ジェンダー法』不磨書房、信山社（発売）、2007年。「女性に対する暴力―性的侵害行為と明白かつ強度の威嚇―」水谷規男ほか『刑事法における人権の諸相―福田雅章先生古稀祝賀論文集―』成文堂、2010年。

近藤恵子（こんどう・けいこ）第8章
所属：特定非営利活動法人 女のスペース・おん　理事
専攻分野：女性の人権の確立、女性に対する暴力根絶をめざす諸活動
主要著作：『シェルター―女が暴力から逃れるために―』青木書店（共著）、1998年。『シリーズ≪女性と心理≫第一巻』新水社（共著）、1998年。『ＤＶ防止とこれからの被害当事者支援』ミネルヴァ書房、2006年。『女性たちが変えたＤＶ法―国会が「当事者」に門を開いた365日―』新水社（共著）、2006年。『性暴力被害にあった子どもたちのサポートマニュアル―ＤＶ家庭における性暴力被害の実態―』特定非営利活動法人全国女性シェルターネット（共著）、2009年。

ジェンダーで読み解く北海道社会
大地から未来を切り拓く女性たち

2022 年 10 月 28 日　初版第 1 刷発行

編　者　　北海道ジェンダー研究会
発行者　　大　江　道　雅
発行所　　株式会社 明石書店
　　　　　〒 101-0021　東京都千代田区外神田 6-9-5
　　　　　電　話　03（5818）1171
　　　　　ＦＡＸ　03（5818）1174
　　　　　振　替　00100-7-24505
　　　　　http://www.akashi.co.jp
装　　丁　　明石書店デザイン室
印刷／製本　モリモト印刷株式会社

北海道社会とジェンダー

労働・教育・福祉・DV・セクハラの現実を問う

札幌女性問題研究会 編

本書は、北海道という地域における労働・教育・福祉・DV・セクハラなど諸分野における様々な問題をジェンダーの視点から明らかにすることで、北海道が抱える独自の課題を明確にし、それにふさわしい解決の方向を提示することを目的とする。

■A5判／並製／228頁 ◎2800円

介護人類学事始め　生老病死をめぐる考現学
林美枝子著
◎2700円

枕崎 女たちの生活史　ジェンダー視点からみる暮らし、習俗、政治
佐々木陽子編著　山崎喜久枝著
◎3200円

家族・地域のなかの女性と労働　共稼ぎ労働文化のもとで
木本喜美子編著
◎3800円

近代筑豊炭鉱における女性労働と家族　「家族賃金」観念と「家庭イデオロギー」の形成過程
野依智子著
◎4500円

近現代日本の家族形成と出生児数　子どもの数を決めてきたものは何か
石崎昇子著
◎2600円

日本の女性起業家のキャリア形成　69人のライフヒストリーが教えてくれたこと
李命姫著
◎3400円

東アジアの紹介型国際結婚　グローバルな家族と越境する親密性
郝洪芳著
◎2500円

男尊女卑　法の歴史と今後
成清弘和著
◎2400円

〈価格は本体価格です〉